RESEARCH ON THE DEVELOPMENT OF THE SOCIALIST AGRICULTURAL COOPERATIVES CHINESE CHARACTERISTICS

河南大学经济学学术文库

中国特色社会主义农业合作社发展研究

丁俊华 著

社会科学文献出版社

SOCIAL SCIENCES ACADEMIC PRESS (CHINA)

总序

　　河南大学经济学科自1927年诞生以来，至今已有将近90年的历史了。一代一代的经济学人在此耕耘、收获。中国共产党早期领导人罗章龙、著名经济学家关梦觉等都在此留下了他们的足迹。

　　新中国成立前夕，曾留学日本的著名老一辈《资本论》研究专家周守正教授从香港辗转来到河南大学，成为新中国河南大学经济学科发展的奠基人。1978年，我国恢复研究生培养制度以后，周先生率先在政治经济学专业招收培养硕士研究生。河南大学于1981年首批获得该专业的硕士学位授予权。1979年，河南大学成立了全国第一个专门的《资本论》研究室。1985年以后，河南大学又组建了河南大学历史上的第一个经济研究所，恢复和组建了财经系、经济系、贸易系和改革与发展研究院，并在此基础上成立了经济学院。目前，该学院已发展成为拥有经济、贸易、财政、金融、保险、统计6个本科专业，理论、应用、统计3个一级学科博士点及博士后流动站，20多个二级学科硕士、博士点，3300余名本、硕、博等各类全日制在校生以及130余名教职员工的教学研究机构。30多年来，河南大学经济学院培养了大批本科生和硕士、博士研究生及博士后出站人员，并且为政府、企业和社会培训了大批专门人才。他们分布在全国各地，服务于大学、企业、政府等各种机构，为国家的经济发展、社会进步、学术繁荣做出了或正在做出自己的贡献，其中也不乏造诣颇深的经济学家。

　　在培养和输出大量人才的同时，河南大学经济学科自身也造就了一支日益成熟的学术队伍。近年来，一批50岁左右的学者凭借其扎实的学术功底和丰厚的知识积累已进入著述的高峰期；一批40岁左右的学者以其良好的现代经济学素养开始脱颖而出，显现领导学术潮流的志向和实力；更有一大批 30 岁左右受过系统经济学教育的年轻人正蓄势待发，不少已崭露头角，初步展现了河南大学经济学科的巨大潜力和光辉未来。

河南大学经济学科组织出版相关学术著作始自世纪交替之际。2000 年前后，时任经济学院院长的许兴亚教授曾主持编辑出版了数十本学术专著，在国内学术界产生了一定的影响，也对河南大学经济学科的发展起到了促进作用。

为了进一步展示河南大学经济学科各层次、各领域学者的研究成果，更为了使这些成果与更多的读者见面，以便有机会得到读者尤其是同行专家的批评指正，促进河南大学经济学学术研究水平的不断提升，为繁荣和发展中国的经济学理论、推动中国的经济发展和社会进步做出更多的贡献，我们决定出版"河南大学经济学学术文库"。根据初步拟订的计划，该丛书将分年度连续出版，每年选择若干河南大学经济学院教师的精品著述资助出版。根据需要，也可在丛书中选入少量客座教授或短期研究人员的相关论著。

感谢社会科学文献出版社历任领导及负责该丛书编辑出版工作的相关部门负责人和各位编辑，是他们对经济学学术事业的满腔热情和高效率的工作，使本套丛书的出版计划得以尽快达成并付诸实施；感谢前后具体负责组织本丛书著作遴选和出版联络工作的刘东勋博士、高保中博士，他们以严谨的科学精神和不辞劳苦的工作回报了大家对他们的信任。

分年度出版经济学学术文库系列丛书，对我们来说是第一次。如何公平和科学地选择著述品种，从而保证著述的质量，我们还需要在实践中进行探索。此外，由于选编机制的不完善和作者水平的限制，选入丛书的著述难免会存在这样那样的问题，恳请广大读者及同行专家批评指正。

耿明斋

2013 年 6 月

目　录

前　言

　　合作社是弱势群体自愿联合起来改变被动地位的合作经济组织，自1844年第一个成功举办的合作社——罗虚代尔公平先锋社成立至今，已有170年左右的历史。在这期间，出现了诸多合作经济理论，但以马克思恩格斯合作经济理论生命力最强、影响最为深远。

　　关于农业合作社理论的研究源远流长，可以追溯到19世纪前期各种合作经济思想创立之时，但其真正成为经济学的一个分支是在进入20世纪以后。20世纪20~30年代，农业危机首先在美国爆发并迅速波及全球。为应对此次农业危机，西方国家的政府纷纷采取了支持农民合作社发展的政策。在这种背景下，农业合作社理论研究成为西方经济学的一项重要内容。与此同时，世界上首个社会主义国家——苏联也开展了全国性的农业合作化运动，因此，关于农业合作社理论的研究也成为社会主义经济研究的重要组成部分。我国国内关于农业合作社理论的研究，整体而言，滞后于国外尤其是西方发达资本主义国家，这与农业合作社首先在西欧等发达国家出现并且已经发展得比较成熟有关。从目前来看，无论是国内还是国外的农业合作社理论研究，都存在重视流通领域的合作社研究而轻视生产领域的合作社研究的倾向，在马克思主义农业合作社理论框架下的研究更是非常少见，这不能不说是一个遗憾。笔者认为，在当前农业合作社发展的新的历史时期，应继续坚持马克思主义农业合作社理论的指导地位，因为唯有如此，才能保证我国新型农业合作社发展的社会主义方向，才能使其真正成为农民自己的组织，为农民谋利益。

　　19世纪60年代，马克思和恩格斯在扬弃空想社会主义合作经济思想的基础上，在与无政府主义合作思想、基督教社会主义学派、国家社会主义学派、合作社社会主义学派以及合作企业学派等形形色色合作社改良主

1

义斗争的过程中，逐渐形成了系统的合作经济理论，并成为马克思主义经济理论的重要组成部分。马克思和恩格斯认为，从一般意义而言，合作社是生产社会化的产物，是向共产主义过渡的中间环节；在各种合作经济中，生产合作起决定作用，因为唯有生产合作才能触动资本主义生产方式；国家政权对合作社具有决定作用。针对农业这一特殊领域，在经济发达国家，无产阶级掌握政权后，应实行土地国有化并采取农业工人合作社的生产组织形式；在经济落后国家，无产阶级掌握政权后，应采取农民合作社的土地所有制形式和农业生产组织形式。发展农业合作社要坚持以下原则：必须改造农民的土地私有制；坚持自愿，不能剥夺农民；坚持典型示范和提供国家帮助；坚持因地制宜、区别对待；反对雇工剥削。列宁、毛泽东、邓小平等无产阶级革命领导人继承并发展了马克思恩格斯的农业合作经济理论，形成了他们各自关于农业合作社的思想，成为马克思主义农业合作社理论的重要组成部分。

农业合作社在我国并不是新生事物，早在 20 世纪 20～30 年代，在我国农村就自发产生了互助组等农业合作经济组织形式。新中国成立后，中国共产党领导农民群众开展了从互助组、初级农业生产合作社、高级农业生产合作社，到人民公社的农业合作化运动。在农业合作化运动初期尤其是初级农业生产合作社时期，由于较好地贯彻了马克思主义农业合作社理论指导思想，遵循了合作社的基本原则，所以取得了显著成效。但从高级农业生产合作社以后，由于指导思想有误，合作化运动演变成了农业集体化运动，并最终建立了人民公社制度，造成了严重后果。改革开放后，我国普遍推行了家庭联产承包责任制，它虽然有利于调动农民的生产积极性，但也存在诸多缺点，如生产规模小，不利于大规模机器和科学技术的利用；农户抗风险能力差，在市场竞争中处于弱势地位；等等。因此，无论是从促进农业生产力发展的角度，还是从市场经济发展要求来看，我国都需要大力发展农业合作社。因而，重温马克思主义农业合作社理论并以此为指导，系统研究分析我国农业合作社问题，对于解决"三农"问题、实现农业现代化，对于丰富和发展合作经济理论，都具有重要意义。

我国农业生产力发展很不平衡，不仅地区间发展不平衡，而且同一地区在发展水平上也存在较大差异。因此，我国发展农业合作社应坚持因地制宜、区别对待的原则；在农业合作社的具体形式上要灵活多样，不能简单划一。笔者认为，目前我国应采取以农村土地股份合作社为主、多种农业合作经济形式并存的发展模式。为此，第一，要进行理论创新以设计新型农业合作社的总体框架，即坚持马克思主义农业合作社基本原理，体现社会主义农业生产方式本质特征；继承并发展马克思主义农业合作社理论，实现社会主义农业生产经营形式的创新。第二，应进行制度创新以搭建新型农业合作社的制度结构，即进行农地产权制度改革，构建股份化的土地集体产权制度；改革农村集体经济组织，组建新型合作经济组织；进行分配制度改革，构建以按劳分配为主体的新型分配制度。第三，要进行组织建设以完善新型农业合作社的治理结构，即确保社员的主体地位；完善内部组织结构和管理机制；完善利益分配机制。第四，应加强政府支持以改善新型农业合作社发展的外部环境，即创造良好的法治环境；加大对新型农业合作社的扶持力度；加强合作社教育和培训。

第一章　导论

一　研究背景与意义

（一）研究背景

中国是农业大国，改革开放以来，农业生产力得到了快速发展，农业现代化和社会主义新农村建设初见成效，农民生活水平显著提高。但从整体来看，现阶段我国仍处于由传统农业向现代农业过渡的阶段，农业生产方式以传统、小规模分散生产为主；耕作方式以手工畜力和传统经验耕作为主；生产组织形式以家庭承包经营为主。这种小规模的分散经营不利于现代机械化作业和高新技术的利用，严重阻碍了农业生产力的发展。此外，从市场经济发展要求来看，一方面，农民被卷进了市场经济的汪洋大海，面临日益激烈的竞争，"买难"、"卖更难"，在竞争中处于劣势地位；另一方面，市场经济对农民的组织化程度提出了更高要求，单打独斗的农民越来越不适应市场经济发展的需要，"小农业与大市场"的矛盾日益加剧，个体小农无法抵御巨大的市场风险和生产风险。因此，如何实现规模经营、破解"小农业与大市场"的矛盾，成为当前农村经济改革中亟须解决的问题。纵观世界农业发展历史，凡是已经或基本实现了农业现代化的国家和地区，无一例外都是通过推广农业合作社，并建立完善的农业社会化服务体系，实现了农业产业化，实现了"小农业与大市场"的对接。因此，笔者认为，走合作化道路，是中国农民真正有能力应对生产、技术、市场等多种风险的有效途径，是实现中国特色农业现代化的必由之路。

目前，合作经济已成为和公有经济、私有经济鼎足而立的世界三大经济类型之一。从行业分布来看，合作社几乎涉及所有领域；但从合作社分布范围和发挥作用来看，以农业领域的合作社分布最为广泛，所起的作用也最明显。农业合作社是市场经济和农业产业化发展的产物。从全世界来看，农业都是弱质产业，农民在市场竞争中都处于弱势地位。究其原因，一方面，是农业除面临巨大的市场风险外，还面临很大的自然风险，如自然灾害等；另一方面，基于农业自身特点，各个国家的农业生产大都以家庭分散经营为主，而家庭分散经营虽有利于调动农户生产的积极性，但也存在诸多缺点，如规模小，不利于现代农业机械和高新技术的利用，抗风险能力差，在市场竞争中处于被动地位等。因此，为了提高抗风险能力，改变市场竞争中的弱势地位，保护自身权益，处于分散状态的农户往往选择联合起来组成农业合作社，以组织的形式整体进入市场，从而实现改善自身处境的目的。此外，在广大农村地区，农业合作社还具有维护社会稳定、推动民主建设等社会、政治方面的功能。也正因为如此，农业合作社在各个国家都备受重视。

中国是国际合作社联盟的最大成员国。20 世纪 50 年代，我国曾实施了农业合作化运动，但由于受"左"倾错误思想影响，当时的合作化运动偏离了合作社基本原则，演变成了农业集体化运动，并最终建立了"一大二公"、"政社合一"的人民公社制度。结果，不仅没有实现合作化运动的初衷，还带来了严重后果，给农业生产力造成很大破坏。党的十一届三中全会以后，我国在广大农村地区普遍推行了家庭联产承包责任制，人民公社也退出了历史舞台。在这种背景下，我国的农业合作社进入了新的历史时期，农民专业合作社、农村股份合作经济组织等新型农业合作社在全国各地迅速发展起来，在农村经济建设中发挥了重要作用。但整体看来，我国的农业合作社与发达国家的农业合作社相比，还存在较大差距。合作社这种制度的优越性还远远未被开发出来。因此，如何发挥合作社这种制度资源的优势，并使其在农村生根发芽，成为当下农村事业改革的一项重要任务。

本书旨在马克思主义农业合作社理论指导下，研究和探讨现阶段我国发展农业合作社的必要性、紧迫性。在此基础上，通过对我国农业合作社发展历史与现状的分析，揭示制约我国农业合作社发展的因素，在借鉴国外农业合作社发展经验的基础上，提出我国农业合作社发展的目标模式，并给出有针对性的对策和建议。

（二）研究意义

党的十八大报告指出"要壮大集体经济实力，发展农民专业合作社和股份合作社"。党的十八届三中全会通过的《中共中央关于全面深化改革若干重大问题的决定》再次明确提出，要推进农业经营方式创新，鼓励农村发展合作经济。这不仅为我国农村合作经济的发展指明了方向，也说明了合作经济将在今后社会主义农村建设中起到举足轻重的作用。因此，研究农业合作社问题，具有非常重要的理论意义和现实意义。

1. 有利于繁荣和发展马克思主义经济学理论

马克思主义政治经济学（或称马克思主义理论经济学），是马克思主义的三大组成部分之一，在我国哲学社会科学理论体系中占有非常重要的地位。改革开放后，我国的理论经济学研究取得了长足发展。但在个别领域，却不同程度地出现了一些重视科技和应用研究，轻视理论经济学特别是马克思主义理论经济学研究的倾向。一个国家或民族的兴旺发达，少不了先进世界观和方法论的指导。作为一种科学的世界观和方法论，马克思主义及其经济学理论是建立在唯物主义基础之上的，为各类具体经济学科的发展提供了理论基础。合作经济理论是马克思主义经济学理论体系的重要组成部分。因此，研究马克思主义合作经济理论，对于坚持和巩固马克思主义的指导地位，对于繁荣和发展我国理论经济学都具有非常重要的意义。

2. 有利于反思农业合作化运动历史，正确指导我国新时期的农业合作社实践

马克思主义农业合作社理论认为，在大土地所有制占主导地位的国家，农业工人合作社是从旧的生产方式向社会主义农业生产方式过渡的基本形式；在小农经济占主导地位的国家，农民合作社不仅是向社会主义生产方式过渡的变革形式，而且是社会主义农业生产方式的基本形式。发展农业合作社要坚持自愿、国家示范和提供社会帮助原则；不能强迫农民入社，更不能剥夺农民；农业合作社的形式不能简单化一，而要因地制宜、灵活多样。

我国的农业合作化运动，在发展初期还比较好地坚持了马克思恩格斯所倡导的自愿原则，然而由于随后采取了极端冒进的态度，在短时间内便实现了高级合作化，尔后又迅速在全国创立了人民公社。自愿原则被抛弃，农民被强行加入了人民公社，退社自由也被剥夺；农民的个人所有权被否定，在经济上、政治上都成了人民公社的附庸。在之后长达20多年的时间内，农业生产几乎处于停滞状态。由于合作化运动最初是以马克思主义合作经济理论为指导的，因此，它的失败使人们对马克思主义农业合作社理论产生了怀疑。而事实正是在合作化运动后期，违背了马克思恩格斯所倡导的自愿、不能剥夺农民等原则，才导致其失败。因此，在新的历史时期，我们应避免重蹈过去的覆辙，要听取广大农民的呼声，遵循自愿原则，并为农业合作社发展提供帮助。所以，研究马克思恩格斯农业合作社理论，对于反思我国农业合作化运动的经验教训，从而指导当前我国正在进行的农村合作经济实践具有重要意义。

3. 有利于澄清对合作社的错误认识

受新中国成立初期农业合作化运动影响，长期以来人们对合作社存在误解，把合作社与集体经济相提并论，以至于经历过那场运动的人们，至今仍"谈合色变"。实际上，我国在合作化名义下所建立的人民公社与合作社是两种完全不同的事物，前者是行政化的农业集体经济组织，后者是市场经济和社会化大生产的产物。因此，为了促进新型农业合作社快速发展，使合作社这种制度资源在我国广大农村地区发挥应有作用，帮助农民增加收入、脱贫致富，从而真正解决"三农"问题，实现农业现代化，有必要首先在理论上澄清认识，还合作社以本来面目。因此，对农业合作社问题进行研究，不仅具有重要的理论意义，还具有很强的现实意义。

二　国内外研究成果述评

（一）国外农业合作社理论研究综述

关于合作社理论的研究，可以追溯到19世纪上半叶各种合作经济思想创立之时。但合作社理论成为经济学研究的一个专门领域，是在进入20世纪以后。20 世纪 20～30 年代，农业危机在美国爆发并迅速波及全球。为应对此次危机，绝大多数西方国家政府都采取了支持农民合作社发展的举措。在这种背景下，合作社进入了西方经济学研究的视野，并日益成为一项重要研究内容。与此同时，世界上第一个社会主义国家——苏联，也开展了全国范围的农业合作化运动，因而，合作社理论研究也成为社会主义经济研究的重要组成部分。

1. 20 世纪早期的农业合作社理论研究

20 世纪早期，在农业合作社理论研究方面，最具影响力的是美国的加利福尼亚学派和市场竞争标尺学派，代表人分别为 Aaron Sapiro 和 Edwin G. Nourse。Aaron Sapiro 指出，为应对农业危机，农场主合作社应成为销售某一产品的合法垄断组织，以发挥市场调节作用。与 Aaron Sapiro 不同，Edwin G. Nourse 反对农产品市场垄断，主张按区域组建农业合作社，并参与市场竞争，以起到竞争标尺的作用，从而助推全社会生产效率普遍提高。因此，政府应对农业合作社发展给予政策支持。[①]

尽管这两个学派对合作社组织形式的认识有所不同，但在合作社能够帮助农民提高市场地位、增加收入上的认识却是一致的。他们的思想在美国产生了很大影响，对美国相关法案的颁布起到了极大的推动作用。

2. 20 世纪 40 年代的农业合作社理论研究

从 20 世纪 40 年代开始，农业合作社被纳入新古典经济学的研究范围，与此同时，正式的合作社经济模型也被建立起来。这个时期，新古典经济学的均衡分析方法和边际分析方法被广泛用于农业合作社理论研究，并得出如下结论：农业合作社可以帮助农民节约生产成本，获得规模经济效益。

但是，关于农业合作社本质的认识一直未达成共识，代表性的观点有三种：第一种观点认为，农业合作社是农场的延伸，即垂直一体化模式；第二种观点认为，农业合作社是一个独立的企业；第三种观点则认为，农业合作社是农场主以集体或联合行动，追求效用最大化的联盟。

垂直一体化模式的创始人，主要有 Emelianoff、Phillips 等。Emelianoff

---

① 转引自王树桐，戎殿新．世界合作社运动史［M］．济南：山东大学出版社，1996：112－113.

(1942) 建立了一个比较复杂的合作社理论框架，研究重点是成员与合作社的关系。该理论认为，农业合作社是独立的农场主为了从纵向协调中获益的一种联合行动，它坚持按成本交易，与企业追求利润最大化不同。因此，合作社不是企业。根据 Emelianoff 的研究，Phillips（1953）构建了一个垂直一体化的产出和价格决策模型，但被一些经济学家认为存在缺陷。

把农业合作社视为企业的观点是由 Enke（1945）最先提出的，他认为只要能够使农业合作社中的生产者剩余与消费者剩余达到最大化，那么合作社社员和社区的福利便能实现最优。遵循以上思路，Helmberger 和 Hoos（1962）对营销合作社的行为进行了解释。这种思路成为 20 世纪 60～70 年代北美农业合作社理论研究的主流思想，但它没有解决均衡问题。

3. 20 世纪 60～70 年代的农业合作社理论研究

20 世纪 60 年代以后，产权理论开始被用于农业合作社研究。Condon（1987）率先以产权理论为工具建立了一个理论框架，用以证明财产权利与合作社组织二者之间的关系。Cook 等（1995）应用产权理论，在对农业合作社的产权进行分析之后，得出以下结论：合作社产权关系模糊，存在制度缺陷。随后，学界就合作社制度创新问题进行了探讨，如 Harris 等（1996）提出，可以采取封闭的社员资格加上销售协议来解决搭便车问题，通过允许转让合作社股份来提高投资激励、改善资产组合。20 世纪 70 年代，Taylor（1971）用企业理论解释了合作社的税收问题；沃德提出了"合作社的制度陷阱"理论；文克（1970）在引入一般均衡理论的基础上，通过深入分析，破解了"制度陷阱"；在上述研究的基础之上，Jansson 和 Hellmark 构建了农业合作社的生命周期模型。①

4. 20 世纪 80 年代的农业合作社理论研究

进入 20 世纪 80 年代以后，博弈理论、交易费用理论等新兴理论，开始被用来进行农业合作社研究。在新古典经济学理论视角下的农业合作社研究中，社员资格被假定为同质性的，对社员资格的异质性问题并未进行深入分析。因此，这一时期，博弈论被广泛用于分析社员资格异质条件下合作社内部的决策过程。Staatz（1983）首先运用俱乐部理论和博弈论，把

---

① 转引自蒋玉珉. 当代合作运动的特征及合作思想发展的总体脉络 [J]. 经济学动态，1998（1）：63。

合作社作为一种"联盟"进行了研究；Sexton（1984）扩展了 Staatz 的研究框架，运用博弈论方法进一步研究了农业合作社，认为农业合作社是一种彼此互相独立的农场主为实现纵向一体化功能，而进行横向联系的"联盟"。LeVay 等（1983）运用交易费用理论，分析了农业合作社组建的主要动因，认为只有交易费用降低时，农业合作社才会出现。

5. 20 世纪 90 年代以来农业合作社理论研究的新进展

20 世纪 90 年代以来，农业合作社理论研究有了显著进展。

（1）把农业合作社作为企业观点的延伸

Sexton（1990）运用新古典经济学理论，发展了农业销售合作社的空间竞争模型。他通过比较分析认为，在相同条件下按照净平均收益产品定价的农业合作社比按照边际净收益产品定价的农业合作社竞争力更强。Feinerman 和 Falkovitz（1991）认为，价格和税收等外部因素对合作社规模有很大影响，如果合作社不积极应对外部环境改变，则其持续发展就难以保证。Choi 和 Feinerman（1993）经过调查，拓展了 Feinerman 和 Falkovitz（1991）对以色列莫夏夫模型所做的分析，尽管该模型讨论的是莫夏夫模式，但也可运用于一些生产合作社的研究中。Alback 和 Schultz（1998）构建了一个库诺特双寡头条件下合作社与股份公司之间的竞争模型，认为在市场竞争中，合作社会取得最终胜利。

（2）把农业合作社作为一种联盟观点的延伸

Zusman 和 Rausser（1994）提出了一个群体选择方面的均衡组织模型，用以解释在合作社中，群体行为是怎样影响组织效率的。Fulton 和 Vercammen（1995）以新古典经济学理论为工具，构建了一个用于研究供应合作社的非均衡价格模型，并指出了利用非均衡定价计划所具备的条件。Vercammen、Fulton 和 Hyde（1996）用标准新古典经济理论，建立了营销合作社中的非线性定价模型，拓展了以非均衡定价方案来对经济失效问题进行改进的思路。Hendrikse（1998）构建了一个在组织形式选择上投资决策的博弈理论模型，指出在条件具备时公司与合作社可共存。Bourgeon 和 Chambers（1999）构建了一个合作社定价的两阶段博弈理论模型，发展了 Vercammen、Fulton 和 Hyde（1996）的模型，解释了在信息不完全情况下，异质性成员如何用定价方案对效率产生影响。Karantininis 和 Zago（2001）建立了一个博弈论模型，用于研究内生成员关系和成员与合作社行为异质性的影响。

（3）把农业合作社视为一组契约关系联结观点的延伸

Hendrikse 和 Veerman（2001）提出了一个著名观点，即农业营销合作社采用什么样的治理结构，才能使其成员获取最多的投资受益。Hendrikse 和 Bijman（2002）通过研究所有权结构对投资所产生的影响，充实了 Hendrikse 和 Veerman（2001）的研究。[①]

综上所述，以 20 世纪 60 年代为节点，可将国外农业合作社理论研究分为两个阶段。

第一阶段，20 世纪 60 年代之前以新古典经济学为分析工具存在两种不同的研究观点。一种以 Emelianoff 和 Phillips 为代表，认为农业合作社是农场的延伸，是独立农场主的不完全联合；另一种以 Enke、Helmberger 和 Hoos 为代表，认为农业合作社是一种企业，其决策主要由经理人员来完成。这个时期只注重纯理论模型的比较研究，忽视了最关键的制度要素。

第二阶段，20 世纪 60 年代之后注重合作社内部制度分析。尤其是进入 20 世纪 90 年代以后，很多学者把研究重点投向了合作社治理结构问题。交易成本理论、代理理论和博弈理论等被用作分析工具，大大深化了以前的研究。随着成员异质性问题日益凸显，"契约"理论和"联盟"理论的研究近年来有较大进展，成为农业合作社理论研究的新趋势。新制度经济学理论日益被运用到合作社组织问题研究之中，成员利益的异质性、决策方式设计、投资动机等成为学者当前关注的热点问题。

（二）国内农业合作社理论研究综述

我国国内对农业合作社理论所进行的研究，整体而言可分为以下五个阶段。

1. 新中国成立前的农业合作社理论研究

新中国成立以前，尤其是 20 世纪 20~30 年代，国内知识分子开展了大量以介绍、传播国外合作思想为主的研究工作。代表人物有朱进之、薛仙舟、梁漱溟等。朱进之（1919）主张对平民进行合作经济教育，并建立

---

① 转引自郭红东，钱崔红. 关于合作社理论的文献综述 [J]. 中国农村观察，2005（1）：72-76.

农村信用合作社；薛仙舟（1927）认为合作化是实现民生主义的必由之路；梁漱溟（1922）主张走合作道路进行乡村建设，并提出了系统的乡村建设理论。① 这个时期进行合作经济研究的知识分子提出了很多独到见解，但多数都没有形成完整的理论体系，或者虽形成了理论体系，但由于客观条件所限，并未得到充分验证。

2. 新中国成立后至 20 世纪 80 年代中期的农业合作社理论研究

从新中国成立后到 20 世纪 80 年代中期这个阶段，在马克思主义合作经济理论指导下，国内形成了一套以毛泽东合作经济思想为核心的、比较系统的合作经济理论。这套理论主张从互助组向人民公社过渡，不断实行所有制升级，逐步提高公有制水平。但实践证明，这套理论带有极大的空想成分，以其为指导建立起来的人民公社制度，违背了生产关系应遵循生产力发展的客观规律，给农业生产力造成极大破坏。

3. 20 世纪 80 年代中期至 80 年代末的农业合作社理论研究

进入 20 世纪 80 年代中期以后，我国的农业合作经济研究进入快速发展时期，但由于此时商品经济尚未普遍发展起来，农村新型合作经济组织也刚刚起步，因此这时的合作经济研究以回顾我国合作经济发展历史、探讨合作经济组织的必要性、介绍国外合作经济理论为主。这时期比较有代表性的著作有尹树生的《合作经济概论》（1983），周万钧的《合作经济概论》（1986），张绍俊的《马克思主义合作制思想发展史》（1989）等。

4. 20 世纪 90 年代至 20 世纪末的农业合作社理论研究

进入 20 世纪 90 年代以后，随着各方面改革的推进和市场经济的深化发展，合作经济组织在农村大量出现，此时人们对农业合作社在农村经济发展中的作用已达成共识，研究的焦点集中在农民合作经济组织的必然性、重要性和发展思路方面。这一时期的合作经济研究，多以基础理论研究为主，包括合作经济发展史、合作思想史，重在探讨合作原则、制度特征、产权结构、运行特征等。代表著作有杨坚白的《合作经济学概论》（1990），张晓山、苑鹏的《合作经济理论与实践》（1991），俞家宝的《农村合作经济学》（1994），洪远鹏的《合作经济理论与实践》（1996），唐宗焜、何光的《中国合作经济概观》（1998），蒋玉珉的《合作经济思想

---

① 转引自王贵宸. 中国农村合作经济史［M］. 太原：山西经济出版社，2006：148－150.

史论》（1999）等。

5. 21 世纪以来农业合作社理论研究的新进展

进入 21 世纪后，尤其是在《中华人民共和国农民专业合作社法》颁布实施以后，农村合作经济研究出现了一个"井喷"时期，相关论著持续激增，研究论文更是不计其数，农业合作社成为学生学位论文研究的热点。研究重点也从基础理论研究转向实证研究，并且研究对象多以农民专业合作社为主，著作颇丰。代表著作有黄祖辉、蒋文华的《农业与农村发展的制度透视——理论评述与应用分析》（2002），孙亚范的《新型农民专业合作经济组织发展研究》（2006），韩俊的《中国农民专业合作社调查》（2007），张晓山、苑鹏的《合作经济理论与中国农业合作社的实践》（2009），胡卓红的《农民专业合作社发展实证研究》（2009），郭红东的《中国农民专业合作社发展：理论与实证研究》（2011）等。

（三）国内外农业合作社理论研究述评

1. 国内外农业合作社理论研究比较

综合国内外研究成果可以看出，国内和国外在合作社理论研究方面既有共同点也有差异。

共同点主要体现在两个方面：一是都高度重视农业合作社在农村经济发展中的作用，认为合作社是帮助农民改善弱势地位、增加收入的必由之路；二是都主张政府对农业合作社发展予以支持，创造良好的外部环境。

差异也主要集中在两点。一是研究方式不同，国内主要以制度分析为主，而国外尤其是发达国家的研究则以建立经济学模型、进行数量分析为主。二是研究水平上存在差异。从整体来看，国外尤其是发达国家的农业合作社理论研究一直领先于国内，这主要是因为农业合作社首先在发达国家出现，并且历经 170 年左右的发展，已相当成熟。而国内农业合作社起步较晚，加之在 20 世纪 50 年代又遭受重创，因此相应的理论研究也较为滞后。

2. 存在的问题和不足

从国内研究现状来看，合作社理论研究方面的文献虽然日益剧增，尤其是近些年，不论在数量上还是质量上都有较大提升，但仍存在一些缺陷和不足。部分文献以介绍国外发展经验为主，对国内与国外经济发展水平、社会制度和国情差异考虑较少，忽视了外来模式的适用性；而且此类文献中介绍发达国家农业合作社发展经验的占绝大多数，对与我国国情相近的发展中国家农业合作社的发展情况却甚少涉及。部分文献以农民专业合作社为研究对象，对马克思和恩格斯所倡导的土地股份合作社的研究却少之又少。部分文献主张大力推广某一种合作社发展模式（如农民专业合作社），忽视了我国农业生产力发展的不平衡性，违背了马克思和恩格斯发展合作社的原则。部分文献认为，以马克思主义农业合作社理论为指导的、社会主义国家农业生产性合作社的终结表明，马克思和恩格斯的农业合作社理论已经过时，生产合作社因解决不了激励问题必然以失败告终，因此主张抛弃马克思和恩格斯的农业合作社理论，转以西方农业合作社理论为指导，大力发展流通领域的农业合作社。而事实是，大部分社会主义国家的农业合作社之所以失败，主要是由于在这些国家，农业合作社普遍被作为国家向工业提供积累的征集站；对农业实行统购统销政策；对农业合作社的管理存在过多的干预，官僚化倾向严重。因此，笔者认为，发展中国家农业合作社实践的失败，不是马克思主义农业合作社理论的失败。换言之，正是因为这些国家违背了马克思恩格斯发展合作社的自愿、不能剥夺农民等原则，才导致其失败。

因此，笔者认为，研究我国农业合作社问题，应坚持马克思恩格斯农业合作社理论的指导地位。在此基础上，大胆学习、借鉴国外发展农业合作社的经验教训。唯有如此，才能对我国农业合作社问题进行全面、深入的研究，才可以系统地提出我国农业合作社发展的目标模式和主要对策。

三　研究框架和研究方法

（一）研究框架

本书共分七章，每章内容大致如下。

第一章：导论。该章主要介绍了本书的研究背景、研究意义，国内外研究成果述评。在此基础上提出本书的研究目标、研究框架和研究方法。

第二章：农业合作社有关概念。本章重点对农业合作社的定义、基本原则、主要类型等进行了介绍，为本书研究奠定基础。

第三章：中国特色社会主义农业合作社的理论指导。该章首先从马克思恩格斯之前的合作经济思想、马克思恩格斯关于合作经济的一般理论、马克思恩格斯关于农业合作社的基本理论等几个方面，系统阐述了马克思恩格斯关于农业合作社的理论；其次分别阐述了列宁、毛泽东、邓小平等无产阶级革命领导人关于农业合作社的思想。通过对马克思主义农业合作社理论的阐述，确立本书研究的指导思想。

第四章：国外农业合作社的发展及其启示。本章重点介绍了发达国家农业合作社的发展模式及经验、发展中国家农业合作社的主要类型及教训，并详细概括了国外农业合作社发展对我国的启示，为我国农业合作社的发展提供借鉴。

第五章：改革开放前我国农业合作社的发展历程。本章以时间为序，从新中国成立前的农村合作社，到合作化时期的农业合作社、人民公社时期的农业集体化，分阶段概述了我国农业合作社的改革发展历程。在此基础上，对改革开放前我国农业合作社发展的实践经验进行系统总结。

第六章：改革开放后我国农业合作社的新发展。本章首先结合合作社的特点和功能，以及我国现阶段农业生产力发展状况、农村经济发展概况、社会主义市场经济发展要求等因素，对我国发展农业合作社的必要性和紧迫性进行了系统分析。其次对改革开放后新型农业合作社的发展做了较为详细的介绍，重点介绍了农村土地股份合作社和农民专业合作社。

第七章：中国特色社会主义农业合作社的发展模式和发展策略。根据前面六章的分析和论述，提出我国农业合作社发展的目标模式，并有针对性地给出具体的实现路径，即应进行理论创新、制度创新、组织建设并加强政府支持。

（二）研究方法

唯物辩证法是贯穿本书最基本的研究方法，此外还运用了逻辑演绎、文献阅读、比较研究、归纳总结、历史分析等多种研究方法，力图做到定性研究和定量分析相结合、理论分析和实证研究相结合。

四 可能的创新和不足之处

（一）可能的创新

本书从马克思主义观点出发来研究农业合作社，是对合作社研究的一个重要补充，为此类研究提供了可供参考的素材。该书以马克思主义合作经济理论为研究基础，运用马克思主义农业合作社理论的基本框架来全面、系统地分析我国农业合作社问题，从合作社的性质、主要特点、发展概况、实际效果等四个方面来研究我国农业合作社发展的历史、现状，取得的成就、存在的问题和发展的趋势，对国内外农业合作社的发展历史和现状做出新的解释，阐明继续推进我国农业合作社发展的战略目标与任务，并给出了较为完善的对策建议。

本书从内容、逻辑、分析层次、原则等几个方面，对马克思主义农业合作经济理论进行了新的概括与梳理，深化了认识。首先，从内容上来说，既概括了马克思恩格斯关于合作经济的一般理论，又概括了马克思恩格斯关于农业合作社的基本理论。其次，从逻辑上看，既概括了马克思恩格斯关于农业合作社发展一般规律的理论，又概括了马克思恩格斯关于农业合作社发展特殊规律的理论。再次，从分析层次上看，既概括了马克思恩格斯关于农业工人合作社的理论，又概括了马克思恩格斯关于农民合作社的理论。最后，系统概括了发展农业合作社应遵循的原则。

本书对我国农业合作社发展历程和现状也进行了较全面系统的概括，为相关的研究提供了资料性文献基础。本书提出了生产合作、流通合作并重，土地股份合作社为主、多种农村合作经济形式并存的思想，具有创新性。本书在马克思主义农业合作社理论指导下，结合我国社会主义初级阶段的基本国情、社会主义市场经济的客观要求和农业生产力发展状况，提出了我国农业合作社变革与发展的目标模式，可以简单概括为："一种模式"——以土地股份合作社为主、多种农村合作经济形式并存的模式；"两个特征"——体现合作社基本原则和社会主义农业生产方式的本质特征；"三个根据"——马克思关于农业合作社的基本原理、中国国情和农业生产力发展要求。

本书还提出了我国农业合作社改革与发展的相关政策建议，具有一定参考价值。本书在理论与实际相结合的基础上，根据我国农村现状和农业合作社发展实际，借鉴国外农业合作社发展的经验教训，对推进我国农业合作社变革与发展的对策措施进行探讨。首先，要进行理论创新，以设计新型农业合作社的总体框架，即坚持马克思主义农业合作社基本原理，体现社会主义农业生产方式本质特征；继承并发展马克思主义农业合作社理论，实现社会主义农业生产经营形式的创新。其次，要进行制度创新，以建立新型农业合作社的制度结构，即遵循马克思重建个人所有制的基本原理，倡导农民联合所有制，进行农地产权制度改革，构建新型集体产权制度；改革农村集体经济组织，组建新型合作经济组织；进行分配制度改革，构建以按劳分配为主体、按劳分配与按股分红相结合的新型分配制度。再次，要进行组织建设，建设新型农业合作社的治理结构，构建适应市场经济要求的自主经营、自主管理、利益共享、风险共担的新型合作社治理结构。最后，政府要对农业合作社发展给予支持，包括创造良好的法治环境，加大对新型农业合作社的扶持力度，加强合作社教育和培训等。

（二）不足之处

本书在文本性的研究上较全面深入，但对改革开放后我国农业合作社发展的研究需要进一步深化，尤其是案例分析有待进一步加强。对国外相关研究成果的吸收与借鉴稍显不足，对马克思主义合作经济理论的研究和对我国农业合作社发展政策建议的研究有待进一步深化和细化。

尽管书稿已经过多次修改，但因本人水平有限，书中难免还存在疏漏和谬误之处，敬请有关专家及广大读者不吝赐教。

第二章　农业合作社有关概念

长期以来，由于受 20 世纪 50 年代农业合作化运动影响，人们对合作社的认识存在偏差，把合作社与集体经济混淆起来。正因为如此，在一些人的脑海里，对合作社存在抵触情绪。为了还合作社以本来面目，有必要对合作社的定义、基本原则、主要类型等基本概念进行重新描述，以打消人们的顾虑，从而为我国农业合作社的发展扫清思想障碍。

一　合作社的定义

（一）合作社定义本身

合作社发展至今已有 170 年左右的历史，其作为一种组织制度在各国普及之后，类型和形式也因各国的经济、政治、社会、文化环境不同而不尽相同，因而关于其定义也是众说纷纭。如德国经济学家龙费尔（E. Grunfeld）认为合作是一种以追求社会政策为目的的经济制度，是中小经营者为了追求共同经济利益而基于个人意志的结合，这种制度在其活动范围内，排斥自由市场。国际劳工局出版的《合作事业教程》认为合作社是不同数额的人为了解决相同的经济困难，在权利与义务平等的基础上，依照其自由意志相互结合，以经营他们共同需要的业务，风险自负；并为了相互间物质的与精神的利益，共同利用此一业务，以解决他们自身的经济困难。

我国学界对合作社的定义也存在较多分歧。政治经济学辞典认为："合作社经济是劳动群众为改变生活条件和生产条件而联合建立的一种经济组织。"① 有学者提出："合作经济是生产经营者在经济活动中联合行动所产生的经济内容。"② 可见，由于观察视角和所处环境不同，人们对合作社所下的定义也不同。

1995 年，在国际合作社联盟成立 100 周年代表大会上，其给出了合作社的权威性定义，即："合作社是自愿联合起来的人们通过联合所有与民主控制的企业来满足他们共同的经济、社会与文化的需求与抱负的自治联合体。"

(二) 对合作社定义的诠释

合作社的定义包含如下基本点。

"自愿联合起来的人们"是合作社的主体，它强调"联合"是自愿的，不受任何人强制，人们可以选择加入这种组织也可以选择不加入，可以在加入后退出也可不退出，不能强人所难；这个联合体是人的联合，不是资本的联合。所谓"人的联合"，这里的"人"既包括自然人也包括法人；一般情况下，第一级合作社是自然人的联合，也有在一定条件下接纳法人为成员的，而由合作社之间联合形成的第二级、第三级等合作社的社员通常为法人。

"满足他们共同的经济、社会与文化的需求与抱负"是成立合作社的目的，这意味着为社员服务、满足社员需求是合作社唯一的宗旨；这种服务既包含经济方面的，也包含社会、文化方面的，内容非常丰富。满足经济方面需求是合作社形成的根本目的，在满足经济需求的同时，可以通过经济途径来满足其他方面的需求。

"联合所有与民主控制的企业"是实现目的的载体。这说明合作社是独立经营的企业，而不是群众组织、社会组织或文化组织。作为企业，为了生存和发展，必须讲究效率，提高竞争力，这与其他类型的企业没有什么区别；但是，与其他企业不同，合作社是自愿联合的自治组织和社员联合所有、民主控制的企业，它必须坚持公平，把效率和公平统一起来。联合所有是指合作社企业的所有制结构，民主控制是指其法人治理结构，两

---

① 政治经济学辞典 [M]. 下册. 北京：人民出版社，1981：84.

② 俞家宝. 农村合作经济学 [M]. 北京：北京农业大学出版社，1994：2 – 3.

者的主体都是"自愿联合起来的人们"。联合所有和民主控制是区分合作社与其他类型的企业及各种组织的根本标志。需要特别指出的是，这里的"联合所有"和"民主控制"是准确理解该定义的两个关键词。"联合所有"与国内在计划经济时期形成的"共同所有"概念有本质上的不同，后者否定个人在集体中的所有者权益，是虚化的"所有"；前者则是确认社员个人在合作社中的所有者权益的，是个人所有基础上的联合。"民主控制"是指合作社的法人治理机制，即社员通过民主程序对合作社实施控制。

"自治联合体"，包含联合和自治两层含义，即合作社是独立自主的联合组织，是按联合组成合作社成员的共同意愿自主经营的实体，不是任何其他组织或机构（无论公共机构或私营企业）的附庸。这是合作社的基本性质。①

二 合作社的基本原则

合作社的基本原则是判定一个组织是不是合作社的根本标志。合作社自成立以来，以不同形态存在于世界上很多国家之中，由于各国发展条件均不相同，合作社在特定国家产生的背景、发展的环境及发展类型也有所不同，故而人们对合作社原则的理解和认同亦有差别。尽管如此，合作社作为市场经济发展的产物，合作运动作为一种国际性运动，各国合作社的发展仍具有一定的共性，有规律可循。我们应该以国际合作运动中形成的、为大多数合作社所接受的并在实践中遵循的基本原则为检验标准，来界定一个组织是不是合作社。

作为合作社的根基，合作社原则一般是不可动摇的。然而，国际合作运动实践是不断丰富发展的，合作社的生存环境也是不断变化的，为了适应这些新的形势，使合作社思想现代化，国际合作社联盟每隔一段时间都要对合作社原则进行重新审议和修订。迄今为止，国际合作社联盟共对合作社原则修订了三次，分别为1937年的罗虚代尔原则、1966年修订的合

---

① 唐宗焜. 合作社真谛［M］. 北京：知识产权出版社，2012：21-22.

作社原则、1995 年国际合作社联盟成立百年代表大会上修订的合作社原则，下面分别做简要介绍。

（一）1937 年的罗虚代尔原则

1844 年 12 月 21 日，在英国西北部一个名为罗虚代尔的小镇，世界上第一个成功经营的合作社——罗虚代尔公平先锋社成立了。罗虚代尔公平先锋社的伟大历史意义就在于它的制度创新，它在实践中确立了合作社最基本的原则，使合作社发展能够有规可循。罗虚代尔公平先锋社在实践中创立的合作社原则可归纳为 12 项：自愿与开放的社员资格；民主控制（社员一人一票表决）；合作社的资金由社员入股组成；对入股股金的分红有限制；合作社出卖的商品要货真价实，质优够秤；按时价或市价出售商品；收取现金，不赊账；只对社员交易；剩余按社员的购买额比例分配；建立不可分割的社有财产；向社员及其家属提供良好的教育；政治、宗教中立。

1937 年，国际合作社联盟通过对上述原则进行归纳总结，从中提炼出七项作为判定合作社的国际标准，并将其命名为罗虚代尔原则，即：

第一项：开放的社员资格；

第二项：民主控制（一人一票）；

第三项：按交易额分配盈余；

第四项：股本利息应受限制；

第五项：政治与宗教中立；

第六项：现金交易；

第七项：促进社员教育。

上述七项基本原则在重要程度上是有差别的，其中前四项具有决定意义，是决定合作社本质的根本性原则。

（二）1966 年修订的合作社原则

20 世纪 30 年代之前，合作社主要存在于消费领域，并主要分布于欧洲国家。30 年代后，合作事业已由消费者合作社扩展到农业（农民）合作社及其他各种类型的合作社组织；由基层合作社扩及地区联合社、全国联合社；由主要分布于欧洲经济发达国家扩展到亚洲、非洲和拉丁美洲等发展中国家和地区，这些变化给国际合作运动带来了新的机遇和挑战。为了应对新的形势和任务，国际合作社联盟在对罗虚代尔原则实施现状进行认真调查研究的基础上，于1966年对其进行了修订，将原来的原则归纳为六项，作为国际合作运动新的行动指南。修订后的合作社原则不像以前那样仅适用于欧洲的消费者合作社，而是适用于一切国家一切类型的合作社。这六项原则具体如下。

第一项：自愿的社员资格，能够使用合作社提供的服务并愿意承担社员责任的任何人均可获得，不受人为的限制或者任何社会的、政治的、宗教的歧视。

第二项：合作社是民主的组织，其事务应该由社员认可的方式选举或任命的人来管理，并对他们负责；第一级合作社的社员享有平等投票权（一人一票），参与对他们的合作社产生影响的决策；联合社的管理，也应该在民主基础上以适当方式进行。

第三项：股金如付利息，利率应严格限制。

第四项：如有来自经营产生的盈余或储蓄，属于该社社员，并应按照不使一个社员以他人损失为代价而获益的原则进行分配，分配方式由社员从下述方式中选定，即提取用于合作社发展的公积金；提取为社员提供共同服务的公积金；按社员与合作社的交易额比例返还给社员。

第五项：一切合作社都应该从经济和民主两个方面，向它们的社员、管理人员和雇员以及社会公众提供合作社教育。

第六项：为了更好地为社员及社区服务，一切合作社组织都应该尽可能地与其他合作社开展合作（可以是地方性的、全国性的或者国际性的）。

与1937年确定的罗虚代尔原则相比，本次修订有以下变化。①在内容方面，增加了合作社之间合作的原则，略去了"政治与宗教中立"和"现金交易"两项。②在表述方面，虽然两者在根本含义上是一致的，但罗虚代尔原则表达得过于简单，可能产生误导；本次修订将合作社原则进一步具体化，表述更清晰、更精确，更易于在实践中把握和贯彻。③1937年修订的七项原则在重要程度上是有差别的；而本次六项基本原则是平等的，对合作社的定性和有效实践都具有根本意义，因而在合作社实践中都需要认真贯彻执行。

上述六项原则在1984年国际合作社联盟第28届代表大会上再次得到

确认。

（三）1995 年修订的合作社原则

为了适应新形势的需要，更好地指导 21 世纪的合作运动，1995 年 9 月，在成立 100 周年之际，国际合作社联盟对合作社原则做了进一步修订，将其概括为七项。

第一项：自愿与开放的社员资格。合作社是自愿加入的组织，它向能够利用其服务并愿意承担社员责任的所有人开放，没有性别、社会、种族、政治或宗教的歧视。

第二项：民主控制。合作社是由社员控制的民主组织，社员主动参与政策制定和决策。由社员选举产生的代表对全体社员负责。社员通过以下程序行使民主控制：在第一级合作社，社员拥有平等投票权（一人一票）；其他层次的合作社也应以民主的方式组织。

第三项：社员的经济参与。合作社资本由社员公平出资，并实行民主控制。合作社的资本通常至少有一部分是合作社的共同财产。作为取得社员资格的条件而应认缴的资本，如果有报酬的话，通常只能收取有限报酬。盈余分配应用于下述某项或全部目的：发展合作社（可采取设立公积金的形式，公积金至少有一部分是不可分割的）；按社员同合作社交易额的比例向社员返利；支持社员认可的其他活动。

第四项：自治与独立。合作社是由其社员控制的自治、自助组织。如果合作社要与其他组织（包括政府）达成协议，或从外部筹措资本，应在确保社员民主控制和合作社自治的前提下进行。

第五项：教育、培训和告知。合作社要向其社员、社员选举产生的代表、管理人员及雇员等合作社所有成员提供教育和培训，以提高他们的能力，使其能够更有效地为合作社的发展做贡献。合作社要把合作的性质及优越性告知公众，尤其是青年和舆论带头人。

第六项：合作社之间的合作。合作社要通过与地方性、全国性和国际间的组织机构一起工作，来最有效地为社员服务，加强合作社运动。

第七项：关心社区。合作社通过其社员认可的政策，为社区持续发展做贡献。

三　合作社有关概念区分

合作社的基本原则是判定一个组织是不是合作社的权威标准，作为国际合作社联盟的成员国之一，我国也应该遵循这个标准。然而，在国内，由于受 20 世纪 50 年代农业合作化运动的影响，人们对合作社存在误解，将合作社与集体所有制企业相混淆，而且这种混淆根深蒂固，严重制约着合作社的发展。另外，由于合作社与股份公司在外延上存在交叉，也容易引起混淆。因此，为了更好地理解和把握合作社基本原则，促进我国合作社的健康发展，有必要从理论上对上述概念进行澄清。

（一）合作社与集体所有制企业

我国在 20 世纪 50 年代实施的农业合作化运动的实质是农业集体化运动，由此而建立起来的高度集中的计划经济体制给农业和农村带来严重后果，使农民失去信心而抛弃了人民公社，甚至有些人"谈合色变"，因而对合作社发展持怀疑态度。其实，被农民抛弃的人民公社与合作社是完全不同的事物，前者是导致他们成为行政权力附庸的集体经济；后者是能给其提供服务并使其受惠的合作制企业，是深受农民欢迎的，改革开放后在我国各地广泛形成的农民合作社就是例证。二者的区别主要体现在以下四个方面。

1. 所有制结构不同

合作社的核心是实行社员联合所有、民主控制、经济参与并受益。合作社承认并确保社员个人的所有者权益。它的原则是合作，而不是合并。合作社资本由社员公平出资，本金及增值部分属于社员个人的所有者权益。社员个人的所有者权益联合形成合作社资产的基础。公积金和未分配盈余也归社员所有，只是尚未界定到个人。社员个人所有者权益总和、公积金和未分配盈余共同形成合作社的净资产，由社员通过民主程序进行联合控制。所以，合作社是社员联合所有的企业。集体所有制企业的原则是合并而不是合作，即"归大堆"或"归公"。在财产权利上，集体所有制企业是不承认个人对其的所有者权益的。所谓"集体所有"或"共同所有"就是集体中个人的一无所有,当然个人也不可能对集体资本进行控制。而且"集体"的边界往往是模糊不清的,加之集体所有制企业往往依附于政府部门或国有企业,致使其财产常常遭受侵犯。

2. 法人治理结构不同

根据合作社的基本原则,合作社是由社员民主控制的组织,也即对合作社实施控制的主体是社员,控制程序是民主的,参与控制的权利是平等的(一人一票)。合作社成员拥有知情权、审议权,以及在知情权、审议权基础上的选举权、决策权和监督权。由社员选举产生的机构和人员要对社员负责。可见,"社员控制"是合作社的法人治理概念,它意味着对合作社处理其各种关系的程序和规章做出制度性安排,形成一整套体现合作社本质的激励与约束机制。而集体所有制企业内部是没有这样的法人治理机制的,它实行的是自上而下的行政控制。大部分集体所有制企业的负责人不是通过选举产生的,而是由上级任免的,被任免的负责人首先要对上级负责而不是对集体所有制企业的员工负责。

3. 组织目标、分配制度不同

为社员服务是合作社的唯一宗旨。只有依靠社员经济参与,合作社才能生存和发展。同其他企业一样,合作社在市场经济中是要赢利的,但它是为社员去赢利,以满足社员需求为首要目标;而其他形态的企业是追求利润最大化,或者追求投资者的利益。所以,合作社是以人为本的企业形态,其目的是满足社员的经济和社会方面的需求。合作社的盈余归全体社员所有,具体分配方式由社员大会讨论决定,可用来设立公积金;也可以根据社员与合作社的交易额比例进行惠顾返还;还可用于社员同意的其他活动。惠顾返还可采取向社员支付现金的方式,也可记入社员个人账户。后一种方式既明确了权益归属权,又解决了企业资金周转不足问题。

集体所有制企业生产的目的是满足社会全体劳动者的生活需要,尤其是本企业劳动者的生活需要。在集体所有制企业中,由于没有明确的股份划分,因而只能实行各尽所能、按劳分配的原则,这种分配形式虽能激发劳动者的生产热情和积极性,但不能体现劳动者作为企业所有者对企业资产受益的实际状态,因此极有可能导致吃"大锅饭"现象的发生。而且集体所有制企业按其性质是否定个人所有者权益的,因此其利润也不可能返还给个人，由利润形成的公共积累也只能笼统地被称为集体所有，这种极其模糊的产权结构模式不利于企业的发展和壮大。另外，集体所有制企业的财产所有权与经营权通常是相分离的，同时又缺乏必要的监控机制，导致企业的经营者侵吞集体财产、损害财产所有者合法权益的事例时有发生。

综上所述，合作社和集体所有制企业是两种完全不同的制度安排，它们在所有制结构、法人治理结构、组织目标、分配制度等方面均不相同。为了促进合作社健康发展，营造良好的政策与法律环境，必须破除对二者的混淆。

（二）合作社与股份公司

1. 二者的联系

合作社和股份公司都是生产社会化的产物，都是在社会生产发展到一定阶段，出现了市场经济以后才产生的。二者都是法人企业，所有者对企业的债务都承担以出资额为限的责任。法人企业与个人独资、合伙制企业等自然人企业的不同之处在于，后者对企业债务承担无限责任。此外，二者都存在股金形式；在企业内部都有规范的章程。就以上几点而言，合作社与股份公司制是有共同之处的。除了以上相同点之外，合作社在资本主义社会具有滑向资产阶级股份公司的危险，也就是说合作社有可能转化为股份公司。这也是当今世界合作社运动发展的趋势之一。

2. 二者的区别

虽然股份公司与合作社有相同点，但不能因此将二者混同。事实上，股份公司与合作社是两种完全不同的企业制度，它们在组织目标、分配机制、产权制度和法人治理机构等方面有本质区别。

（1）组织目标、分配机制不同

动因决定目的。合作社的唯一宗旨是向社员提供服务，获取服务是人们加入合作社的目的。合作社归社员所有，社员是合作社服务的使用者。合作社不以社员为赢利对象，但合作社作为企业，为了生存和发展，它必须赢利，不过它是为社员去赢利，是自愿联合起来的人们通过合作社去赢利。合作社盈余通常实行惠顾返还原则，按社员同合作社交易额的比例或者按社员在合作社中的劳动贡献比例返还给社员。而股份公司的目标是利润最大化，为股东的资本增值服务。股份公司与股东之间是单纯的资本交易关系，公司发行股票是为了募集资金从而扩大生产规模、扩张经营赢利，股东购买股票是为获取投资回报，资本增值部分分为公司利润和股东分红两部分，后者再按股东所占股权份额进行分配。

（2）产权制度不同

目的要通过一定的权利去实现。相对于公司制度，合作社的所有权安排具有特殊性。社员的权利源自其合作社成员资格，只有具备了成员资格以后才能使用合作社提供的服务。为取得社员资格须缴纳一定的股金才能入股，入股的首要目的是取得成员资格，而不单单是为了获取投资回报，也就是说在合作社内部财产权利是从属于成员权利的。合作社实行一人一票制度，每个成员都是平等的。成员权利平等意味着合作社由全体社员依照民主程序共同控制，而不是由某个人或少数人掌控。合作社的社员权利来自其成员资格，意味着社员权利是不能转让的。但根据合作社基本原则社员有退社自由，他们可以从合作社退股，其他社员可以认购其所退股本。

而在股份公司，股东的权利来自其对公司的投资，投资的直接目的是获取利润即分红，因而是单纯的财产权利，其作为股东的权利是从属于他们的财产权利的。股权平等，即公司实行的是一股一票制，股东所拥有的股权越多其权利就越大。也就是说，在公司内部，实际控制权掌握在大股东尤其是控股股东手中。因而，中小股东往往因所持股权份额有限，在决策时没有发言权，其利益很容易受控股大股东以及公司高级管理人员等的侵害。既然公司股权是单纯的财产权利，因而可以转让。在现实生活中，资金雄厚的企业或个人往往通过收购其他公司的股权实现对其的控制。

（3）法人治理机构不同

合作社的法人治理机构与股份公司的法人治理机构在形式上并无本质差异，但由于二者根本性质不同，从而它们在决策原则上具有本质区别。合作社是实行民主控制的经济组织，社员以成员资格享有一人一票的平等选举权。一人一票制既能保证社员的权利，又能充分调动社员的积极性，还能有效防止少数人控制合作社。由社员按照一人一票制选举产生的法人机构，对全体社员负责，接受社员的平等控制与监督。而股份公司实行的是一股一票制，投票权受股权支配，因此拥有最多投票权的股东便掌握着公司的控制权。因而股东们争夺控股权的斗争实际上就是争夺控制权的斗争。

综上所述，股份公司与合作社在组织目标、分配机制、产权制度和法人治理机构等方面都有本质区别。然而，经过170年左右的发展变化，股份公司与合作社为了提高市场竞争力，实现可持续发展，都在不断创新，互相借鉴，如一些公司为了缓和劳资矛盾，增强凝聚力，已尝试实施职工参与计划；而一部分合作社为了应对资金匮乏、后劲不足等问题，开始从外部募集股本等。这些都说明合作社与股份公司的边界开始变得模糊。[①]

四 合作社的分类

关于合作社的分类，迄今为止还没有一个公认的方法。标准不同，分类方法也迥异。在我国，现行的关于农业合作社的分类主要采取按照领办人来划分的做法。这种分类方法反映了目前我国合作社产生途径多元化、复杂化的现状，并且对于分析合作社的产权制度、治理结构，以及与政府、社区组织等的关系也是一种有效的选择。[②] 下面就国际上比较常见的分类方法做简要介绍。

（一）以合作社社员为标准进行划分

按照组成合作社的社员所从事的行业进行分类，可将合作社分为农业合作社、消费合作社、工业合作社（也称员工合作社）、零售合作社、信贷合作社、保险合作社等。在所有这些合作社中，农业合作社在数量上居第一位，消费合作社居第二位。

农业合作社是最容易被农民接受的一种合作经济组织，它在世界农业发展中起着十分重要的作用。在美国，全国200万个农场主中的绝大多数加入了合作社，80%的农业初级产品是由合作社加工销售的，全国A级奶

---

① 苑鹏. 合作社与股份公司的区别与联系 [J]. 教学与研究，2007（1）：16–17.
② 张晓山，苑鹏. 合作经济理论与中国农民合作社的实践 [M]. 北京：首都经济贸易大学出版社，2009：175.

销量的 72% 由奶品合作社供应。在澳大利亚,2200 个农场联合成立了大米生产合作社,合作社占地 70 万公顷,供应了几乎全部澳大利亚大米出口量。① 在日本,农业以农户经营为主,91% 的农民加入了农业协同组合(农业合作社),大约 95% 的大米和 90% 的水产品是通过合作社销售的。在韩国,90% 的农民是农协(农业合作社)社员,社员总数达 200 多万;71% 的水产品市场份额由渔业合作社供应。②

消费合作社是成立最早的合作社形式,世界上第一个成功举办的合作社——罗虚代尔公平先锋社便是消费合作社。消费合作社,顾名思义,是指提供消费品供应服务的合作社,如供销合作社;也包括提供消费服务的合作社,如住宅合作社、旅游业合作社、供电合作社等。在一些国家,消费合作社已形成完善的服务网络,并占据了一定的市场份额。在挪威,消费合作社占有 24% 的消费市场份额。在瑞士,两个最大的消费合作社"Migos"和"Coop"年销售额总和占全国 GDP 的 8%。在新加坡,超市市场份额的 55% 为消费合作社所购买。③ 目前,我国已成立了 2 万多家消费合作社,如北京的城市居民消费合作社、天津的职工消费合作社等,都取得了较好的经济效益和社会效益。④

员工合作社,因其最早在工业部门出现,所以也称工业合作社或工业生产合作社,过去也称工人合作社。它是企业的员工所有并在其中劳动就业的合作社。在资本主义条件下,由于它解决了劳资矛盾,提供了就业岗位,有效改善了工人的经济地位和生活环境,所以深受工人阶级欢迎,得到了蓬勃发展。因此,目前员工合作社早已不限于工业部门,而是广泛存在于几乎所有经济部门,如员工所有的工业企业、酒店、超级市场、科技公司等。1995 年,法国有生产合作社 1620 家;1996 年,意大利有生产合作社 7400 家。目前,在世界上办得最好的工人合作社是西班牙的蒙德拉贡合作社。经过 50 多年的发展,如今的蒙德拉贡合作社已成为世界上最大的员工合作社,由 120 家合作社组成,拥有工业、商业、金融业三大集团。2008 年底,其资产总额达 335 亿欧元,在西班牙排名第七位,共有员工

① 胡卓红.农民专业合作社发展实证研究[M].杭州:浙江大学出版社,2009:12.
② http://www.ica.coop.
③ http://www.ica.coop.
④ 胡卓红.农民专业合作社发展实证研究[M].杭州:浙江大学出版社,2009:12.

92773 人。① 现在，其业务范围已扩展到整个西班牙，并在世界各地设立了办事处或工厂。

（二）以合作社功能为标准进行划分

每一种类型的合作社按功能又可分为不同的合作社，如生产合作社、服务合作社、流通合作社、信用合作社等。

生产合作社，即从事种植、养殖、渔猎等生产活动的各类合作社，主要指农业生产合作社、工业生产合作社和建筑合作社等。

服务合作社是通过各种劳务、服务等方式，给社员生产、生活提供便利条件的合作社，它是伴随着社会经济发展而涌现的新型合作社形式，常见的有利用合作社、医疗（保健）合作社、公用合作社等。这种类型合作社的社员一般不用缴纳太多入社资金，也不一定会产生盈余。它主要是通过社员的自愿联合，发挥组织的优势，从而实现改善经济地位和生存环境的目的，因此受到人们的广泛欢迎。

流通合作社，是从事推销、购买、运输等流通领域业务的合作社，如供销合作社、运输合作社、消费合作社、购买合作社等。

信用合作社是指由个人集资联合组成，以互助为主要目的的合作金融组织。它起源于 19 世纪的德国，后来发展成为银行和储蓄合作社，是世界上较为普遍的一种合作社形式。目前，世界上有 120 多个国家建立了这种类型的合作社，其中以美国、加拿大、日本和印度最为发达。信用合作社的宗旨是以简便的手续和较低的利率，向社员提供信贷服务，帮助其解决资金困难，以免遭高利贷的盘剥。

（三）以合作社筹资方式为标准进行划分

按照合作社的筹资方式，合作社可分为发行股票的股份合作社和不发行股票的非股份合作社。

股份合作社是指一种发行股票的合作社，其发行的股票分"普通股"和"优先股"两种，其中"普通股"只能由该社社员购买，并且一人只能购买一股；而"优先股"则面向社会发行，可以出售、转让。但是持有

---

① MCC："2008 Annual Report"，http://www.mondragoncorporation，com.

"优先股"股票的人不是合作社的正式社员，没有选举权和被选举权，只有获取年终分红的权利。

非股份合作社是指不发行股票，而通过发给社员入股证书以证明他们在合作社中权利的合作社。世界上的绝大多数合作社是非股份合作社。

此外，还可以按照合作社所处地域、业务范围等进行分类。如按照所经营的业务范围划分，可以将合作社分为从事多项业务的综合性合作社和仅从事一项业务的专营合作社，限于篇幅，不再一一赘述。在实践中，各国往往根据本国合作社发展的特点、所从事的行业及业务范围等来进行分类，主要有生产、消费、信用、销售等几种类型。如美国将合作社划分为农业合作社、信用及保险合作社、与生活有关的其他合作社等三大类。日本把合作社分为农业合作社、水产合作社、中小企业合作社和消费合作社等四大类。我国的合作社大致有八大类，分别是供销合作社、消费合作社、信用合作社、工业合作社、农业合作社、农民专业合作社、乡镇集体企业合作社和住宅合作社。

五　本书关于农业合作社的概念界定

改革开放以来，我国农村发生了翻天覆地的变化，随着社会主义市场经济体制的确立和逐步完善，以及经济全球化进程的加快，农村面临前所未有的机遇和挑战。经济全球化是世界经济发展大势所趋，符合经济发展规律。加入世贸组织，意味着我国将愈来愈多地参与经济全球化进程，遵守已经协定的共同的贸易规则和有关管理规定。同时，为了与国际接轨，我国应该按照国际惯例和市场规则进行组织创新和制度创新，只有这样才能在经济全球化进程中占据主动地位，农业也不例外。既然经济全球化是大势所趋，作为经济全球化的参与者，理应遵循国际通行的规则，那么国际合作社联盟关于合作社的定义和基本原则对于我国也应该是适用的，即"合作社是自愿联合起来的人们通过联合所有与民主控制的企业来满足他们共同的经济、社会与文化的需求与抱负的自治联合体"。

明确了合作社的定义，对农业合作社的界定在其类属上进行确定即可。根据马克思恩格斯农业合作社基本原理，在大土地所有制占主导地位的国家，农业工人合作社是从资本主义农业向社会主义农业过渡的生产组织形式；而在小土地所有制占优势的国家，农民合作社既是从资本主义农业生产方式向社会主义农业生产方式过渡的中间环节，也是社会主义农业生产方式的基本形式。我国属于后一种，因而应该采取农民合作社的生产组织形式。

另外，马克思恩格斯一贯重视生产合作，在他们看来，只有生产合作才能触动资本主义的经济基础。因此，他们所说的农业工人合作社和农民合作社都属于生产合作社，正如恩格斯多次提及的，合作社是对农民的小生产进行改造的形式，其前途是社会主义。而我国目前在各地出现的农民专业合作社则属于流通合作社，它是以农民家庭经营为基础的，从事的主要是流通方面的业务，一是在农业的产前部门，如农业生产资料供应、农业机械的共用等；二是在农业的产后部门，如农产品储运、加工和销售等。

综上所述，本书要讨论的农业合作社是指农民合作社，可从以下两方面来理解：第一，本书农业合作社的主体是农民，而不是农业工人，这与马克思恩格斯关于大土地所有制占优势国家社会主义农业的生产组织形式——农业工人合作社不同，它的主体是农业工人；第二，本书所指的农业合作社既包括生产领域的合作社，也包括流通领域的合作社。

第三章　中国特色社会主义农业
合作社的理论指导

18 世纪中后期，合作运动在西欧逐渐兴起。这一时期，马克思和恩格斯正集中精力研究欧洲无产阶级革命，对合作经济还未进行深入研究。19世纪 60 年代，合作运动有了很大发展并在工人运动中开始出现，这引起了马克思和恩格斯的高度关注。马克思和恩格斯在对合作运动进行深入研究和批判继承以往合作经济思想的基础上，形成了系统的合作经济理论，并成为马克思主义经济理论的重要组成部分。进入 20 世纪以后，以列宁、毛泽东、邓小平等为代表的无产阶级革命领导人继承并发展了马克思恩格斯的合作经济理论，使马克思主义合作经济理论不断发展完善。

一　马克思恩格斯以前的合作经济思想

现代合作经济思想发端于欧洲。18 世纪后期，发生在欧洲的工业革命形成了社会化的大生产和工厂制度，一方面，促使社会日益分裂为资产阶级和无产阶级两大对立阶级；另一方面，在农村则加剧了农民的两极分化，致使越来越多的农民贫穷破产。濒于破产的手工业者、陷于贫困的工人、在困境中挣扎的小农成为社会的弱势群体，为了改善生存环境，他们迫切需要联合起来共同对抗资产阶级的剥削和压迫。在这种背景下，合作经济思想应运而生。

（一）空想社会主义者的合作经济思想

空想社会主义，亦称"乌托邦社会主义"，是资本主义社会和阶级斗争尚未充分发展时期的一种社会主义学说。它批判资本主义制度，企图在脱离现实的情况下，建立一个没有阶级对立的新社会。空想社会主义思想最早见于16世纪托马斯·莫尔的《乌托邦》一书，到19世纪初期发展到鼎盛时期，著名代表人物为法国的圣西门（Saint‐Simon，1760～1825）、法国的傅立叶（Fourier，1772～1837）和英国的罗伯特·欧文（Owen Robert，1771～1858）。他们对资本主义进行了无情的批判，提出医治社会病症的药方是组织合作社，这种合作思想奠定了后来合作经济的基础。

1. 圣西门的合作社思想

圣西门是19世纪初期法国杰出的空想社会主义者。他一生著作颇丰，代表作有《论实业制度》、《实业家问答》和《新基督教》等。他的合作社思想集中体现在1821年出版的《论实业制度》一书中，在该书中他构建了未来理想社会的模型——"实业制度"。他认为资本主义是本末倒置的世界，不过是从神学和封建制度向实业和科学体系过渡的中间阶段。在实业制度中，领导权由实业家和科学家共同掌握，其中精神权力由科学院掌握，世俗权力由实业家委员会掌握。实业家包括工人、农民、工厂主、农场主、商人和银行家。社会秩序由全体公民共同维持。在实业制度里，政治首先是关于生产的科学，社会的唯一目的是满足人们的需要，尤其是满足占人口多数的最贫穷阶级的物质和精神生活的需要。实业制度的主要任务是制订清楚的、合理的、联合的工作计划。人人都要劳动，没有特权，按业务评定才能，按才能评定报酬。在圣西门的实业制度中，保留了私有制和阶级，资本家照样获得利润。

2. 傅立叶的合作社思想

傅立叶出生于商人家庭，曾做过学徒，从事过各种商业活动，因而对资本主义制度有深刻认识。他认为资本主义制度是万恶之源，因而主张消灭资本主义制度，建立一种以"法郎吉"为基层组织的新和谐社会。这一思想集中反映在他于1822年发表的《国内农业结社论文集》中。"法郎吉"实际上是一种生产和消费的协作社，这种协作社大约占地1平方英里（合2.59平方公里），容纳1500～1600个居民。生产以农业为主，工业是农业生产的补充。在"法郎吉"内，个人可根据兴趣爱好从事不同的工作，并且可以随时变换工作。资金由投股募集，每个人都可入股，每个成员都参加劳动。盈余按劳动、资本、才能三者的比例进行分配。"法郎吉"

的成员全部住进豪华的公共宿舍。"法郎吉"还建有中央大厦，内设公共场所、食堂、图书馆、交易所、电报局等，供人们使用。

可见，这里的协作社实际上就是一种农业合作经济组织。傅立叶关于农业合作的思想主要有以下几点。①组建农业合作组织要进行科学规划。傅立叶认为，在资本主义制度下虽然农业的组合遭受激烈反对，但人类要建立和谐制度，就必然要建立农业协会，关键是要对农业协会进行科学规划，才不至于令人望而生畏。②农业合作要与自然相适应。傅立叶认为，农业协会并非耕作人员的简单组合，而是至少要有 800 人才能组成一个"与自然相适应的和具有吸引力"的协会。所谓"与自然相适应的和具有吸引力"的协会，是指其会员在竞争心、自尊心等驱使下从事劳动的那种会社。③农业合作要注重经济效益并建立有效的激励机制。傅立叶的农业协会不是农业本身的协作，而是农业、家务、工业、商业、教育、科学的研究与应用、艺术的研究与应用等七个方面的协作，他认为只有这样才能构成整个社会协作的整体。④农业合作以商业为补充才能确保成功。傅立叶认为，农业协会应当有自己的商业，其目的"在于防止由食品丰足而产生的弊病，以及由食品不足而产生的弊病，并预防这种或那种的不利事件的产生"。①

傅立叶及其门徒曾经根据他的构想进行了试验，但由于他不主张实行社会革命而只是期待富人支持，所以资金匮乏，试验宣告失败。

3. 欧文的合作社思想

罗伯特·欧文是一位空想社会主义者，也是一位企业家、慈善家，出生在一个小手工业者家庭，亲眼目睹了资本主义发展给无产阶级和其他劳动者带来的灾难，对劳动者的疾苦深有体会。随着资本主义的发展，失业问题越来越严重，贫富差距日趋加大，在他看来，这一切的罪魁祸首都是私有制。他认为私有制和私有财产，自古以来都是人们所犯的无数罪行和所遭的无数灾祸的原因。因而，他反对一切形式的私有制，主张公有制。②针对资本主义的种种社会弊端，欧文设计了他认为能消除上述弊端的理想社会——合作公社（也称合作村、协作社或联合家庭）。合作公社是未来

① 傅立叶. 傅立叶选集 ［M］. 第 3 卷. 北京：商务印书馆，1981：28.
② 俞家宝. 农村合作经济学 ［M］. 北京：北京农业大学出版社，1994：25.

理想社会的基层组织，它是一个由 2000 人左右组成的生产和消费单位。公社成员在购置或者长期租赁的土地上进行劳动，土地面积根据所耕种土地的土壤条件和工农业之间的关系确定。

欧文关于合作经济的思想主要有以下几点。①公社实行生产资料公有制和集体劳动，生产的目的是满足全体成员的物质和文化生活需要。②公社是一个农业、工业、商业和教育相结合的组织。主要产业是农业，同时兼营工业。公社实行义务劳动，每个成员都要从事与自己年龄和特长相适应的工作。每个成员都要接受全面教育，以便从事全面的工作。③公社内部实行按需分配。公社的每个成员都可到总仓库中领取需要的物品。因此，在公社内部不存在商品交换。公社的剩余产品在公社之间根据等量劳动相交换的原则进行交换。④公社由其成员实施自主管理，公社的最高权力属于全体社员大会。由于政府工作大大简化并且人人都受过社会生活方面的教育，因此每个成员都应该参加行政工作。欧文还进一步设想，随着新一代的成长，行政管理范围会缩小甚至消失。这种人人都要参加行政机构的设想，实际上已不是凌驾于社会之上的国家。在上述设想中，欧文提出了关于国家消亡的思想。⑤关于人的全面发展的思想，欧文认为公社应当在每个人出生以后就教育和指导他们，使他们成为智、德、体、行方面最完善的人。①

欧文不仅是早期社会主义合作经济理论的集大成者，还是理论的实践者。1824 年，欧文及其追随者在美国印第安纳州建立了新和谐公社。试验曾一度生机勃勃，但后来由于各种原因，试验宣告失败。1839 年，欧文和他的信徒们又组建了一个"皇后林新村"，亦称"和谐大厦"，但也以失败告终。欧文的试验虽然最终都失败了，但是他的理论和实践引起了人们的广泛关注，对后来世界的合作社运动产生了深远影响。

（二）罗虚代尔公平先锋社的创建及其原则

1. 罗虚代尔公平先锋社的创建及其成功的原因

（1）罗虚代尔公平先锋社的创建

空想社会主义者尤其是欧文的合作社试验虽然失败了，但其影响却是

---

① 俞家宝. 农村合作经济学［M］. 北京：北京农业大学出版社，1994：26－27.

深远的。在英国，从 1817 年欧文首次提出合作新村计划到 1840 年的 20 多年间，受欧文合作社思想鼓舞，英国的合作运动蜂拥而起。据有关文献记载，到 1829 年在英国成立过的合作社至少有 300 个以上。这些合作社虽然最后几乎都以失败告终，但合作社思想已深入人心。

1844 年 12 月 21 日，在欧文的学生胡瓦斯和柯柏尔的帮助下，由 28 名工人联合创办的合作商店在英格兰西北部的兰开夏郡的罗虚代尔镇开张了，商店取名罗虚代尔公平先锋社。罗虚代尔公平先锋社成立的目的是向社员供应生活用品，以减轻所受中间商的盘剥，改善他们的生活状况。在成立之初，由于资金匮乏，商店只出售面粉、燕麦片、黄油、食糖、蜡烛等少量生活必需品，每天营业两个小时，由 28 个社员轮流担任售货员。经过前几年的艰难时期后，罗虚代尔公平先锋社不仅生存了下来，而且逐步发展壮大，到 1880 年，社员人数已达 1 万余人。因社员人数不断增多，分布地域日益扩大，先锋社不得不陆续增设零售网点。罗虚代尔公平先锋社成为世界上第一个举办成功的合作社，它的成功在社会上形成了良好的示范效应，英国各地纷纷仿效，合作社蓬勃发展起来。到 1900 年，在英国注册的合作社已达 1439 个，社员 170 多万人。[1] 以欧文等为代表的伟大空想社会主义者为之奋斗一生的合作事业，竟由一个小小的消费合作社开始并发展至世界范围，罗虚代尔原则也被推广至全球。1895 年国际合作联盟成立时，罗虚代尔原则被列入联盟章程，成为各国合作社共同遵守的准则。

（2）罗虚代尔公平先锋社成功的原因

罗虚代尔公平先锋社的诞生和成功不是偶然的，既有客观方面的因素，也有主观方面的原因。

①从其产生的经济、社会背景来看。开始于 18 世纪 60 年代的产业革命，一方面，形成了社会化大生产和工厂制度，确立了市场经济的统治地位，促进了生产力的高速发展和社会财富的急剧增加；另一方面，市场经济的确立和劳资矛盾的激化，使社会的两极分化不断加剧，雇佣工人、农民、小生产者等劳动者的经济和生活状况日益恶化。所以，从 18 世纪后期开始，他们当中的一些人就在为寻求改善自身经济地位的途径而不断努力。他们尝试了很多办法，如游说议会制定劳工法、呼吁有关组织倡导道

---

① 唐宗焜. 合作社真谛 [M]. 北京：知识产权出版社，2012：34.

德约束、组织罢工、举行工人运动（以宪章运动最为有名）等，然而，上述努力最终都未能奏效，不是目标落空就是效果不尽如人意。于是，人们转向寻求一条利用自身力量走出困境的道路，而合作社就是这样的一种组织形式。罗虚代尔公平先锋社便是这一系列不断探索的产物。①

②从其举办目的来看。罗虚代尔公平先锋社虽以欧文、威廉·金等空想社会主义者的合作社思想为指导，但抛弃了空想社会主义者把合作社作为社会改革工具的幻想，汲取了空想社会主义者举办合作社的经验教训，从当时的社会和经济条件出发，把合作社的目标定位于解决工人阶级的实际困难，改善他们的生活条件和社会地位，而不是改造资本主义社会。由于目的明确，罗虚代尔公平先锋社得到了广大劳动者的支持，同时也使统治阶级改变了对合作社的态度，由反对转向支持。这无疑给合作社的发展创造了较好的外部环境。也正因为如此，罗虚代尔公平先锋社开创了西方合作社运动中改良主义的先河，此后，形形色色的合作社改良主义在西方流行起来。

③从其与市场经济的关系看。罗虚代尔公平先锋社以前的种种合作社试验之所以失败，最关键的问题是它们不知道能否在市场经济中生存和发展，以及如何才能在市场经济中生存和发展。由于两极分化是与市场经济的普及相伴随的，因而欧文就幻想建立一种不存在市场和货币的理想社会，结果以失败告终。当时合作社的其他流派也没有找到合作社与市场经济相吻合的制度安排。罗虚代尔公平先锋社的产生同样是受市场环境所迫，创始人试图联合起来改善他们的处境。但与他们的先辈不同，他们不是幻想逃避或摆脱市场经济环境，而是立足于社会现实，探索市场经济中合作社的可行途径，最终获得了成功，使合作社从空想变成了现实。

④从其创始人的素质来看。先锋社创始人中的主力军——纺织工人，属于当时英国工人阶级中最成熟的阶层，他们有文化，而且善于思考，具有追求社会公平和独立自主的意识。当时的英国，市场经济已经发育成熟，在此条件下形成的公民社会和法治社会环境，使他们完全可能在法律许可范围内通过自愿的组合来探索同他们切身利益有关的问题。此外，罗虚代尔地处交通要冲，当时英国各种流派的激进思潮在这里交汇，人们信

---

① 唐宗焜. 合作社真谛［M］. 北京：知识产权出版社，2012：37–38.

息灵通，思想活跃。先锋社的创始人大多参加了各个流派的活动。从先锋社成员的名单看，其中有欧文空想社会主义拥护者14人、宪章派9人、一神教徒3人等。在当地，人们习惯在周末聚在一起讨论他们关切的问题，创办公平先锋社的倡议便是在一次自由集会讨论中提出的。随后，历经大约一年的筹备，先锋社终于成立了。

2. 罗虚代尔公平先锋社的原则及其发展

（1）罗虚代尔公平先锋社的原则

罗虚代尔公平先锋社的组建和运作原则，是由它的创始人自己制定的。这些规则是逐步形成的，其中主要部分写在它的章程中，其他部分反映在社员大会决议、会议记录或日常实践中。这些原则主要有以下几项：自愿与开放的社员资格；民主控制（社员一人一票表决）；合作社的资金由社员入股组成；对入股股金的分红有限制；合作社出卖的商品要货真价实，质优够秤；按时价或市价出售商品；收取现金，不赊账；只对社员交易；剩余按社员的购买额比例分配；建立不可分割的社有财产；向社员及其家属提供良好的教育；政治、宗教中立等。

（2）罗虚代尔公平先锋社原则的发展

①国际合作社联盟对罗虚代尔公平先锋社原则的修订。国际合作社联盟成立于1895年，是一个国际性非政府组织，其目的在于为成员提供信息，培育不同国家合作社之间的关系，阐明并捍卫合作社原则，促进不同国家合作社之间的商务联系。1937年，在对罗虚代尔公平先锋社创立时的实践经验进行调查研究的基础上，国际合作社联盟制定了合作社的基本原则，命名为"罗虚代尔原则"，作为各国合作社共同遵循的基本原则。之后，国际合作社联盟又分别于1966年、1995年对合作社基本原则进行了修订。虽历经多次修订，但罗虚代尔公平先锋社的基本精神始终被坚持下来。关于这三次调整的具体内容在前文中已经做了分析，不再赘述。

②罗虚代尔公平先锋社原则在各国实践中的变形。虽然大多数合作社仍声称坚持罗虚代尔原则，但在实践中，尤其在欧美等发达资本主义国家，合作社为了适应竞争激烈的市场环境，不断拓宽制度边界，改变管理方式。这些变化主要表现在：由"一人一票"扩大为"一人多票"；股金分红比例增加，呈现股份化现象；由以社员入股为主的内部融资方式转向对外融资；雇工和雇用职业经理经营管理等。上述变化使合作社的民主性

质和社员的主体地位受到一定影响。但是，合作社与普通企业仍然是有原则区别的。

（三）合作社理论的发展与流派

罗虚代尔公平先锋社的成功实践开启了世界合作社运动改良主义的先河。此后，形形色色的合作社改良主义便盛行起来。这些流派主要有无政府主义合作思想、基督教社会主义学派、国家社会主义学派、合作社社会主义学派以及合作企业学派。他们的研究领域集中在消费合作社、工人生产合作社和信用合作社。这些流派提出的合作纲领对世界合作社运动产生了深远影响。

1. 无政府主义合作思想

无政府主义合作思想以普鲁东（Proudhen，1809~1865）为代表。普鲁东是法国政论家、经济学家，小资产阶级社会主义者，无政府主义创始人之一。他的一些理论思想对合作社运动有很大影响，虽然他本人并未参加或组织过合作社运动。普鲁东认为协会是唯一可行的、公正的真正社会机构，通过它小生产者可以实现商品的等价交换，手工业者、商人、工人和小企业主可以通过互助联合成立进步协会。他认为自由是神圣的正义，是社会主义真正的基础，是不受任何限制和秩序控制的；作为政治的国家应该取消，它的任务只是对经济关系是否公平合理进行评价。在他看来，社会的实质就是家庭的组合；家庭与家庭之间存在自然的和谐与分歧，但分歧能够在正义原则的基础上进行协调；家庭利益是人类的天性和自然法则。他认为欧文的协作社削弱个人的主动性并损害自由，一个人除非身不由己或是没有办法，是不会与他人协作的，但为了更好地完成工作，在小生产者之间小规模的协作还是必要的。在他看来，只有以加强个人地位和个人自由为目的的协作才可行。

此外，普鲁东还主张废除特权和垄断造成的不平等，建立以劳动为根据的公平交换，使个人和家庭获得全部劳动果实。为此，要建立交换银行，下设两个会，分别办理生产和消费。二者联合办公，一方面组织原料供应，一方面满足消费需求。普鲁东的交换银行实际上就是生产合作社，同时还是消费合作社和信用合作社。①

---

① 俞家宝. 农村合作经济学 [M]. 北京：北京农业大学出版社，1994：38.

2. 基督教社会主义学派

基督教社会主义的合作思想以威廉·金（William King，1786～1865）为代表。威廉·金是英国基督教社会主义者，其合作思想在英国有很大影响，被称为"销售合作社之父"。威廉·金于1828年创办了《合作社》杂志，宣传合作原则和他的合作主张。他认为合作社是对资本主义社会进行改造的有力工具。工人阶级贫穷的原因是他们只能得到劳动成果的1/4或1/8，其余绝大部分被资本家占有。因此，工人阶级如能自己掌握资本，就能得到全部劳动果实，生活就会得以改善。而工人阶级只有组织合作社才能自己掌握资本。与欧文幻想合作社资金由政府和富人捐助不同，威廉·金认为合作社资金应由劳动者自筹，可先从小合作商店办起，逐步扩充业务，待资本积累到一定量再考虑办工业合作社、农业合作社。与欧文一样，威廉·金也不主张进行暴力革命，他说革命的方法只是一种破坏。在他看来，合作社与私有制经济可以并存，劳动者组织合作社不是要分配资本家的财产，而是通过互助积累资金并进行自我提高的一种手段，这有利于国家稳定。其号召得到手工业者和失业工人的拥护，在1827～1834年，产生了约500个合作社，其中大部分在他工作和生活过的布莱登城，被称为"布莱登合作社"浪潮。①

3. 国家社会主义学派

国家社会主义合作思想的代表人物是法国的路易·布朗（Louis Blanc，1811～1882）和德国的裴迪南·拉萨尔（Ferdinand Lasslle，1825～1864）。他们主张在资产阶级国家帮助下举办生产合作社，被称为"生产合作派"。他们认为，生产合作社是遏制资本集中、使劳动者得救的唯一出路，因而相同职业的人应组成合作社，共同进行生产。但劳动者虽有组织合作社的能力，却没有相应的资本，故需要国家给予贷款帮助。随着生产合作社的不断增加，它们就会在某一领域占优势，进而相继在其他领域也占据优势地位，直至形成全国性的合作社组织，这样合作社就成为整个无产阶级的社会主义组织，资本主义便会被社会主义取代。

---

① 何国平. 走向市场：农业流通领域合作组织的理论与实践 [D]. 成都：西南财经大学，2005：13－15；俞家宝. 农村合作经济学 [M]. 北京：北京农业大学出版社，1994：28－29.

4. 合作社社会主义学派

合作社社会主义学派又称尼姆学派，代表人物是法国的查里·季特（Charles Gide，1847~1932）。尼姆是位于法国南部的一个小城，曾有一批合作社理论家聚集于此倡导、组织合作社，并提出了一些有重要影响的合作社纲领和理论，故称尼姆学派。季特是巴黎大学的教授，曾于1886年当选为法国消费合作社全国代表大会名誉会长，1902年又被选为法国合作社联合社中央委员会会长。他认为，资本主义社会劳动者的一切灾难在于存在一群吞食消费者利益的"寄生虫"，这些寄生虫以资本家和经纪人为主。劳动者要想摆脱这些寄生虫的剥削，只有联合起来组成消费合作社，从而消除资本主义的竞争和利润制度。在他看来，社会各个阶层的人都是消费者，生产是为消费者服务的手段。作为消费者，他们都希望减少中间商人的盘剥，买到物美价廉的物品。倘若全社会的人都作为消费者加入消费合作社，则他们就可以对生产进行控制监督，从而使利润降到"正常标准"，改善劳动者的地位。合作分三个阶段进行，首先是发展消费合作社，维护消费者利益；其次是发展工业合作社，消除劳资矛盾；最后是发展农业合作社，实行耕者有其田。这样便实现了对资本主义社会的和平改造，建立起了合作共和国。该学派对西方合作运动尤其是西方早期的合作运动有很大影响，罗虚代尔公平先锋社就是在它的指导下创建的。

5. 合作企业学派

合作企业学派，又称标准学派，以德国的 F. W. 莱费森（F. W. Raiffeisen，1818~1888）、舒尔茨－德立兹（Schulze－Delitzsch，1808~1883）和哈斯（Hass，1839~1913）为代表，他们主张办信用合作社，其合作纲领对世界合作社运动尤其是信用合作社有重大影响。这个学派认为在资本主义社会，小农、小手工业者和小商贩等力量单薄，备受大资本家和高利贷商人的盘剥。为了维护自身利益他们需要联合起来组成合作社，这样既可以使他们免受大资本家和高利贷商人的盘剥，又可以提高手工业者和农民的技术装备程度和经营管理水平。合作社是社员自有、自治、自享的企业，其目的是为社员谋利益，为社员服务。作为一种企业，合作社追求的是经济目标，而不是改造社会的目标；要想生存和发展，就要与大企业竞争、抗衡。因而他们不主张消灭私有制，也不反对竞争。这既没有触动小生产者的所有制及小规模经营，又符合他们保留自己财产和经营的强烈愿望，还符合政府稳定社会的要求。因此，这类合作社在德国得到广泛发展并很快扩及其他国家。该学派虽然出现得比较晚，但影响却逐渐增大，到20世纪70年代已成为西方合作经济的主流学派。①

6. 对上述合作思想的简要评价

上述五种合作思想派别，他们都反对大资本家和高利贷商人对劳动者的剥削，倡导人们联合起来组成合作社，以免除所受中间商和高利贷商人的剥削，改善劳动者的地位和经济状况，从而实现对资本主义社会的和平改造。他们认为合作社与资本主义制度是可以相容的；他们相信通过劳动者的自助或国家帮助，合作社就能消灭资产阶级剥削。这改变了合作社与资本主义制度的敌对关系，促使资产阶级及其政府转变了对合作社的态度，为合作社在资本主义社会的发展创造了有利条件。这都是值得肯定的。

但是，受阶级和时代背景的限制，这些思想流派也存在明显的局限性。首先，他们都回避阶级斗争，把希望寄托在资产阶级及其政府身上，幻想通过政府资助来发展合作社，过分强调了政府在合作社发展中的重要性，忽视了合作社组织的独立性。实践证明，合作运动一开始就受到资产阶级政府的压制和大资本主义企业的联合抵制。只有在资产阶级政府认为其不可能大发展，不可能损害资产阶级统治的情况下，才给予微小支持。其次，他们所倡导的合作社并未触及资本主义制度本身，所以，资本主义国家从最初的反对转而允许、帮助和奖励。事实上，处在资本主义生产关系包围中的合作社，其内部一些管理原则很难贯彻执行。合作社很容易就被改变方向，这样，合作主义不仅不能改变资本主义，反而会被资本主义所改造。最后，他们没有真正认识到资本主义社会劳动者贫困的根本原因是资本主义私有制，虽然合作社的广泛发展在一定程度上缓和了资本主义矛盾、减缓了劳动者的贫困，使劳动者的地位和生活有所提高，但是，通过发展合作社来实现对资本主义的和平改造是不可能的。②

---

① 王贵宸. 中国农村合作经济史 [M]. 太原：山西经济出版社，2006：87–88.

② 俞家宝. 农村合作经济学 [M]. 北京：北京农业大学出版社，1994：41；王贵宸. 中国农村合作经济史 [M]. 太原：山西经济出版社，2006：88.

二 马克思恩格斯关于合作经济的一般理论

马克思恩格斯的合作经济理论是在批判继承空想社会主义合作思想的基础上，在与无政府主义合作思想、基督教社会主义学派、国家社会主义学派、合作社社会主义学派以及合作企业学派等形形色色的合作社改良主义的斗争中逐渐形成的，主要是围绕资本主义社会如何向社会主义社会过渡的核心展开的。他们的合作经济思想主要体现在《资本论》、《国际工人协会成立宣言》、《法兰西内战》、《哥达纲领批判》、《法德农民问题》等论著中。

（一）合作经济是生产社会化的产物

马克思和恩格斯认为，合作社是生产社会化的产物，是在生产力发展到一定阶段，为了克服生产社会化和资本主义私有制之间的矛盾，缓解资本和劳动之间的对立关系所做出的一种生产方式的变革，这种变革是符合社会发展规律的。现代合作社是在资本主义工厂制度和信用制度的基础上产生的，在此之前虽然也有过类似的合作组织，但还不是现代意义上的合作社。在撰写《资本论》（第3卷）（新稿本）时，马克思对合作工厂进行了系统考察，他指出："工人自己的合作工厂，是在旧形式内对旧形式打开的第一个缺口"，"资本和劳动之间的对立在这种工厂内已经被扬弃"，并且是被"积极地扬弃的"。"这种工厂表明，在物质生产力和与之相适应的社会生产形式的一定的发展阶段上，一种新的生产方式怎样会自然而然地从一种生产方式中发展并形成起来。没有从资本主义生产方式中产生的工厂制度，合作工厂就不可能发展起来；同样，没有从资本主义生产方式产生的信用制度，合作工厂也不可能发展起来。"① 此外，在《给维·伊·查苏利奇的复信草稿——二稿》中，马克思指出："资本主义生产一方面神奇地发展了社会的生产力，但是另一方面，也表现出它同自己所产生的社会生产力本身是不相容的"。"结果，资本主义生产向一切人（除了因自

---

① 马克思. 资本论 [M]. 第3卷. 北京：人民出版社，2004：499.

身利益而瞎了眼的人）表明了它的纯粹的暂时性。欧洲和美洲的一些资本主义生产最发达的民族，正力求打碎它的枷锁，以合作生产来代替资本主义生产，以古代类型的所有制最高形式即共产主义所有制代替资本主义所有制。"①

（二）合作社是向共产主义过渡的中间环节

马克思和恩格斯认为，在无产阶级取得政权后，就要为建立广泛的、和谐的自由劳动制度而努力，并把合作社作为向共产主义过渡的中间环节。马克思在对资本主义制度下的合作工厂进行考察时指出，合作工厂"应当被看作是由资本主义生产方式转化为联合的生产方式的过渡形式"。②恩格斯在 1886 年致奥·倍倍尔的信中，再次明确指出，在向共产主义经济过渡时，必须采用合作生产作为中间环节。"中间环节"的含义即合作社一头连着资本主义经济，一头连着完全的共产主义经济，它是可以容纳不同阶段、不同层次的劳动力发展水平的经济组织。合作社可以有多种类型、多种所有制形式，既可以有"合作贸易"、"合作工厂"，也可以有"合作农业"，其中"合作农业"既可以是国有土地上的农业工人合作社，也可以是土地私有或集体所有的农民合作社。由此可见，马克思和恩格斯认为合作社是一种多样的、灵活的、跨度很大的经营组织形式。

（三）生产合作是合作制的主要形式

马克思和恩格斯都非常重视生产合作，对此马克思指出："我们建议工人们与其从事合作贸易，不如从事合作生产。前者只触及现代经济制度的表面，而后者却动摇它的基础。"③马克思恩格斯强调生产合作的思想在他们的论著中也有体现，如前面已经提到的"以合作生产来代替资本主义生产"、"我们必须大规模地采用合作生产作为中间环节"等。此外，在关于土地问题方面的最重要文献《法德农民问题》这篇经典论著中，恩格斯十分明确地提出："我们对小农的任务，首先是把他们的私人生产和占有

---

① 马克思，恩格斯. 马克思恩格斯全集［M］. 第 19 卷. 北京：人民出版社，1963：443 - 444.

② 马克思. 资本论［M］. 第 3 卷. 北京：人民出版社，2004：499.

③ 马克思，恩格斯. 马克思恩格斯全集［M］. 第 16 卷. 北京：人民出版社，1964：219.

变为合作社的生产和占有。"由此可见，马克思和恩格斯都十分看重生产合作。

马克思主义经济学认为，在生产、分配、交换和消费四者的关系中，生产起决定作用。生产本身就是消费，消费即生产，生产决定消费的对象、方式；消费是生产的目的，又创造出新的生产需要。生产不仅决定分配的物品，而且生产资料的分配决定着产品分配的形式。交换则是处于生产与分配、消费之间的媒介要素。因此，要想动摇资本主义的基础，仅仅在流通和消费领域开展合作是不够的，必须全面实行生产领域的合作。现代资本主义社会的合作社，主要集中在流通领域和消费领域，如农业流通领域的合作社，这种合作社虽然提高了农民在市场竞争中的谈判地位，减轻了所受商业资本家的剥削，但他们仍然受农业生产资料资本家和农产品加工工业资本家的控制。可见，资本主义流通和消费领域的合作社对资产阶级的统治不能构成威胁。① 我国现阶段在各地广泛兴起的农民专业合作社所从事的也是与流通领域有关的业务，其业务一是在于农业的产前部门，如农业生产资料的供应、农业机械的共同使用等，二是在于农业的产后部门，如农产品的储运、加工和销售等。

（四）国家政权对合作社具有决定作用

马克思主义创始人的合作经济理论与欧文等空想社会主义者和第二国际合作社社会主义理论的根本区别在于，马克思和恩格斯主张首先要通过阶级斗争取得国家政权，而不是在资本主义统治下通过合作社和平过渡到社会主义。

1. 合作社在资本主义社会的作用有很大的局限性

马克思和恩格斯虽然对资本主义社会的合作社运动给予很高的评价，但同时又指出，在资本主义社会，合作社的作用有很大的局限性。对此，马克思在《国际工人协会成立宣言》中写道："不管合作劳动在原则上多么优越，在实际上多么有利，只要它仍然限于个别工人的偶然努力的狭隘范围，就始终既不能阻止垄断势力按照几何级数增长，也不能解放群众，甚至不能显著地减轻他们的贫困的重担。"因而，"要解放劳动群众，合作

---

① 俞家宝. 农村合作经济学［M］. 北京：北京农业大学出版社，1994：48 - 49.

劳动必须在全国范围内发展，因而也必须依靠全国的财力。但是土地巨头和资本巨头总是要利用他们的政治特权来维护和永久保持他们的经济垄断的。他们不仅不会促进劳动解放，而且恰恰相反，会继续在它的道路上设置种种障碍"。① 因此，在资本主义社会，在资产阶级政府和垄断资本双重势力设置的重重障碍下，合作社的作用只能限制在资产阶级利益所允许的范围内。

2. 合作社在资本主义社会具有滑向资本主义股份公司的危险性

在资本主义社会，合作社被包围在资本主义经济的汪洋大海之中，因而很难断绝与资本主义经济的联系。相反，它必须融入资本主义生产的总过程，遵循资本主义经济规律运行才得以幸存。马克思指出，在资本主义条件下的合作组织"当然到处都再生产出并且必然会再生产出现存制度的一切缺点"。② 马克思还指出，合作社在资本主义社会有蜕化为资本主义股份公司的危险。因此，马克思主张，为了避免合作社蜕化为股份公司，工人应当从收入中得到同样的份额。研究分析当今世界的合作社运动，不难发现，马克思关于合作社在资本主义条件下可能蜕化为股份公司的预见已被明显印证。

3. 合作社制度只有在无产阶级政权下才能成为自由合作的劳动制度

马克思认为只有在无产阶级取得政权以后，合作社制度才能成为广泛的、和谐的自由合作的劳动制度。对此，马克思指出："合作制度限于单个的雇佣劳动奴隶通过自己的努力所能创造的这种狭小形式，决不能改造资本主义社会。为了把社会生产变为一种广泛的、和谐的自由合作劳动的制度，必须进行全面的社会变革，社会制度基础的变革，而这种变革只有把社会的有组织的力量即国家政权从资本家和大地主手中转移到生产者本人的手中才能实现。"③ 另外，马克思在《法兰西内战》一文中还明确指出，如果合作制生产"要去取代资本主义制度，如果联合起来的合作社按照共同的计划调节全国生产，从而控制全国生产，结束无时不在的无政府状态和周期性的动荡这样一些资本主义生产难以逃脱的劫难，那么……这不是共产主义、'可能的'共产主义，又是什么呢？"④

---

① 马克思，恩格斯. 马克思恩格斯选集 ［M］. 第 2 卷. 北京：人民出版社，1995：606.

② 马克思. 资本论 ［M］. 第 3 卷. 北京：人民出版社，2004：499.

③ 马克思，恩格斯. 马克思恩格斯全集 ［M］. 第 16 卷. 北京：人民出版社，1964：219.

④ 马克思，恩格斯. 马克思恩格斯选集 ［M］. 第 3 卷. 北京：人民出版社，1995：60.

综上所述，马克思恩格斯认为，国家政权的性质既决定合作社的性质和发展方向，又决定合作社的作用范围和程度。因而，是否强调国家政权对合作社的决定作用是区分马克思主义合作经济理论与空想社会主义、合作社社会主义等形形色色合作经济理论的根本标志。

三　马克思恩格斯关于农业合作社的基本理论

（一）关于农业合作社重要地位的理论

1. 农业合作社具有重要历史地位

（1）农业合作社在经济发达国家的历史地位

马克思和恩格斯认为，经济发达国家在由资本主义社会向社会主义社会过渡的历史时期，应该实行国家所有、合作社经营的生产方式，普遍发展工人合作社，采取联合劳动的方式，按照国家统一计划进行生产。就农业而言，马克思恩格斯在《共产党宣言》、《论土地国有化》等论著中，提出了在社会主义土地国有化基础上有计划地发展农业的思想。关于农业生产组织形式问题，恩格斯明确指出，在无产阶级掌握政权后，应该对大地产实行国有化，并把国有土地租给农业工人组成的合作社耕种，大力发展农业工人合作社。

（2）农业合作社在经济落后国家的历史地位

马克思恩格斯指出，在小块土地私有制占优势的经济落后国家，无产阶级掌权后，应把农民的个体生产和占有转变为合作社的生产和占有，采取农民合作社的土地所有制形式和农业生产组织形式。恩格斯进一步指出，在经济落后国家，不仅农户应当联合为合作社，而且农民合作社是长期的存在形式而不是短暂的过渡形式；农民合作社的具体形式不能简单化一，而必须是因地制宜、灵活多样的；国家不应当强制农民加入合作社，更不能剥夺农民土地所有权，而必须遵循自愿、示范与国家帮助的原则。因此，农民合作社不仅是经济落后国家向社会主义生产方式过渡的变革形式，而且是农业社会主义生产方式的基本形式。

2. 农业合作社是挽救和改造小农的唯一途径

恩格斯在《法德农民问题》中指出，小农的小块土地经营方式是一种过去生产方式的残余，它越来越不适应经济发展的要求，大规模的社会化生产将排挤掉这种落后的生产方式，小农将不可避免地走向灭亡。因此，无产阶级夺取政权后，就要使农民明白，合作社"是他们唯一得救的途径"。同时，恩格斯强调，对小农进行改造也符合无产阶级政党的直接利益，"我们使之免于真正沦为无产者，在还是农民时就能被我们争取过来的农民人数越多，社会改造的实现也就会越迅速和越容易"。①"在这个意义上为了农民的利益而必须牺牲的一些社会资金"，"可能使花在整个社会改造上的费用节省9/10"。因此，"我们可以很慷慨地对待农民"。②

3. 农业合作社是进行规模经营、实现农业现代化的有效手段

恩格斯认为，在资本主义条件下，无论是小农、中农还是大农都必将走向灭亡，因此他们都应该组成合作社，只有这样，才能使他们免除受资本主义经济排挤而破产的结局。尤其是小农合作社，由于把分散经营的小块土地集中起来进行大规模经营，就能够利用大型农业机械、高新农业技术等进行集约化生产，就可以产生规模效益，提高劳动效率，节约劳动力，从而加快农业现代化的步伐。另外，节约出来的劳动力还可用于扩大生产规模，要么是扩大合作社的土地耕种面积，要么是从事副业生产等多种经营。这两种情况都会促进农民增收，经济地位得以改善。而且，对于小农和大、中农来说，农业合作社是一种与资本主义企业相对应的社会的企业，它将说服最后一些可能仍在反抗的小农甚至某些大农相信大规模合作企业的优越性。

（二）关于农业合作社土地所有制形式的理论

1. 最初主张土地一律国有

马克思主义创始人认为土地私有化是十分荒谬的，是不合理的，因

---

① 马克思，恩格斯. 马克思恩格斯选集［M］. 第4卷. 北京：人民出版社，1995：500.
② 马克思，恩格斯. 马克思恩格斯选集［M］. 第4卷. 北京：人民出版社，1995：500－501.

此，在刚开始他们主张土地一律国有。1850 年 3 月，马克思、恩格斯在《中央委员会告共产主义者同盟书》中指出，工人"必须要求把没收下来的封建地产变为国家财产，变成工人农场，由联合起来的农村无产阶级利用大规模农业的一切优点来进行耕种"。① 20 多年后，在《论土地国有化》一文中，马克思写到"社会运动将作出决定：土地只能是国家的财产"。因而，马克思认为"土地国有化将彻底改变劳动和资本的关系，并最终完全消灭工业和农业中的资本主义的生产"。"生产资料的全国性的集中将成为自由平等的生产者的各联合体所构成的社会的全国性的基础，这些生产者将按照共同的合理的计划进行社会劳动。"②

2. 将大地产收归国有、小块土地所有制向合作社所有制过渡

虽主张土地国有化，但马克思和恩格斯不主张在资产阶级掌握政权的条件下实行国有化。此外，马克思和恩格斯也不主张在小农经济的国家里实行国有化，而是主张通过合作社对小农的个体经济进行改造，实行合作社所有制。因此，马克思恩格斯在对他们原来土地一律国有化的主张进行修正的基础上，形成了将大地产收归国有并交由农业工人组成的合作社经营，把小农的生产和占有变成合作社的生产和占有的观点。

（1）大地产收归国有并交由农业工人组成的合作社经营

恩格斯在《德国农民战争》（1870 年第二版序言）中指出"农业工人，也只有当首先把他们的主要劳动对象即土地本身从大农民和更大的封建主私人占有中夺取过来，而变作社会财产并由农业工人的合作团体共同耕种时，他们才能摆脱可怕的贫困"。因此，"为了社会的利益，必须把地产变成共同的、国家的财产"。③ 1886 年，恩格斯在致奥·倍倍尔的信中又说："我们一旦掌握政权，我们自己就一定要付诸实施：把大地产转交给（先是租给）在国家领导下独立经营的合作社，这样，国家仍然是土地的所有者。"④ 1894 年，在《法德农民问题》中，恩格斯明确指出："我们的党一旦掌握了国家政权，就应该干脆地剥夺大土地占有者，就像剥夺工

---

① 马克思，恩格斯. 马克思恩格斯选集 ［M］. 第 1 卷. 北京：人民出版社，1972：389.
② 马克思，恩格斯. 马克思恩格斯选集 ［M］. 第 3 卷. 北京：人民出版社，1995：129 - 130.
③ 马克思，恩格斯. 马克思恩格斯选集 ［M］. 第 2 卷. 北京：人民出版社，1995：630.
④ 马克思，恩格斯. 马克思恩格斯选集 ［M］. 第 4 卷. 北京：人民出版社，1995：675.

厂主一样。"恩格斯紧接着又指出:"我们将把这样归还给社会的大地产,在社会监督下,转交给现在就已经耕种着这些土地并将组织成合作社的农业工人使用。"①

(2) 把小农的生产和占有变成合作社的生产和占有

19 世纪中后期,合作运动在西方各国广泛发展起来。在社会主义运动中,一些社会主义者根据当时情况组织起了农业生产合作。恩格斯敏锐地注意到了这种动向,并给予了高度评价。在 1872 年 3 月给路·皮奥的信中,恩格斯高度赞扬了丹麦社会主义者通过合作社组织农业生产的做法,说他们在这方面走在所有其他民族前面。在 1886 年给奥·倍倍尔的信中,恩格斯指出应将土地交给合作社去经营。同时,恩格斯强调指出,他所建议推行到现存生产中去的合作社,与舒尔茨 - 德立兹和拉萨尔所倡导的小合作社"毫无共同之处",因为"他们两个人都认为,这些合作社不应占有现存的生产资料,而只是同现存的资本主义生产并列地建立新的合作生产"。② 在《法德农民问题》中,恩格斯明确指出,合作社是使小农获救的唯一途径。为了挽救小农,当无产阶级掌握国家政权的时候,首先要把他们的私人生产和私人占有变为合作社的生产和占有。

(三) 关于农业合作社主要类型的理论

马克思恩格斯认为在大土地所有制占优势的国家,无产阶级掌握政权之后,应该把土地收归国有并交给农业工人合作社耕种,把农业工人合作社作为从资本主义农业向社会主义农业过渡的生产组织形式;而在小土地所有制占优势的国家,农民合作社既是从资本主义农业生产方式向社会主义农业生产方式过渡的中间环节,也是社会主义农业生产方式的基本形式。

1. 关于农业工人合作社的理论

马克思和恩格斯在《共产党宣言》、《论土地国有化》等著作中,提出了在社会主义土地国有化基础上有计划地发展农业的思想。至于土地国有化之后应该采取何种生产组织形式问题,恩格斯进行了深入研究并给出了

---

① 马克思,恩格斯. 马克思恩格斯选集 [M]. 第 4 卷. 北京:人民出版社,1995:503.
② 马克思,恩格斯. 马克思恩格斯选集 [M]. 第 4 卷. 北京:人民出版社,1995:675.

全面深刻的阐述。

（1）关于国家经营农场的设想

起初，恩格斯认为土地国有化之后应该由国家来经营农场。1842 年，在为《英国工人阶级状况》一书所写的序言中，恩格斯提出了土地国有化以后的经营问题，即在社会共同占有土地基础上实行共同耕种。1847 年，在《共产主义信条草案》中，恩格斯指出"让工人在国营工场和国营工厂，以及在国营农场工作"；[①] 在《共产主义原理》中，恩格斯再次提出，要"组织劳动或者让无产者在国家的田庄、工厂、作坊中工作"。[②] 这实际是由国家经营农场的设想。

（2）关于把国有土地租给农业工人合作社耕种的主张

针对新的革命形式，恩格斯改变了原来的想法，提出了把国有土地租给农业工人组成的合作社耕种的思想，这一思想是在实践中逐步完善的。1850 年，在《中央委员会告共产主义者同盟书》一文中，马克思恩格斯提出要"把没收过来的封建地产变为国有财产，变成工人移民区，由联合起来的农村无产阶级利用大规模农业的一切优点来进行耕种"。[③] 1872 年，在《论住宅问题》一文中，恩格斯指出"现存的大土地所有制将给我们提供一个良好的基础来由组合工作者经营大规模的农业"。[④] 这里的"组合工作者"就是农业工人合作社的最早形态。此外，恩格斯在 1890 年 8 月给奥·伯尼克的信中也提到："易北河以东地区的容克大庄园，可以在必要的技术指导下毫不费力地租给目前的短工或雇农集体耕种。"[⑤] 可见，马克思恩格斯认为，大地产要通过国有化实行社会所有、合作社经营，要大力发展农业工人合作社。

这里的农业工人合作社可以从以下三方面来理解：首先，合作社的主体是农业工人，而不是农民，因为在马克思主义创始人所设想的社会主义农业的一般模式中是不存在农民的个人土地所有制的，这种一般模式是建立在土地国有化基础之上的；其次，在国有土地上的农业工人合作社，只

---

① 马克思，恩格斯. 马克思恩格斯全集 [M]. 第 42 卷. 北京：人民出版社，1979：379.
② 马克思，恩格斯. 马克思恩格斯选集 [M]. 第 1 卷. 北京：人民出版社，1972：220.
③ 马克思，恩格斯. 马克思恩格斯选集 [M]. 第 1 卷. 北京：人民出版社，1995：372.
④ 马克思，恩格斯. 马克思恩格斯选集 [M]. 第 2 卷. 北京：人民出版社，1972：547.
⑤ 马克思，恩格斯. 马克思恩格斯选集 [M]. 第 4 卷. 北京：人民出版社，1995：694.

是生产资料国家所有制之下的一种生产组织形式，而不应成为独立的合作社所有制，这意味着生产资料的所有权和使用权是分离的；最后，农业工人合作社是与计划农业相联系的，是社会主义高级阶段社会经济的一个组成部分。因此，在恩格斯看来，合作社的发展会有由高到底几个不同层次，这里所讲的农业工人合作社便是合作社的高级形式，他认为社会主义低级阶段的合作社要向农业工人合作社转变，只有这样才能过渡到共产主义社会。

2. 关于农民合作社的理论

马克思和恩格斯认为，在小土地私有制（小农）占主导地位的经济落后国家，无产阶级取得政权后应当把农民的个人生产与占有变为合作社的生产和占有，采取农民合作社的土地所有制形式与农业生产组织形式。

19 世纪 60 年代，丹麦出现了农业生产合作社。恩格斯对丹麦的做法给予了高度评价，认为"在吸收小农和小租佃者参加无产阶级运动这个非常重要的问题上"，丹麦人"走在所有其他民族的前面"。① 由此可见，这里所讲的合作社，已不是在土地国有化之下的农业工人合作社，而是农民合作社。1874～1875 年，马克思在《巴枯宁〈国家制度和无政府状态〉一书摘要》中，首次明确提出把农民小土地所有制改变为合作社所有制，并让农民通过经济的道路来实现。这方面的论述集中体现在恩格斯的《法德农民问题》一文中。这篇文章详细阐述了革命无产阶级在农民问题上的立场和基本原则，是马克思主义在土地问题方面的最重要文献。

（1）农民合作社的分类

恩格斯把一般农民合作社分为小农、中农和大农合作社。恩格斯认为，无论是小农、中农还是大农都无法挽救地走向灭亡，为了使他们在资本主义条件下得救，都应该组成合作社，但这几种合作社是有差别的。小农合作社是无产阶级国家通过示范和社会帮助，逐渐使小农自己愿意把他们的私人生产和私人占有变为合作社的生产和占有。至于中农和大农合作社，恩格斯也"建议把各个农户联合为合作社，以便在这种合作社内越来越多地消除对雇佣劳动的剥削，并把这些合作社逐渐变成一个全国大生产

---

① 马克思，恩格斯. 马克思恩格斯全集 [M]. 第 33 卷. 北京：人民出版社，2004：429.

合作社的拥有同等权利和义务的组成部分"。① 可见，恩格斯对上述几种合作社的表述是有差异的。中农和大农往往雇工经营，他们在开始组成合作社时还会使用雇工，并且其与其他类型的合作社在权利、义务方面也不相同。

（2）农民合作社的发展层次

恩格斯认为农民合作社的发展会有几个不同层次。一是中农、大农的合作社与全国大生产合作社之间是有差别的，因此在条件成熟时，要"把这些合作社逐渐变成一个全国大生产合作社的拥有同等权利和义务的组成部分"。② 二是农民合作社与社会其他部分之间有差别，所以要逐渐把农民合作社转变为更高级的形式。三是由各个合作社组成为全国大生产合作社。合作社每个层次权利和义务都不平等，这也意味着存在不同的所有制形式和多种经济成分。当农民合作社达到与社会其他部分权利和义务相等时，也就意味着农民集体所有制消亡而进入整个社会共同占有生产资料的时期，那时的合作社也将会变成别的更高级的形式。至于何时向高级形式转变，恩格斯指出要视具体情况而定，不能强制执行。

（四）关于发展农业合作社基本原则的理论

1. 必须改造农民的土地私有制

恩格斯认为小土地所有制是注定要灭亡的，以合作社改造小农的目的不是维护农民的小块土地所有制。恩格斯说："社会主义的任务，不如说仅仅在于把生产资料转交给生产者公共占有。"③ "我们党的义务是随时随地向农民解释：他们的处境在资本主义还统治着的时候是绝对没有希望的，要保全他们那样的小块土地所有制是绝对不可能的，资本主义的大生产将把他们那无力的过时的小生产压碎，正如火车把独轮手推车压碎一样是毫无问题的。"④ 所以，无产阶级政党不能违背历史潮流，用可以保护小土地所有制的许诺去欺骗农民，而要站在小农一边，把小农争取过来。

2. 坚持自愿原则，不能剥夺农民

虽然农民的小土地所有制是注定要灭亡的，但不能违反他们的意志用

---

① 马克思，恩格斯．马克思恩格斯选集［M］．第4卷．北京：人民出版社，1995：503.
② 马克思，恩格斯．马克思恩格斯选集［M］．第4卷．北京：人民出版社，1995：503.
③ 马克思，恩格斯．马克思恩格斯选集［M］．第4卷．北京：人民出版社，1995：492.
④ 马克思，恩格斯．马克思恩格斯选集［M］．第4卷．北京：人民出版社，1995：501.

强力干预他们的财产关系，也绝不能用暴力去剥夺小农，不论有无报偿都一样。小农是劳动者，是工人阶级的同盟军，马克思主义认为，在任何时候，都不能剥夺农民，而是要通过示范，使他们亲眼看到合作社的优越性和对他们的好处，自愿地参加到合作社里来。"如果他们还不能下这个决心，那就甚至给他们一些时间，让他们在自己的小块土地上考虑考虑这个问题。"① 即便是对待中农和大农，无产阶级也将拒绝实行暴力剥夺。

3. 坚持典型示范和提供国家帮助

那么，怎样示范和帮助呢？恩格斯认为，首先，要加大宣传、解释。恩格斯认为，小农是未来的无产者，他们本来应当乐意倾听社会主义的宣传，自动地参加无产阶级提倡的合作社，但是"他们那根深蒂固的私有观念，暂时还阻碍他们这样做"。② 因此，要"使农民理解到，我们要挽救和保全他们的房产和田产，只有把它们变成合作社的占有和合作社的生产才能做到"。其次，无产阶级政党要为其提供帮助：一是实行优惠的政策，由国家银行接收他们的一切抵押债务并大大降低利率；二是提供资金，"从社会资金中抽拨贷款来建立大规模生产"；三是供给农民生产所必需的产品如机器、人造肥料等及其他各种便利。③

4. 坚持因地制宜、区别对待

具体问题具体分析，是马克思主义活的灵魂。在研究农民问题时，马克思和恩格斯首先从地域上指出了法国、德国与英国不同，普鲁士易北河东面各地的农民也不同；接着又根据不同地区农民的不同组成部分，把法国、德国的农村居民划分为农业工人、小农、中农、大农和大土地占有者等五个阶层；然后根据他们不同的经济地位和态度，分别提出把他们争取到社会主义农业工人合作社或农民合作社中来的道路和政策。这些都充分体现了马克思主义创始人在农业合作化问题上因地制宜和区别对待的精神。

5. 反对雇工剥削

恩格斯指出，社会主义是专门反对剥削雇佣劳动的。因此，如果中农

---

① 马克思，恩格斯. 马克思恩格斯选集 [M]. 第4卷. 北京：人民出版社，1995：500.
② 马克思，恩格斯. 马克思恩格斯选集 [M]. 第4卷. 北京：人民出版社，1995：488.
③ 马克思，恩格斯. 马克思恩格斯选集 [M]. 第4卷. 北京：人民出版社，1995：499 - 500.

和大农想要继续靠剥削男女长短工而存在下去的话，"我们决不能给"。但为了把中农和大农也吸引到革命方面来，在由他们联合组成的合作社中，短期内还可以保留一些雇工现象。不过这只能是暂时的，其目的是有利于生产和便于"在这种合作社内越来越多地消除对雇佣劳动的剥削"，直到最后彻底消灭剥削。此外，恩格斯在介绍丹麦农业合作社的发展经验时，肯定了丹麦社会党人提出的"按入股土地、预付资金和所出劳动力的比例分配收入"的分配办法，也就是说，恩格斯认为在合作化初期，可以采取按劳分配与按资分配相结合的分配办法。

四　列宁的农业合作社理论

列宁的农业合作社理论是对马克思恩格斯农业合作社理论的继承与发展。列宁创造性地把马克思恩格斯关于农业合作社的理论运用于俄国的社会实践，提出了通过合作社引导农民向社会主义过渡的思想，形成了他的农业合作社理论，成为马克思主义农业合作经济理论的重要组成部分。

（一）列宁农业合作社理论的形成

列宁的农业合作社理论是列宁在马克思恩格斯农业合作社理论指导下，随着俄国社会主义建设实践的不断发展和他对俄国国情认识的逐渐深入，在不断总结经验教训、改进和发展原先认识的基础上逐步形成的。总体看来，列宁农业合作社理论的形成和发展大体上经历了以下三个阶段。

1. 十月革命前后列宁的农业合作社思想

十月革命前，列宁主要是依据马克思主义农业合作社理论，与国内的民粹派农业合作观点、国际共产主义运动中机会主义在合作社思想上的错误观点做斗争。但与马克思和恩格斯不同的是，列宁在重视农业生产领域合作的同时，还特别重视流通领域的合作。这一方面，表现在列宁赞同马克思和恩格斯关于大生产优于小生产的理论，认为小生产没有出路；另一方面，表现在他很重视消费合作社，主张在资本主义制度下，无产阶级要支持、组织消费合作社，使之成为阶级斗争的工具。同时，他认为只有生产合作社成为消费合作社的组成部分时才有用。①

早在19世纪60年代，俄国就出现了合作社，到1917年前全俄国已有各类合作社4.6万多个，其中消费合作社2万个。②列宁非常重视消费合作社，在十月革命后不久即着手研究改造和利用原有消费合作社，旨在通过改造后的消费合作社实现对产品生产和分配的计算与监督，从而实现建设社会主义共和国的目标。1917年12月，列宁起草了《关于消费公社的法令草案》，提出要把现有消费合作社一律收归国有，并更名为消费公社；所有居民都要参加消费公社，消费公社在国家监督指导下工作；凡新成立的消费合作社成员三分之二以上必须是劳动者。但由于上述设想遭到资产阶级反对，在1918年4月《消费合作社法令》正式公布时做了如下让步：继续保留合作社的名称；放弃了某地全体居民一律加入合作社的原则；允许资产阶级办的"工人阶级合作社"继续单独存在，允许资产阶级参加合作社管理委员会。

2. 战时共产主义时期列宁的农业合作社思想

战时共产主义时期，列宁主张在农业合作方面实行共耕制，认为"只有共耕制才是出路"，共耕制是"摆脱小农经济的坏处的救星"。③列宁认为，共耕制在对小农经济进行改造方面发挥着重要作用，国家要对其大力支持。遵照列宁的指示，苏维埃政权组织采取了一系列优惠政策，大力支持共耕制。在这种背景下，集体农庄迅速发展起来。在1918年夏季以前，集体农庄还是个别现象，但从1918年6月到12月的短短数月内，全国共建起了1500个集体农庄，其中农业公社占61.7%。但结果并不理想，后来陆续以失败告终。

1920年底，苏维埃取得了国内革命战争的胜利，随着战争结束，"战时共产主义"政策的弊端日益显现，引起人民不满。对此，列宁进行了深刻反思，并公开承认其在经济政策上犯了错误。之后，列宁的农业合作社思想也发生了变化。

---

① 列宁. 列宁全集 [M]. 第16卷. 北京：人民出版社，1959：277.

② 王贵宸. 中国农村合作经济史 [M]. 太原：山西经济出版社，2006：130.

③ 列宁. 列宁全集 [M]. 第28卷. 北京：人民出版社，1956：157.

3. 新经济政策时期列宁的农业合作社思想

1921 年 3 月，新经济政策开始实施，列宁的农业合作社思想也由此发生了转变。1921 年 4 月，列宁在《论粮食税》一文中首次阐述了他的合作社思想，认为合作社是社会主义国家用来联合农民阶级的主要形式。在这一时期，列宁特别强调合作社的过渡作用，认为它是推动农民阶级走上社会主义道路的一个步骤，而不是具有社会主义性质的组织农民的最佳形式。随着新经济政策的实施和对社会主义建设实践认识的深化，列宁对合作社的认识也在逐渐发生变化。1923 年 1 月，在《论合作制》一文中，列宁改变了过去对合作社性质的认识，明确了合作社的社会主义性质。他明确指出通过合作社可以引导农民走上社会主义道路，合作社是东方落后国家建设社会主义过程中引导农民的最佳形式。以此为标志，列宁形成了自己的合作社思想。

（二）列宁农业合作社理论的主要内容

从以上分析可以看出，列宁关于农业合作社的思想是随着实践发展而不断总结完善的。他的合作社思想主要体现在《论合作制》一文中，具体而言，主要有以下五个方面的内容。

1. 农业合作社是组织小农过渡到社会主义的最好形式

旧时的俄国是一个小农经济大国，农民是以家庭为单位进行农耕活动的个体小生产者。根据马克思恩格斯农业合作社理论，在小农经济占主导地位的国家，无产阶级夺取政权后要利用合作社引导农民走社会主义道路。列宁继承并发展了上述思想，在《论合作制》一文中，他明确提出了逐步引导小农走向社会主义的合作社计划，并制定了实现合作化的纲领。在他看来，合作社实现了农民私人利益与国家利益的最佳结合，克服了过去许多社会主义者没有克服的障碍，是组织小农过渡到社会主义的最好形式。在居民尽量合作化的情况下，就能达成社会主义目标，就等于有了建立社会主义所必需的一切。对此，列宁指出："国家支配着一切大的生产资料，无产阶级掌握着国家政权，这种无产阶级和千百万小农及极小农结成了联盟，这种无产阶级对农民的领导得到了保证，如此等等——难道这不是我们所需要的一切，难道这不是我们通过合作社，而且仅仅通过合作社……来建成完全的社会主义社会所必需的一切吗？"①

2. 重视发展流通领域中的合作事业

与马克思和恩格斯强调生产合作不同，列宁虽然也重视农业生产合作，但他更重视农业流通领域的合作，并明确提出了从流通领域入手把农民组织起来的合作社道路。列宁之所以重视发展流通领域的合作社，主要有以下两个方面的原因。第一，发展流通领域的合作社，可以充分调动农民的积极性，引导他们走社会主义道路。列宁指出："同个人利益结合，能够提高生产；我们首先需要和绝对需要的是增加生产。批发商业在经济上把千百万小农联合起来，引起他们经营的兴趣……"② 第二，发展流通领域的合作社使农民感到简便易行和容易接受。列宁指出："在采用尽可能使农民感到简便易行和容易接受的方法过渡到新制度方面，这种合作社具有多么重大的意义。"③ 列宁认为，在无产阶级掌握大生产资料的条件下，仅仅通过流通领域的合作社就可以建立社会主义社会。

3. 彻底改造小农是一个长期艰巨的过程

首先，实现从小农经济大国向工业化国家的转变是一个长期过程。列宁非常重视大工业对改造小农的作用，在他看来，只有有了物质基础和技术，只有在农业中大规模地使用机器、实现电气化，才能解决关于小农的问题。而当时的俄国还是一个小农经济占主导地位的比较落后的国家，要想实现农业机械化和国家电气化，至少需要几十年的时间才能办到。其次，改变农民千百年来形成的私有心理和小农生活习惯更是一个长期艰巨的过程。列宁指出，农民是一个特殊阶级，既是劳动者，是资本主义的敌人，同时又是私有者，而"改造小农，改造他们的整个心理和习惯，这件事需要花几代人的时间……无论如何要用几十年的时间才行"。④ 因此，对农民的改造不能急躁冒进，只能采取谨慎的逐步的办法。

4. 完全实现农村合作化需要具备一定的条件

列宁指出，完全实现农村合作化需要具备相应的物质技术条件和文化条件。首先，列宁认为农业的物质技术改造是农业合作化的必要条件，没

---

① 列宁. 列宁全集［M］. 第43卷. 北京：人民出版社，1987：362.
② 列宁. 列宁全集［M］. 第42卷. 北京：人民出版社，1987：176－177.
③ 列宁. 列宁全集［M］. 第43卷. 北京：人民出版社，1987：362.
④ 列宁. 列宁全集［M］. 第41卷. 北京：人民出版社，1986：53.

有国家的工业化及足够的技术装备，农业合作化是不可能巩固并最终完成的。其次，列宁认为，实现合作化不仅要具备一定的物质技术条件，还应具备一定的文化条件，对此，列宁指出：没有一场文化革命，要完全合作化是不可能的。[①] 因此，需要有全体人民群众在文化上提高的一个阶段。最后，列宁指出，为了实现合作化，国家要对合作社发展予以大力支持和帮助，单靠农民自身力量发展起来的合作社是无法长久坚持的。为此，列宁还提出了国家援助合作社的一些具体措施，并制定了相应的税收优惠政策和奖励措施。

5. 实现合作化要坚持自愿原则

列宁继承了马克思主义创始人关于改造小农应遵循自愿原则的思想。列宁指出，农民在思想上比较保守、比较现实，热衷于传统经营方法，觉悟也较低，因而在实施合作化过程中决不能超越他们的觉悟程度进行强迫命令。凡是违背自愿原则，用法令和传单建立的合作社组织"一钱不值"。在《论合作制》一文中，列宁明确指出，实行自愿原则是合作社健康发展的关键。关于如何贯彻自愿原则，列宁认为，针对农民比较实际的特点，不仅要考虑他们的长远利益还要考虑他们的当前利益，让他们从合作社中切实得到好处、尝到甜头。农民只有体会到了合作社的优越性、得到了好处，他们才会自觉自愿地接受合作社；否则，他们是不会接受合作社的。

五　毛泽东的农业合作社思想

毛泽东从中国革命和建设的需要出发，把马克思恩格斯、列宁等无产阶级革命导师的合作经济思想运用于中国实践，在不断总结和概括群众办社经验的基础上，系统地阐明了发展农业合作社的道路、任务、原则、政策和方法等，大大丰富和发展了马克思主义合作经济理论。

（一）毛泽东农业合作社思想的发展脉络

毛泽东非常重视农民问题，是最早研究并领导农民运动的中国共产党

---

① 列宁. 列宁全集［M］. 第43卷. 北京：人民出版社，1987：364.

领导人之一。早在大革命时期，他就积极倡导农民开展合作社运动，从经济上打击地主阶级的统治。在那之后 20 多年的革命实践中，毛泽东不断总结经验教训，最终形成了比较系统的农业合作社思想。从总体上看，毛泽东农业合作社思想的发展演变过程大致经历了以下五个阶段。

1. 大革命时期毛泽东的农业合作社思想

大革命时期，毛泽东的农业合作社思想开始萌芽。在这个时期，毛泽东认为农民问题是国民革命的中心问题，因而主张把农民组织起来。1926年 12 月，毛泽东在主持召开湖南省第一次农民代表大会时指出，合作社是互相扶助、互相救济、互惠互利的组织，主张农民组织起来以免除高利贷和商人的盘剥。1927 年 3 月，他在《湖南农民运动考察报告》中再次指出，农民实现自救的最好手段就是组织合作社，"特别是消费、贩卖、信用三种合作社"，且要求这种合作社运动"随农会的发展而发展到各地"。① 可见，这个时期他对农业合作社的认识还仅限于贩卖、信用和消费等流通领域的合作社，未涉及农业生产合作社。

2. 土地革命时期毛泽东的农业合作社思想

土地革命时期是毛泽东农业合作社思想的初步形成时期。1933 年 11 月，在《长冈乡调查》和《才溪乡调查》两篇著作中，毛泽东介绍了这两个地方的生产合作社（包括耕田队、劳动互助社和犁牛合作社），他关于农业合作社的思想由此产生。毛泽东认为，发展合作社是苏区根据地经济建设的中心之一，并首次把合作经济提到与国营经济同等重要的地位，认为"合作经济和国营经济配合起来，经过长期的发展，将成为经济方面的巨大力量，将对私人经济逐渐占优势并取得领导的地位"。② 因而，他主张在根据地大力发展各种类型的合作社。这一时期，他对农业合作社的认识已从流通领域扩展到生产领域，认为普遍组织劳动互助社与耕田队等生产合作社，是解决那时农业生产困难的一个重要办法。

3. 抗日战争时期毛泽东的农业合作社思想

抗日战争时期，为了克服困难，打击日寇，毛泽东结合边区合作事业的发展，撰写了《经济问题与财政问题》、《论合作社》、《组织起来》、

---

① 毛泽东. 毛泽东选集 ［M］. 第 1 卷. 北京：人民出版社，1991：40 – 41.
② 毛泽东. 毛泽东选集 ［M］. 第 1 卷. 北京：人民出版社，1991：133 – 134.

《必须学会做经济工作》、《论联合政府》等一系列光辉著作，对合作社进行了比较全面的阐述，大大丰富了其合作社思想的内容。在《组织起来》一文中，毛泽东指出，中国农民群众几千年来都是以一家一户为生产单位，"这种分散的个体生产，就是封建统治的经济基础，而使农民自己陷于永远的穷苦。克服这种状况的唯一办法，就是逐渐的集体化；而达到集体的唯一道路，依据列宁所说，就是经过合作社"。可见，毛泽东主张打破中国几千年落后的生产关系，代之以新的生产关系，实现生产制度上的革命，从而解放生产力，充分体现了生产关系要适应生产力发展的客观规律。紧接着，毛泽东又强调指出"在边区，我们现在已经组织了许多的农民合作社，不过这些在目前还是一种初级形式的合作社，还要经过若干发展阶段，才会在将来发展为苏联式的被称为集体农庄的那种合作社。我们的经济是新民主主义的，我们的合作社目前还是建立在个体经济基础上（私有财产基础上）的集体劳动组织"。① 不难发现，在这一时期，毛泽东认为合作社就其性质而言，还是以个体经济为基础的集体劳动组织，而不是以公有制为基础的集体农庄。此外，他还强调发展合作社要遵循自愿原则。

4. 解放战争时期毛泽东的农业合作社思想

解放战争时期，毛泽东继续坚持并发展合作社。这一时期，由于革命即将胜利，新中国也将要成立，在这种情况下，毛泽东从全国大局出发对合作社经济进行了系统阐释，标志着他关于农业合作经济的思想日趋成熟。

1947 年 12 月，在《目前形势和我们的任务》一文中，毛泽东指出"由个体逐步地向着集体方向发展的农业经济"是新中国的三大经济构成之一。② 1948 年 9 月党中央召开政治局会议，以此次会议为转折点，毛泽东产生了由新民主主义经济向社会主义大过渡的思想。1949 年 3 月，毛泽东在党的七届二中全会报告中进一步完善了这个思想，丰富了过渡时期的合作社理论。在这一时期，毛泽东对农业合作社的认识主要有以下几点：更加强调个体经济的出路是"现代化"和"集体化"；这个时期的合作社经济仍是半社会主义性质的；合作社经济的发展进程是"逐步的"和"长期的"；应该先合作化再机械化。

---

① 毛泽东．毛泽东选集［M］．第 3 卷．北京：人民出版社，1991：931.
② 毛泽东．毛泽东选集［M］．第 4 卷．北京：人民出版社，1991：1255.

5. 新中国成立后毛泽东的农业合作社思想

新中国成立后，随着土地改革的陆续完成，一些地区出现了贫富分化现象。针对这种现象，党内领导层中间产生了一系列争议，争议的焦点集中在以下两方面：一是土改后互助组要不要向农业生产合作社过渡，二是何时过渡。上述争议促使毛泽东更加坚定地走合作化道路，他认为互助组不仅要向农业生产合作社过渡，而且要以适当或者较快的速度过渡，这表明他的农业生产合作化思想的最终形成。

1951 年 4 月，针对由山西省把互助组提高一步的建议而引起争论的情况，毛泽东指出，山西省委的建议是正确的，同时批评了互助组不能成长为农业生产合作社的观点和现阶段不能动摇私有基础的观点。同年 9 月，他亲自主持召开了全国第一次农业互助合作会议，并于会后派人拟订了《中共中央关于农业生产互助合作的决议（草案）》，指出在土地私有和半私有基础上的农业生产合作社是走向农业社会主义化的过渡形式；但不能不顾农民自愿和生产条件，在现在就过早地否定私有，实行绝对平均主义，一蹴而就地在农村完全达到社会主义。可见，这时他虽然主张走合作化道路，但对双方争论的正确观点还是持包容态度的，因而推动了全国性农业互助合作运动的快速发展。

之后，随着全国经济形势逐步好转，毛泽东的思维进一步加速。1952 年 9 月 24 日的中央书记处会议上，毛泽东即提出现在就要用 10 年到 15 年的时间基本上完成到社会主义的过渡；农业方面，则要在 10 年至 15 年内基本上实现中国农业经济集体化。需要指出的是，这时他仍强调要从实际出发，稳步推进。1953 年 2 月，全国各地开始普遍试办初级农业生产合作社。1953 年 6 月，在中央政治局会议上，毛泽东首次提出了过渡时期的"一化三改"总路线和总任务，其中农业社会主义改造"就是按照农民自愿（不能单靠行政命令，尤其不能采用强迫方法），一步一步发展互助合作运动，由办带有社会主义萌芽性质的互助组到办半社会主义的生产合作社，再发展到办完全社会主义的生产合作社（集体农场）"。[①] 10 月 26 日，党中央召开了第三次农业互助合作会议并做出了《关于发展农业生产合作社的决议》，进一步规定了我国发展农业合作社的道路、任务、方针、政策和方法，但过分夸大了农村资本主义的危险性。而毛泽东在一系列批语、谈话中，进一步强调

---

① 毛泽东. 建国以来毛泽东文稿 [M]. 第 4 册. 北京：中央文献出版社，1990：380 - 381.

了这种危险性，表明他加快农业社会主义改造的意识日益增强。

1955 年 7 月 31 日，毛泽东在《关于农业合作化问题》的报告中，严厉批评了邓子恢的"右倾保守思想"，并对合作化计划进行了重新布置，导致农村社会主义高潮的出现。到 1957 年底，全国已完成对农业的社会主义改造。较之以前，毛泽东的农业合作社思想发生了很大变化，主要体现在以下两方面：一是更强调通过生产关系升级来促进农业生产力的发展，忽视了生产力的发展水平和生产力对生产关系的决定作用；二是更强调农民群众走社会主义道路的积极性是加快农业合作化发展的最大动力，忽视了他们个体经济积极性的一面和改造小农心理的长期性、艰巨性。至于 1958 年实施的人民公社化运动，已经扭曲了毛泽东农业合作社思想体系的科学内涵，超越了社会发展阶段，对农业生产力造成了很大破坏，产生了严重后果。

（二）毛泽东农业合作社思想的主要内容

1. 先合作化后机械化

在合作化与机械化的先后顺序方面，毛泽东认为我国农业应走"先合作化，后机械化"的发展道路。他认为，"社会主义工业化的一个最重要的部门——重工业，它的拖拉机的生产，它的其他农业机器的生产，它的化学肥料的生产，它的供农业使用的现代运输工具的生产，它的供农业使用的煤油和电力的生产等等，所有这些，只有在农业已经形成了合作化的大规模经营的基础上才有使用的可能，或者才能大量地使用"，"在农业方面，在我国的条件下（在资本主义国家内是使农业资本主义化），则必须先有合作化，然后才能使用大机器"。① 可见，在毛泽东看来，发展合作社不一定非得以农业机械的生产力作为基础，这一点和恩格斯在《法德农民问题》中提出的组织小农加入合作社的看法是一致的。毛泽东认为"既然西方资本主义在其发展过程中有一个工场手工业阶段，即尚未采用蒸汽动力机、而依靠工场分工以形成新生产力的阶段，则中国的合作社，依靠统一经营去形成新生产力，去动摇私有制基础，也是可行的"。②

---

① 毛泽东. 毛泽东选集［M］. 第 5 卷. 北京：人民出版社，1977：182.
② 逢先知，金冲及. 毛泽东传（1949~1976）［M］. 上册. 北京：中央文献出版社，2003：346－347.

2. 发展农业合作社要全面规划、加强领导

与发达国家的合作社是自下而上发展起来的不同，我国的农业合作社是自上而下按计划逐步发展起来的。为保证农业合作社按计划发展，毛泽东在《关于农业合作化问题》的报告中指出："全面规划，加强领导，这就是我们的方针。"① 只有通过制定全面的规划，各级领导同志才能更加全面地掌握农村的情况。

为保证农业合作化运动的顺利进行，毛泽东强调："要有全面的规划，还要加强领导。"② 早在 1952 年，他就建议在各省组建专门负责农业合作化事宜的农村工作部，他本人更是倾注了大量精力来领导这一运动。1955年 12 月，在《中国农村的社会主义高潮》一书中，他指出要大胆指导运动，不要前怕狼后怕虎。他要求各级党委和团委主要负责同志都要抓紧研究农业合作化工作，把自己变成内行。为了办好合作社，他还提出要采取从互助组到初级农业生产合作社、高级农业生产合作社逐步过渡的方式，并做好建社前的准备和建社后的整顿工作。

3. 主张办大合作社

毛泽东主张办大合作社，在他看来，合作社规模越大越好。因为"小社人少地少资金少，不能进行大规模的经营，不能使用机器。这种小社仍然束缚生产力的发展，不能停留太久，应当逐步合并"。"办大社和高级社最为有利"。"初级形式的合作社保存了半私有制，到了一定的时候，这种半私有制就束缚了生产力的发展"，因此，"应当考虑使它们从初级形式转到高级形式上去，以便使生产力和生产获得进一步的发展"。③

毛泽东办大合作社的思想对我国农业合作社的发展产生了很大影响，1956 年底我国实现农业合作化时，基本上都是按照并小社为高级社的思想办的。上述办大合作社的思想也是后来我国实施人民公社化运动的重要原因之一。

4. 把合作化视为一场严酷的政治思想斗争

毛泽东指出，"农业合作化运动，从一开始，就是一种严重的思想的

---

① 毛泽东 . 毛泽东选集 [M] . 第 5 卷 . 北京：人民出版社，1977：191.
② 毛泽东 . 毛泽东选集 [M] . 第 5 卷 . 北京：人民出版社，1977：189.
③ 毛泽东 . 毛泽东选集 [M] . 第 5 卷 . 北京：人民出版社，1977：257 – 259.

和政治的斗争。每一个合作社，不经过这样的一场斗争，就不能创立。一个崭新的社会制度要从旧制度的基地上建立起来，它就必须清除这个基地。……合作社建立以后，还必须经过许多的斗争，才能使自己巩固起来。巩固了以后，只要一松劲，又可能垮台"。"只要我们在合作化运动中，乃至以后一个很长的时期内，稍微放松了对于农民的政治工作，资本主义倾向就会泛滥起来。"①

他认为在中国富农经济很弱，富裕的和比较富裕的中农的力量却是相当强大。因此，"在中国的农村中，两条道路的斗争的一个重要方面，是通过贫农和下中农同富裕中农实行和平竞赛表现出来的。在两三年内，看谁增产：是单干的富裕中农增产呢，还是贫农和下中农组成的合作社增产呢?"②

5. 发展合作社要坚持自愿互利原则

恩格斯和列宁都非常重视自愿原则，认为它是合作化过程中应坚持的首要原则。毛泽东继承并发展了上述思想，在合作化过程中多次强调要坚持自愿互利原则。早在 1933 年，毛泽东就指出，命令主义地发展合作社是不能成功的。1943 年，在《组织起来》一文中，他又指出，只要是群众自愿参加的集体互助组织就是好的。1952 年，在组织农民入社时，毛泽东再三强调要坚持自愿原则，真正做到入社自愿退社自由。此外，毛泽东还强调"只有在互利的基础上才能实现自愿"，③ 要在合作社内部实行互利政策，不能损害任何一个人或任何一个阶层农民的利益。因此，要制定一套与自愿互利原则并行的办法，让农民体会到互助合作确实比单干更为有利，从而自愿走上社会主义集体化道路。

六　邓小平的农业合作社思想

邓小平非常重视农业问题，多次强调农业的基础地位，并对农民和农

---

① 毛泽东. 毛泽东选集［M］. 第 5 卷. 北京：人民出版社，1977：243 - 245.
② 毛泽东. 毛泽东选集［M］. 第 5 卷. 北京：人民出版社，1977：231.
③ 毛泽东. 毛泽东选集［M］. 第 5 卷. 北京：人民出版社，1977：177.

村经济发展给予了高度关注。邓小平在继承马列主义合作经济理论和汲取我国农业合作化运动经验教训的基础上，从我国国情出发，创造性地提出了具有中国特色的农业合作社指导思想，丰富了马克思主义合作经济理论宝库。邓小平的农业合作社思想主要包括以下内容。

（一）发展农业合作社要尊重农民意愿、因地制宜

从马克思、恩格斯到列宁、毛泽东等无产阶级革命领导人，在合作社问题上都无一例外地强调要坚持自愿原则，邓小平也继承了上述思想。他在谈及社会主义改造问题时指出，在搞社会主义方面，毛泽东最大的功劳是将马列主义的普遍真理与中国实践相结合，在中国和平实现了社会主义改造。改造在初期是卓有成效的，但后来由于毛泽东受斯大林农业集体化思想影响，办大合作社的意识愈来愈强烈，出现了速度过快、工作过粗等问题，一切工作"以物为本"而不是"以人为本"，严重损害了农民利益。针对上述问题，邓小平指出"有人说，过去搞社会主义改造，速度太快了。我看这个意见不能说一点道理也没有。比如农业合作化，一两年一个高潮，一种组织形式还没有来得及巩固，很快又变了。从初级合作化到普遍办高级社就是此。……实践证明这样并不好"。① 可见，在邓小平看来，发展农业合作社要尊重农民意愿，因地制宜地采取相应的措施，真正做到"以人为本"。关于因地制宜，他说"所谓因地制宜，就是说那里适宜发展什么就发展什么，不适宜发展的就不要去硬搞"，紧接着，又强调指出"从当地具体条件和群众意愿出发，这一点很重要"。②

（二）主张让农民在自主经营的基础上开展合作

针对人民公社体制带来的严重问题，邓小平提出了让农民在集体所有制前提下进行自主经营的主张，同时他还指出，发展农业合作社应遵循生产关系要适应生产力发展的客观规律。他说："生产关系究竟以什么形式为最好，恐怕要采取这样一种态度，就是哪种形式在哪个地方能够比较容易比较快地恢复和发展农业生产，就采取哪种形式；群众愿意采取哪种形

---

① 邓小平. 邓小平文选［M］. 第2卷. 北京：人民出版社，1994：316.
② 邓小平. 邓小平文选［M］. 第2卷. 北京：人民出版社，1994：316.

式，就应该采取哪种形式，不合法的使它合法起来。"① 在邓小平的倡导下，20 世纪 80 年代，我国在广大农村地区普遍推行了家庭联产承包责任制，这大大激发了农民的生产积极性，使农业生产力得到很大发展。1983年中央一号文件指出，家庭联产承包责任制的进一步完善和发展，必将使农业合作化的具体道路更加符合我国实际。这是马克思主义农业合作化理论在我国的新发展。

（三）提出了"两个飞跃"的战略思想

家庭联产承包责任制的推广使我国农村取得了显著成就，农业生产得到很大发展。但这种分散经营模式也存在诸多问题，如规模小、不利于先进技术利用等，影响了我国农业现代化的进程。针对上述问题，邓小平于20 世纪 90 年代初，创造性地提出了我国农业改革和发展要有"两次飞跃"的思想，即："第一个飞跃，是废除人民公社，实行家庭联产承包为主的责任制。这是一个很大的前进，要长期坚持不变。第二个飞跃，是适应科学种田和生产社会化的需要，发展适度规模经营，发展集体经济。这是又一个很大的前进，当然这是很长的过程。"②

纵观世界农业发展历史，实现规模经营和生产社会化大致有两条道路：一条是资本主义国家发展农业的道路，即通过私有制基础上的破产、兼并，尤其是小农经济的破产、兼并，逐步向规模经营和生产社会化过渡；另一条是社会主义国家发展农业的道路，即通过合作化、集体化，向规模经营和生产社会化发展。我国小农经济大国的特殊国情、社会主义社会的国家性质，都决定了我国只能走社会主义农业发展道路，即通过发展农业合作经济实现农业的规模经营和农业生产社会化。实践证明，把农业合作制建立在不否认小农的基础上，是一种更加适应农业生产特性和我国农业生产条件的制度形式。

---

① 邓小平. 邓小平文选［M］. 第 1 卷. 北京：人民出版社，1994：323.
② 邓小平. 邓小平文选［M］. 第 3 卷. 北京：人民出版社，1993：355.

第四章 国外农业合作社的发展及其启示

一 发达国家农业合作社发展概况

现代意义上的农业合作社发端于 19 世纪初期的英、法、德等发达资本主义国家，在其后的 100 多年里，几乎繁衍蔓生到所有发达国家。如今，在这些国家，几乎每个农民都加入了农业合作社，有的还同时加入了几个不同类型的农业合作社，在美国、日本、法国、荷兰、新西兰、澳大利亚、韩国等国家，90% 以上的农民都参加了农业合作社。农业合作社在这些国家的农村经济发展中起着举足轻重的作用。

（一）发达国家农业合作社的一般特征

纵观发达国家的农业合作社，虽然各国发展状况都不尽相同，但从总体上看，都具有以下基本特征。

1. 最大限度地为社员谋取利益是农业合作社的宗旨

为社员谋取利益是农业合作社的目标，这主要体现在发达国家农业合作社的章程及其具体实践中。如西欧国家创办的加工合作社和消费合作社，就明确提出它们的目标是使社员的产品获得最高价格；美国牛乳合作社的目标则是替社员销售乳制品，并使其得到最大利益。实现上述目标的途径主要有以下几方面：一是通过使用合作社提供的各种社会化服务，使合作社社员免遭大资本家的控制和中间商的盘剥；二是通过合作社的有效经营，为社员赢得最大利益；三是通过合作社之间的联合，形成势力集团，维护自身权益，如美国由农场主合作社组建成的联合社，形成了强大的国会院外活动集团，通过对美国农业经济政策施加影响，达到维护农场主利益的目的。

2. 主要分布于流通领域

纵观发达国家的农业合作社发展历程，可以看出，其合作领域主要是一些不直接从事生产的服务领域，以流通领域居多，如农业生产资料供应，农产品销售、加工，农民生活资料供应等。而在农业生产领域的合作非常少，即使有往往也都以失败告终。究其原因，主要有以下两点。一是在发达国家，由于生产社会化程度很高，生产过程被分成诸多彼此独立而又相互依存的生产部门、环节和项目，农民需要越来越多的中间服务才能实现自己的经济目标。而这些生产部门、环节和项目往往又被大资本家所垄断，为了免遭大资本家的剥削和中间商的盘剥，农民往往倾向于联合起来组建各种服务性的合作社。二是非生产性领域的合作不涉及农民的私有财产（如土地），消除了农民的顾虑，因而受到农民的普遍欢迎。

3. 通常由民间自发组织而成

在发达国家，大凡成功的合作社都是由生产者（或消费者）在经济利益的驱使下自愿联合起来组建的，极少是在政府或外来组织的干预下成立的。尽管这些国家都有合作经济方面的法律，但这些法律通常都是在合作经济发展到一定程度后，为了规范管理，而对合作组织的范围、规模和地位等做的限定，就其作用而言，充其量不过是允许合作社在资本主义社会发展的程度。和其他类型的合作社一样，发达国家的农业合作社是资本主义生产社会化与生产资料私有制之间矛盾加剧的产物，正是这种基本矛盾的加剧，迫使人们走上了合作之路。而这种合作是处于弱势地位的劳动者和小生产者，为了改变自身地位和生活状况自愿联合的结果，而不是某种政府机构或社会团体的附庸。

4. 实行合作社集体所有和社员个人所有的所有制

发达国家的农业合作社实行合作社集体所有制和社员个人所有制。集体所有部分主要包括社员入社股金和合作社积累资金两方面。社员入社股金由合作社统一支配，但所有权仍归社员，在社员退社时仍按原数予以退还。积累资金属于农业合作社集体财产，具有不可分割性，由积累资金所创造的效益属于合作社全体社员。

社员个人所有部分主要表现在以下两方面。第一，不论合作社开展的业务是属于流通领域还是服务领域、加工领域、消费领域或其他，农业合作社都是农民在保持原有生产方式不变基础上的联合，这种联合不改变他们的所有制性质。比如由美国农场主组建的合作社，在他们各自的农场内仍然实行资本主义生产方式，大农场主仍然雇用着一定数量的工人。第二，在由农民组建的购买合作社、利用合作社等其他类型的合作社中，由社员共同购买的大型农具或共同出资修建的大型仓库等，虽然属于社员共同所有或共同使用，但社员出资部分仍归社员个人所有。比如就一件大型农具来说，它虽然归社员共同使用，但在财产内容上有明确的、具体的每个社员的个人所有份额。可见，在发达资本主义国家，农业合作社是在私有制基础上的合作，同时合作社也有一定数量的不可分割的集体财产。

5. 遵循合作社基本原则

发达国家的农业合作社通常都较严格地执行国际通行的合作社基本原则，并据此形成了一套行之有效的管理制度。其中，最主要的是坚持自愿与开放的社员资格原则，即入社自愿、退社自由；坚持民主的社员控制原则，凡涉及社员切身利益的事情均由社员民主决定；坚持社员经济参与原则，即合作社社员既有出资的义务也有收益的权利，合作社的盈余分配由社员通过民主程序共同商定。由于在原则和制度上有效保障了社员的权益，合作社发展好坏与社员的自身利益密切相关，因而社员往往都十分关心合作社的管理与发展，这对发达国家农业合作社的发展具有十分重要的作用。①

（二）发达国家农业合作社的发展模式

由以上分析可知，在发达国家，农业合作社在农村经济发展中具有十分重要的作用。虽然它们有一些共同特征，但由于每个国家的国情、社会制度和发展情况各有不同，因此合作社的组织形式、运作方式等也不尽相同。各国农业合作社在发展过程中形成了各具特色的模式。纵观发达国家的农业合作社发展模式，依据其经营规模、业务性质和经营状况等因素，大致可归纳为以下四种：以意大利为代表的农场型农业合作社，以美国为代表的跨区域型农业合作社，以法国为代表的专业型农业合作社，以日本

---

① 俞家宝. 农村合作经济学 [M]. 北京：北京农业大学出版社，1994：275–278.

为代表的综合型农业合作社。

1. 以意大利为代表的农场型农业合作社发展模式

农场型农业合作社以意大利为代表，在印度、法国等国家也有少量存在。采取这种类型合作社的国家往往土地占有较为分散，多为一些中、小规模的家庭农场，发展农业生产的成本较高、效益低下。为克服分散经营带来的不利影响，提高农业生产的整体效益，发展农村经济，这些国家的农民往往倾向于联合起来组成农业合作社。这种合作社是在土地私人占有的基础上发展起来的，农民以土地入股形式加入合作社。土地入股后由合作社按照统筹规划进行统一经营。这样，就在不改变土地所有制性质的前提下，实现了规模经营，形成了大农场型的合作社。这类合作社属于农业生产合作社，类似于我国20世纪50年代的初级农业生产合作社。

2. 以美国为代表的跨区域型农业合作社发展模式

这种合作社是建立在大规模农场、大土地所有制基础上的，主要特点是实行跨区域合作，以从事销售业务为主。此类合作社以美国为代表，在加拿大、巴西等国家也有发展。

目前，美国共有农业合作社2.5万多个，80%的农场主都加入了各类农业合作社。20世纪70年代，在美国出现了"新一代合作社"。之所以称为"新一代合作社"，是因为它突破了传统合作社的某些原则，尤其是"一人一票"原则，在管理上更趋于企业化。与传统合作社相比，新一代合作社除了具有传统合作社的主要特征外，还具备了一些新的特征，主要有以下几方面。①由于新一代合作社以发展精深加工为经营战略，所需初始资本大大提高，社员需要承担较多的入社资金。②由于投入资金较多、风险较大，合作社对入社资格有一定限制，而且社员入社后一般不能退股，因此其社员资格具有封闭性。③在坚持"一人一票"的基础上，实行表决权与交易额相结合。④允许非社员持股，即优先股，优先股股东没有投票权，对其报酬有最高限制。⑤经营权与所有权分离，实行专业经理人管理模式。⑥主要从事农产品加工增值业务。⑦利润按交易额进行惠顾返还。[1] ⑧进行跨区域合作，以实现规模经济。

---

[1] 王震江. 美国新一代合作社透视 [J]. 中国农村经济，2003（11）：72-78.

3. 以法国为代表的专业型农业合作社发展模式

专业型农业合作社以法国为代表，荷兰、德国等欧洲许多国家都采取了这类农业合作社发展模式。参加这种合作社的农民一般都是大规模农场主，农业生产大都实现了现代化、机械化。此类合作社以开展产后的专项合作与服务为主，如流通、信贷、仓储、设备利用等合作社；也有少量提供产后一体化服务的，但以流通领域的合作社居多。①

此类合作社的显著特点是具有很强的专业性，即以某一特定农产品或某一农产品的某项效用为对象开展业务，如大豆合作社、奶牛合作社等。从各国农民专业合作社发展的实践来看，这类合作社发挥的功能主要有以下几方面：一是扩大经营规模，减少中间环节，增强竞争力；二是共享大型农具，提高工具利用率，降低生产成本；三是开展融资合作，积极争取资金支持；四是对产品进行深加工，提高农产品的附加值，增加农民收入；五是开展合作社之间的合作，逐步完善农业社会化服务体系。

4. 以日本为代表的综合型农业合作社发展模式

综合型农业合作社以日本为代表，韩国、以色列（莫沙夫）等国家和地区也以此类合作社为主。这类合作社是建立在土地私有、分散经营基础上的。实行此类合作社的国家土地经营规模一般都很小，以农户家庭生产经营为主。合作社把分散经营的私有农户联合起来之后，统一开展生产、供销、信贷、保险、医疗等生产与生活方面的全方位服务。

1947年日本颁布实施《农业协同组合法》，次年日本农协正式成立。日本农协是独立的经济社团法人组织，由全国农协、县级农协、基层农协三级系统组织而成。这三级组织又分为两大系统，即全国农业协同组合中央会和农协联合会系统，前者以从事指导业务为主，后者主要从事经济事业方面的业务。日本农协最突出的特点是与政府保持着密切联系，具有半官、半民性质。它是在政府的积极倡导、大力扶持下发展起来的，是上联国家、下联农民的合作组织，具有组织的严密性、参与的广泛性、服务的全面性等特点。它不仅代表农民向政府提出意见和建议，而且也代表政府向农民贯彻农业政策和法令，因此日本农协既是农民经济利益的代表，也

---

① 李中华，曹春燕，辛德树. 国际农业合作社的发展、经验及对我国的启示［J］. 青岛农业大学学报（社会科学版），2008，20（1）：48.

是其政治利益的代表，集经济组织和行政辅助机构身份于一身。基本上所有的日本农户都加入了农协，目前，日本农协为社员提供生产指导、农产品加工与销售、农用生产资料购买、信贷、保险、医疗、福利、培训等"从摇篮到坟墓"的一切服务。[①]

综上所述，由于每个国家的国情和发展状况都不尽相同，因此所采取的农业合作社发展模式也有所不同，经营策略也各有侧重。但无论采取哪种发展模式，在以下三点却是一致的，即它们都以服务社员为宗旨，都倡导自愿、自治、互助、民主、公平、开放的基本理念，都将农业合作社作为实现农业现代化与产业化的重要载体和组织手段。从各国农村合作经济发展实际看，目前以专业型农业合作社和综合型农业合作社居多，前者在欧美国家较为普遍，后者以东亚为主。农场型农业合作社相对少一些。总的看来，欧美的农场型农业更便于开展专业化的合作；而东亚国家的农业以小农经济居多，因而开展综合性的合作更符合实际。

二 发展中国家农业合作社发展概况

从总体上看，发展中国家经济发展相对滞后，农村人口占总人口比重较大，农业合作社一般起步较晚。20世纪初，只在个别经济发展较快、农业生产水平较高的国家如印度、埃及、巴西、墨西哥等，出现了少量合作经济组织；20世纪50～60年代，农村合作运动普遍达到高潮。[②] 目前，绝大多数发展中国家都创立了农业合作社，农业合作社在这些国家农村经济发展中的重要作用日益彰显。

（一）发展中国家农业合作社的一般特征

相对于发达国家的农业合作社，整体而言发展中国家的农业合作社具有如下特点。

---

① 王平，王国建，刘立斌. 农村合作制理论与实践教程［M］. 北京：中国环境科学出版社，2010：232.

② 俞家宝. 农村合作经济学［M］. 北京：北京农业大学出版社，1994：287.

1. 农业合作社发展水平参差不齐

发展中国家的经济发展水平和生产社会化程度存在很大差别，因此，这些国家农业合作社的发展水平也参差不齐。大多数发展中国家都曾遭受帝国主义侵略，都经历了长度不一的殖民统治时期，一般都是在19世纪末20世纪初才取得独立地位。由于长期遭受殖民统治，这些国家的经济基础通常都比较薄弱，加之受旧的文化传统束缚，多数发展中国家都是在非常困难的条件下发展本国民主经济的，根本不可能获得如西欧、北美等发达国家在资本原始积累时期那样的条件和机遇。因此，在取得独立后，绝大多数国家都处于百废待兴的状态，生产力发展水平和生产社会化程度都很低，商品经济很不发达。而合作社是生产社会化的产物，是市场经济发展到一定阶段才出现的。因此，严格说来，除墨西哥、以色列等少数商品经济比较发达的国家和地区外，其他发展中国家和地区尚不具备或不完全具备发展农业合作社的基础和条件。但在各种因素推动下，很多发展中国家都纷纷创立了农业合作社。例如，一些国家取得独立以后，为寻求强国之路，通过推行土地改革和农村集体化运动建立了农业合作社；有些国家由于受殖民主义和移民的影响，如巴西受欧洲移民影响，在国内成立了很多向农民提供贷款的来福艾森式合作银行；[①] 等等。因而，在这种基础上建立和发展起来的农业合作社可谓千姿百态，无论在组织规范化程度还是运营方式上，都呈现极大的不平衡性，与发达国家农业合作社的整体发展水平相距甚远。[②]

2. 农业合作社受外来合作思潮影响较大

分析发展中国家农业合作社的发展历史，不难发现，这些国家农业合作社的发展明显受到国外合作思想和模式的影响。在一些合作运动起步较早的国家，受欧美等发达国家合作经济影响较多，如近东和拉美国家的合作经济受德国合作思想影响很大；西非一些国家的农业生产合作社，则是按照19世纪法国乌托邦主义的古典模式建立起来的；印度和东非国家的农业合作社，大部分是按照英国的合作社模式创立的；战后亚非等新兴民族

---

① 张晓山，苑鹏. 合作经济理论与中国农民合作社的实践 [M]. 北京：首都经济贸易大学出版社，2009：113 - 114.

② 俞家宝. 农村合作经济学 [M]. 北京：北京农业大学出版社，1994：287 - 288.

国家的农村合作经济，则受苏联、中国农业集体化模式影响较大，如印度的集体农场合作社、坦桑尼亚的乌贾马村等。此外，以色列的基布兹被非洲一些国家作为经典模式广为引进并推广。一方面，一些发展中国家在借鉴外来农业合作社模式成功经验的基础上，结合本国实际，因地制宜地发展本国农业合作社，极大地促进了当地农村经济和农业生产的发展。但另一方面，发展中国家农业合作社一哄而起、经济基础薄弱、脱离本国实际等问题也容易出现。

3. 农业合作社组织方式多种多样

与发达国家农业合作社大多由民间自发组织不同，发展中国家农业合作社的组织方式不一，总结起来大致有以下三种方式。

第一种是由政府倡导的自上而下的发展方式。在发展中国家，很大一部分农业合作社是在政府干预或支持下建立并发展起来的。这种方式在农村合作经济发展初期，和一些农业合作社发展条件尚不成熟的国家和地区较为普遍。在这种情况下，政府实际上成了农业合作社的倡导者和组织者，并为合作社发展提供了诸如资金、人员、技术等各方面的扶持。

第二种是由农村传统势力领办的发展方式。该方式在一些宗教势力强大或历史悠久的农村被广泛采用。依此方式发展起来的农村合作经济组织，发展水平高低不等，部分合作社的规范化程度还有待进一步提高，如非洲的原始部落村社，印度的锡克教帮会，以色列犹太人聚居地合作社，墨西哥的印第安人村社等。

第三种是愈来愈重要的一种组织方式，是由农民自下而上自发组织的方式。这种方式的产生是农村商品经济不断发展、承受的外部发展压力不断增加的结果。采用该方式组建的农业合作社大都较好地遵循了合作社的基本原则，并切实维护了农民的权益，因此在发展中国家广受欢迎，而且实践也充分证明这种类型的合作社要稳定得多。目前，这种方式正被发展中国家越来越多地用于早期各种农业合作社的改革，以及新型农业合作社的创建当中。[①]

4. 普遍存在政府对农业合作社的不当干预

尽管发展中国家的农业合作社也强调，在管理方面要遵循合作社基本

---

① 俞家宝.农村合作经济学［M］.北京：北京农业大学出版社，1994：289－290.

原则，但在实践中却很难做到，尤其是在管理方面普遍存在政府的不当干预。究其原因，主要有以下两方面。

①在很多发展中国家，合作社的发展往往被纳入整个社会的经济发展规划，政府则必然会给予合作社鼓励、扶持，当然也包括干预。这是发展中国家农业合作社发展的一个突出特点，也是其与发达国家农业合作社的区别之处。① 而且政府对农业合作社的干预往往很多，不少农业合作社就是由政府领办的。如墨西哥的集体村社，就是土地改革进程中在该国政府的大力推动下发展起来的；再如 20 世纪 60 年代，东非的乌干达、坦桑尼亚的合作化运动，完全是由政府按计划统一发展的。

②在发展中国家，农村往往缺乏训练有素的合作社专门人才和经营管理人员，尤其是经理和技师。当合作社是由政府或地方势力集团自上而下创办时，通常需要政府官员或当地传统势力领袖的支持，这时合作社的负责人往往由政府或势力集团任命。因此很容易产生官僚主义和以权谋私等现象，导致合作社要么被操控在少数人手中，要么成为政府部门的附庸，因而合作社的自主性和民主性就很难保证，进而合作社的基本原则也就难以贯彻了。②

当然，在任何国家，都存在不同程度的对合作社的政府干预，只是干预方式不同。西方国家往往通过立法、财政补贴等宏观调控手段进行间接干预。而发展中国家则是直接干预，如任命合作社负责人；一些合作社是由政府领办的，合作社盈余分配也受到政府干涉，如印度合作社的资金分为社员股金、流动资金、政府资金和固定资产积累四部分。据统计，仅政府资金一项，在印度合作社总资金中的比重就达 30% ~ 40%。③

近年来，很多发展中国家在吸取以往经验教训的基础上，开始注重合作社的自愿和民主管理原则，对本国农业合作社政策进行了逐步调整，充分肯定了农业合作社在国家经济和农业发展中的积极作用，并采取多种形式创办、巩固合作社，从而使农业合作社获得稳定发展。但要从整体上达

---

① 张晓山，苑鹏. 合作经济理论与中国农民合作社的实践［M］. 北京：首都经济贸易大学出版社，2009：123.

② 俞家宝. 农村合作经济学［M］. 北京：北京农业大学出版社，1994：291.

③ 张晓山，苑鹏. 合作经济理论与中国农民合作社的实践［M］. 北京：首都经济贸易大学出版社，2009：124.

到发达国家农业合作社的发展水平，还需要一定时间。

（二）发展中国家农业合作社的主要类型

发展中国家的农业合作社，由于各国历史背景和经济发展水平差别极大，因而形成了各种各样的形式，广泛分布于多种领域。以农业合作社所从事的经济活动和所起的作用为标准，大体上可分为农业生产合作社和服务性合作社两大类。

1. 农业生产合作社

（1）农业生产合作社的主要特征

许多发展中国家都成立过或正在成立农业生产合作社。如非洲，早期的几内亚、坦桑尼亚、赞比亚，20世纪80年代的津巴布韦、莫桑比克、埃塞俄比亚，拉丁美洲的秘鲁、墨西哥、智利，以及亚洲的印度等国家，都在农业生产合作方面进行过诸多尝试。相对于发达国家而言，发展中国家在农业生产合作方面的探索具有以下显著特点。

①具有浓重的"官办"色彩。发展中国家农业合作社的出现，与这些国家特殊的社会经济、政治背景和文化传统密切相关，尤其是与它们广泛开展的土地改革、政府热衷于农业合作化运动和外来思潮影响有关。也正因为如此，发展中国家的农业合作社一般都由政府自上而下推动，并给予大力支持。政府在很多情况下，都把农业合作社当作调控经济的一种手段。因而，发展中国家的农业合作社往往都具有很强的"官办"色彩。如肯尼亚1984年成立的全国性粮食生产者合作社联盟，负责销售农民生产的粮食;① 墨西哥的农业生产合作社，则与该国土地改革后实施的公有地村社制度，以及当局推行集体经济运动密切相关。

②合作化与工业化同步。从20世纪60年代至70年代中期，拉丁美洲很多国家都在大力推进工业化进程，与此同时一些国家还进行了农业生产合作。无独有偶，几乎在同一时期，非洲许多新兴国家也把振兴民族工业作为国家的中心任务，并在农村开展了农业"合作化"、"集体化"运动。从发展实践来看，不仅许多前社会主义国家而且相当一部分发展中国家，

---

① 张晓山，苑鹏. 合作经济理论与中国农民合作社的实践［M］. 北京：首都经济贸易大学出版社，2009：114.

都曾实行过或正在实行工业化与农业合作化同步发展的战略。

纵观世界各国发展历史，实现工业化的道路大致有两条：一条途径是依靠外援或掠夺殖民地；另一条途径是通过发展本国农业，为工业化和城市提供所需的原材料和食品。① 当严峻的现实将第一条途径堵塞后，第二条途径就成了必由之路，而农业生产合作社往往成为以不等价交换方式剥夺农民，发展工业的一种模式。如我国的工业化就采取了第二条途径，其结果是形成了工、农产品之间的剪刀差，农民负担加重，农业发展滞后，国民经济发展失衡。实际上，在实施人民公社体制的 20 多年间，我国农民通过人民公社向国家交纳了几千亿元的工业化积累资金，但代价也是惨重的，使农业生产出现了严重问题。

③被视为实现理想主义的手段。在一些发展中国家领袖看来，农业合作化不仅是用以实现工业化的手段，还是实现效益和公平双重目标的有效措施，因此，在这些国家，农业生产合作社往往被赋予更为深远的意义。

作为发展中国家的领导人，尽管他们每个人的思想渊源各不相同，但他们当中的很多人都深信：通过生产合作便可建成一个人人平等、共同富裕的理想王国。如印度的尼赫鲁，深受印度婆罗门教、费边社会主义和英国高等教育等多重因素影响，20 世纪 60 年代，他试图在印度农村构建民主的三个基础：通过合作社实现经济民主、通过村级组织实现政治民主、通过社区发展实现社会民主。在拉丁美洲，许多国家领导人的理想主义是和民族主义融合在一起的，他们既追求独立又怕沾染社会主义思想。因此，当代拉丁美洲民族主义思潮的共性是，强调本地区的独特性并竭力推崇第三条道路（改良主义道路）。为了缓和阶级矛盾，许多国家都进行了土地改革，一些国家在土改中创办了农业生产合作社。②

（2）农业生产合作社的分类

由于发展中国家的土地所有制关系十分复杂，土地的占有、使用存在多种形态，加之受政府干预及其他因素影响，在农业生产过程中，出现了不同方式和不同程度的合作，大致有以下三种类型。

---

① 王立诚. 中国农业合作简史 [M]. 北京：中国农业出版社，2009：44 – 45.
② 张晓山，苑鹏. 合作经济理论与中国农民合作社的实践 [M]. 北京：首都经济贸易大学出版社，2009：115 – 116.

　　一是公社。在公社里，土地和其他生产资料全部归公社所有，成员共同劳动，收入实行平均分配，如以色列的基布兹；印度的集体农场合作社；墨西哥的集体村社；非洲一些国家独立后，由原殖民主义者统治的大种植园的农业工人自发组成的生产合作农场。但这些公社在成立后，或因规模过大，或因缺乏技术和经营管理人员，效率低下，绝大多数以失败告终：要么把土地分成小块后，由农户家庭分散经营；要么一部分土地仍由集体统一经营（主要种植经济类作物），一部分作为自留地供农民种植口粮之用。

　　二是生产合作社。在生产合作社内，生产资料归合作社集体所有，成员共同劳动，产品实行按劳分配。苏联及东欧各国的集体农庄，我国长期存在的三级所有、队为基础的人民公社，均属于此类。

　　三是生产过程的部分合作。是由生产者自愿组成的联合合作社（或综合合作社），在这种合作社内，生产者共同拥有部分生产资料，在某些生产环节进行合作劳动（如机耕、灌溉等），其他生产资料仍归生产者所有，生产者保持其他生产活动的自主经营权和劳动产品的分配权。[①] 此类合作社是许多发展中国家，在吸取公社经验教训的基础上逐步发展起来的，目前其数量超过前两类。肯尼亚、赞比亚的拓荒安置合作社也在向这一形式转化。

　　这类合作社既不触动土地和其他生产资料的所有制形式，又可开展生产、销售、技术、人员培训等方面的合作，帮助农民解决单个农户办不了、能办但办起来不划算、能办却又不愿意办的事情。目前，这类合作社日益受到农民的欢迎，尤其是在那些农产品商品化、专业化程度都较高的发展中国家，合作社经营范围、合作程度都在逐步扩大。

2. 服务性合作社

（1）服务性合作社的主要特征

　　服务性合作社是指为农村生产和生活提供各类服务的合作社，不参与农业生产活动，也不触及土地和生产资料的所有权，如销售、信贷、采购供应、消费、加工、运输、农村社会服务等各种合作社。此类合作社具有

---

　　① 张晓山，苑鹏. 合作经济理论与中国农民合作社的实践［M］. 北京：首都经济贸易大学出版社，2009：113.

适应性强、冒险性小、易为农民接受、在短期内即可见效等特点，被大多数发展中国家（尤其是实行混合经济制度的国家）采纳并广为发展，当前已成为发展中国家农村合作经济的主要组成部分。

（2）服务性合作社的分类

根据发展中国家的实际，服务性合作社可分为单一功能的合作社和综合功能的合作社两大类。

单一功能的合作社，是指合作社开展的业务主要集中于某一项职能，如加工、信贷、供销、运输等，其中以信贷和供销合作社发展最为广泛。在经济比较发达的发展中国家和地区，农民对此类合作社的需求更强，开展范围更为广泛。

综合功能的合作社，是指把供应、销售与信贷等多项职能结合在一起的合作社，提供多种服务。这种合作社发展日渐普遍，但由于此类合作社比单一功能的合作社经营管理难度更大，因此，在很多发展中国家如果离开了政府的扶持，就很难取得成功。

三　国外农业合作社的发展对我国的启示

（一）根据我国国情选择适宜的农业合作社发展模式

国外农业合作社在各自发展过程中，因国情和制度差异形成了不同的发展模式：在农场型农业占主导地位的欧美国家，以专业型合作社为主；在小农经济占优势的东亚国家，则以综合型合作社为主。虽然它们采取的发展模式不同，但农业合作社在促进当地农业经济发展、增加农民收入方面的作用却是一致的，都扮演了非常重要的角色。可见，只有选择适应本国国情的农业合作社模式，农业合作社才可能健康发展，才能取得成功。

改革开放以来，我国农业获得了很大发展，取得了举世瞩目的成就，但从整体来看，农业和农村经济发展呈现不平衡性，不仅地区间发展不平衡，同一地区在发展水平上也不平衡。这种不平衡性表现在以下方面：以传统农业为主，传统农业与现代农业并存；小规模的传统分散经营与少量具有一定规模的专业化经营并存；部分自给自足生产方式与一定程度的市场化并存。这种不平衡性，决定了我国农业合作社发展模式不能一概而论，各地要根据具体情况选择适宜的农业合作社形式,① 实现我国农业和农村经济的可持续发展。比如，在沿海等农业发达地区，由于农产品的社会化、市场化程度较高，专业性较强，因而借鉴欧洲农业合作社模式可行性更强；在中部地区，因其主要经营粮食等大宗农产品生产，并且当地农户往往兼业经营，所以日本农协的发展模式可能更具有借鉴意义。②

（二）正确处理农业合作社与政府之间的关系

纵观国外农业合作社的发展历程，政府在其中均发挥了重要作用。各国政府一般是从立法、政策等方面进行扶持，以促进本国农业合作社的发展，进而促进本国农业的现代化进程。但是对农业过多的保护必然导致农业合作社失去自我生存能力。比较日本和欧美国家的农业合作社可以看出，前者的市场竞争力明显弱于后者，很大一部分原因在于日本政府对本国农协的过度保护。我国的农业合作社在创建初期与政府保持着密切关系，有相当一部分是在政府及有关部门的推动下组建的，这种情况在初期还可以理解，但是长期下去势必引发产权和管理等问题，影响合作社的运营效率。因此，应处理好政府与合作社的关系。从政府方面而言，既要对农业合作社发展进行适当扶持，使其在政府领导下日趋发展和完善；又要尽可能地避免直接干涉合作社的内部事务，履行好监督与服务职责。对农业合作社而言，要充分意识到保持自治和中立是其要坚持的基本原则之一,③ 避免对政府的过分依赖。

为此，应在保障农业合作社自主运营的基础上，完善并强化政府的指导、服务和监管职能。今后，政府应主要通过农业合作社贯彻实施国家的农业和农村政策，加大对农业合作社的投资力度，并给予农业合作社税收

---

① 王爱芝. 国外农业合作社的发展趋势及对我国的启示［J］. 开发研究，2010（1）：100 - 101.

② 刘向华. 发达国家农业合作社发展模式及其启示［J］. 合肥工业大学学报（社会科学版），2011，25（3）：67.

③ 张梅，郭翔宇. 发达国家农业合作社的不同特点与借鉴［J］. 农业经济，2008（5）：26 - 28.

优惠；将农业产业化经营、农村基本设施建设与开发、农村社会化服务等项目交由农业合作社具体实施，并通过有关措施加强对农业合作社的监管和指导，以保障合作社的健康发展，使其真正办成"民办、民管、民有、民受益"的农民互助合作组织。同时，农业合作社也应将广大社员的呼声及时反馈给政府，使政府能够据此对农业政策进行适当调整，并根据实际情况对农业合作社在资金、技术、信息等方面予以支持，使其成为市场经济条件下"民办官助"的最好模式。①

（三）尊重农民意愿

农业合作社是市场经济的产物，是农民为改变在市场竞争中的弱势地位而自发联合组成的经济组织。其主要职能是解决农民生产、销售过程中遇到的困难，维护农民的权益，因而农业合作社必须建立在农民自愿原则上。从各国农业合作社发展的经验来看，但凡举办成功的农业合作社无一不把自愿原则作为合作社的首要原则，因为只有农民自愿入社才能真正调动其积极性和创造性。尽管各国政府为促进本国农业合作社发展都制定了力度不同的扶持政策，但这丝毫不改变也不影响自愿原则。当前，我国农业合作社发展已进入新的历史时期，出现了前所未有的良好局面，政府在采取扶持政策的同时，要放手让农民去办他们愿意办而且能办好的事；对农民愿意办但暂时办不好的，要积极创造条件、引导农民去办；对农民不愿意办的，切忌强迫他们去办。只有这样，才能推动我国农业合作社不断发展壮大，② 从而加快我国农业现代化的进程。

---

① 李中华，曹春燕，辛德树. 国际农业合作社的发展、经验及对我国的启示 [J]. 青岛农业大学学报（社会科学版），2008，20（1）：51.
② 蒙柳，许承光，许颖慧. 发达国家农业合作社的实践及经验 [J]. 武汉工程大学学报，2010，32（10）：21.

第五章　改革开放前我国农业
合作社的发展历程

一　新中国成立前的农村合作社

清末民初，在罗虚代尔公平先锋社成立大约 50 年之后，部分在国外留学的中国知识分子已开始研究、传播合作社思想，并进行了早期的合作社实践。后经各社会团体、国民政府和中国共产党的推动，农村合作运动在中国各地广泛发展起来。

（一）近代农业合作思想的传播与中国早期的农业合作运动

1. 近代农业合作思想的传播

20 世纪初期，西方的农业合作思想随着西方经济思想一起被传入中国，从此农业合作社开始在中国萌芽生长。京师大学堂（现北京大学前身）在清朝末年就开设了"产业组合"课（产业组合来自 cooperative 一词的日译"协同组合"，组合即合作社），传播合作社思想。随后，在湖北法政编辑社主编的《经济学》和谢霖、李微编著的《银行制度论》等著作中，都比较早地介绍了合作制度和合作银行。进入民国时期后，介绍西方农业合作思想的刊物逐渐多起来，尤其是"五四"运动后，随着新文化运动的兴起，农业合作思想开始在中国广泛传播，为中国合作运动的开展准备了条件。主要代表人物有朱进之、梁漱溟、薛仙舟等。

（1）朱进之的农业合作思想

朱进之（1888~1923），清末民初教育家、经济学家。他倡导以合作经济为中心对平民进行教育，主张建立平民银行。他曾在《东方杂志》和《新教育》杂志上宣传合作思想，并呼吁江苏、浙江两省的教育会和中华职业教育会等单位，推行平民教育。1919 年，其代表作《促国民自设平民银行》发表，主张在农村建立信用合作社。理由是：①德国来费森式的信贷合作银行不以任何产业抵押，而以个人信用为担保，这正与我国农民以典质产业为忌、习惯于互相担保的特点相适应，是适合我国农村的最好的信贷形式；②我国农民崇尚节俭，有储蓄能力，但苦于农村往往无储蓄机构，有的只得把余款存到地下，一旦死亡，则这笔钱永远得不到流通。因此，建立平民银行，可使以前藏在地下的钱币存入银行，奖励存款，对借贷双方都有利；③我国农村大都聚族而居，生活习性相仿，邻里之间互相了解，是在农村办信用社的基础。因此，朱进之积极主张在农村以西方的信用合作社为模板发展信用合作社，同时发展消费、贩卖合作社，以免受大商人的盘剥。在农业上主张互助，共同购置机器、种子、肥料等。①

（2）梁漱溟的合作思想

梁漱溟（1893～1988），广西桂林人，20 世纪 30 年代乡村建设派的主要代表人物。1922 年出版《东西文化及其哲学》一书，奠定了其乡村建设理论的基础。之后，他又相继出版了《中国民族自救运动之最后觉悟》、《乡村建设理论》等著作，提出了系统的乡村建设理论。其主要观点如下。

①中国必然成为一个合作国家。他认为，中国最大的问题就是"文化失调——极严重的文化失调"。②而要解决文化失调问题，就必须重塑中国文化。重塑中国文化又必须从乡村建设开始，乡村建设的首要任务是农村经济建设，而农村经济建设只能走合作道路。梁漱溟在其长篇论文《中国合作运动之路向》里提出，"合作在中国社会推行起来，不但容易，而且合适"。他说，合作社是弱者在经济压迫下的自卫、自救组织。中国不但软弱，而且散漫，很需要合作，也容易合作。中国生产力落后，只有合作化，才能改变弱者的地位，参与国际上的竞争。中国是个农业社会，只有合作，才能适应农业技术进步的要求。他说，凡是农业社会，就需走合作

---

① 王贵宸. 中国农村合作经济史［M］. 太原：山西经济出版社，2006：145；俞家宝. 农村合作经济学［M］. 北京：北京农业大学出版社，1994：69－70.

② 王贵宸. 中国农村合作经济史［M］. 太原：山西经济出版社，2006：149.

的路，中国必然要成为一个合作国家。可见，他主张把中国的社会经济制度改造成合作经济制度。

②要以生产合作和利用合作为主。在他看来，中国与西方社会不同，不能以消费合作为主，而要以生产合作和利用合作为主。原因如下。首先，在农村，农民居住比较分散，且生产以自给性生产为主，因此消费合作作用不大，效果有限。其次，当前中国最大的问题不是消费，而是如何增加社会财富，只有通过发展生产合作，增加社会财富，才能摆脱弱者地位。最后，中国发展社会生产既不能走欧美式的道路，也不能走俄国式的道路，只能走合作化道路。

③合作社要从营利到非营利。他认为在中国发展合作社，首先要摆脱非营利原则，因为不营利就不能增加财富，不能进行扩大再生产；等到财产丰富了，再回到非营利原则。为此，他主张在中国的合作社里只保留商业利润，不要靠剥削他人劳动而获得产业利润。

④分配应遵循多量归公、少量归个人的原则。这样做有以下好处。第一，有利于扩大社会公共财产。因为财富增殖的目的是要大家消费享用，使个人生活得到保障，为此，必须将增殖的财富，建设公共福利设施。第二，有利于缩小贫富差距。多量归公使公共财产比个人财产增加得更快，公共财产逐渐增多、社会日益富裕，则贫富差距问题就可以得到解决。第三，有利于扩大再生产。因为多量归公可增加合作社的公共积累，加快扩大再生产的速度。

⑤合作社是向共产主义过渡的中间阶段。中国社会落后，不可能一下子实行财产公有，而要走合作之路，实现农业社会化，逐渐收归国有，达到共产的目的。走合作的路不能强制，要缓和稳当。

⑥必须兼顾团体利益与个人利益。不能过分强调团体抹杀个人，也不能过分强调个人而淡化团体。过分强调团体就会扼杀个人的主动性、创造性，滋生懒惰情绪。过分强调个人则会造成个人自由化、分散性，使团体难以成为集体。[①]

（3）薛仙舟的合作思想

薛仙舟（1878～1927），广东香山人，五四时期宣传西方合作思想并

---

① 俞家宝. 农村合作经济学［M］. 北京：北京农业大学出版社，1994：72－73.

率先在国内进行合作实践的第一人，被誉为中国合作运动的导师。早年肄业于北洋大学（今天津大学前身）法科，1901 年赴国外留学，先后在美国、德国攻读银行学，留德期间对发源于德国的储蓄与信贷合作社进行了深入研究，深受莱弗森合作思想及合作主义的影响。1914 年起在复旦公学（今复旦大学前身）任教，宣传合作思想。1919 年，联合复旦公学部分师生创办了上海国民合作储蓄银行，该银行是中国第一个合作金融组织，也是我国早期合作运动的重要成果之一。1920 年，与陈果夫等人共同成立了中国首个研究合作思想、提倡合作事业的团体——上海合作同志会；同年，鼓动复旦学生创办了《平民周刊》，周刊以研究宣传合作思想为中心内容，发表了不少宣传合作思想的文章。1927 年 6 月，应陈果夫请求，起草了《中国合作化方案》（以下简称《方案》）。《方案》是其代表作，也是中国合作运动的纲领性文件。

薛仙舟合作思想的根本特点是把合作社理论与孙中山先生的民生主义相联系。他认为合作社是救国、救民的唯一方法。在他看来，人类具有与生俱来的互助合作天性，所以必然可以组成合作经济制度，从而克服资本主义的种种弊端，使广大平民免受资本主义剥削。合作社不与现行社会秩序发生冲突，用和平的、经济的手段达到解决经济压迫和实现经济上的平等的目的。他于 1918 年创立工商银行，扶植平民经济。于 1919 年发起设立上海国民合作储蓄银行，以资助合作事业、发展民众经济。此外，他提倡消费合作，改变不合理商业组织，消灭剥削，使消费者获得应有的享受。

《方案》以实现全国合作共和为目的，系统阐述了在全国范围内普及推广合作运动的理念，集中体现了薛仙舟以合作救治中国的政治主张。主要内容如下。①合作化是实现民生主义的必由之路。实现民生主义有两大政策，即节制资本和平均地权。要达到节制资本和平均地权的目的，方法虽然不止合作一种，但合作是最根本最彻底的方法，而且是"于民众身上做起的"。所以，他建议以国家的权力，依靠经过严格训练之人才，在全国范围内推进合作运动。②为实现全国合作化，要建立全国合作社、设立合作训练院、成立全国合作银行。全国合作社是全国合作运动的总机关，主要负责训练干部、组织合作社；合作训练院是合作事业的教育部门，旨在通过宣传、教育和培训，在全国营造民主与合作的氛围；全国合作银行是信用合作的中央调剂机构，也是合作运动的核心。他认为培育合作运动人才是全国合作化的根本，因此最重要、最迫切、最根本的是设立合作训练院。《方案》获蒋介石批准，蒋介石称将在全国统一后组织实施。然而不久，蒋介石被迫辞职，薛仙舟因病逝世，致使《方案》搁浅。但凝聚着薛仙舟毕生心血的《方案》影响是深远的，至今仍闪烁着智慧的光芒。其在复旦公学推行的合作社教育，培育了一批合作社工作者。①

2. 早期的农业合作社运动

随着早期合作思想的传播，我国各类合作社开始在各地零星出现，刚开始是在城市，以后逐渐发展到农村。城市合作社以储蓄合作社、消费合作社为主，还有少量生产合作社。农村合作社以信用合作社为主，还有少数运销合作社。早期的合作社大多是由民间发起的，当时政府非但不支持，而且还时常干涉其发展。

在城市出现的合作社比较典型的有以下几个。

①北京大学消费公社——中国首个消费合作社，成立于 1918 年 3 月 30 日，由胡钧教授指导学生创建。章程规定，该社"以为教职工和学生提供物美价廉消费品为目的"。初定资本 1 万元，"社员对本社负有限责任"，社员自愿入股，"每股银币五元"，"购股票一股以上的教职员及学生，即为社员。二股以上者有选举权和被选举权"，但在社员大会上，"不论购股多少均有议决权"。"社员持折购物，得一定回扣；每半年结账一次，其净利 30% 为公积金，20% 为办事人员酬劳金，50% 为社员红利。"②

②上海国民合作储蓄银行——中国首个合作银行，成立于 1919 年 10 月，由薛仙舟在复旦公学筹建。该行以"补助小本营业，提倡合作主义，鼓励储蓄和解放平民经济"为宗旨。初定资本 1 万元，分 2000 股，每股 5 元。若有盈余，先提公积金和教育费 20%，再扣除股息 7 厘，然后以股东股本作为定存与存户存款合并计算均摊红利。业务与普通银行相同。股东中教员、学生占多数，有部分工人、农民。银行职员由学生分担。1921 年资本达 470 万元，放款 752 万元，到 1925 年资本升至 629 万元，放款 384

---

① 俞家宝. 农村合作经济学［M］. 北京：北京农业大学出版社，1994：70 - 71；王贵宸. 中国农村合作经济史［M］. 太原：山西经济出版社，2006：145 - 146.

② 郭铁民，林善浪. 中国合作经济发展史［M］. 上卷. 北京：当代中国出版社，1998：72.

万元。

③安源路矿工人消费合作社——首个由中国共产党人领导的消费合作社。由李立三、易礼容、毛泽东于 1923 年创办，合作社以防止中间商剥削、为社员谋利益为宗旨，受到工人拥护。当时有社员 1.3 万人，资本 2 万元，业务以出售消费品和兑换银元为主。1925 年因遭受军阀破坏而被迫停办。[①]

④湖南长沙大同合作社——中国首个生产合作社，创办于 1920 年，该社以工读互助、谋生产与消费利益为宗旨，有社员 17 人，集资 400 元，购进了毛巾机、织袜机、缝纫机，生产毛巾、袜子、衣服等。此外，社员还喂养家禽、种植蔬菜，每天工作 7 小时、学习 2 小时，周一、三、六为社员听课学习时间。

此外，在其他地方还有一些合作社，如 1921 年 8 月成立的成都农工储蓄社、1922 年 9 月成立的汕头米业消费合作社、1922 年成立的上海职工合作商店、1923 年成立的武昌时中合作书社、1926 年成立的上海消费合作社等。

中国早期的合作社实践发端于城市，并且大多是由合作思想的传播者创办的。农村的合作事业是在民间社会团体的推动下逐步发展起来的，其中影响最大的是中国华洋义赈救灾总会。中国华洋义赈救灾总会成立于 1921 年，其成立源于 1920 年华北五省大旱，严重的干旱造成约 50 万人死亡，灾民近 2000 万人。当时中外救灾团体纷纷成立，开展募捐救灾活动。灾情过后，各赈灾团体停止施赈，尚有赈灾余款约 300 万元。为了充分利用这笔余款，上述赈灾团体决定联合成立中国华洋义赈救灾总会，以组织合作社的形式在农村兴办农田水利，改善农民经济。1923 年，该会拟定了《中国华洋义赈会农村信用合作社章程》，这是一种便于各信用社通用的格式章程。同年 6 月，在河北省香河县成立了中国农村首个合作社——香河县第一信用合作社，随后又成立了涞水县信用合作社等。到 1927 年底，河北省共有信用社 561 所，社员 1.3 万人，占全国信用社的 96%。信用社在河北取得成功后，逐步在其他地区推广。

华洋义赈救灾总会发展合作社坚持自愿原则，不包办代替，只在农民愿意自行组织合作社时才给予辅导。该会在扶持合作社发展工作中，针对

---

① 王贵宸. 中国农村合作经济史 [M]. 太原：山西经济出版社，2006：151.

农民文盲多和不了解合作社的实际情况，从合作社教育入手，利用农闲举办讲习班，向农民讲解合作社知识。对经其审查合格正式承认的信用合作社，给予贷款支持。按其是否发放贷款，将合作社分为"承认社"和"未承认社"两类，前者除社内资金外还可利用华洋义赈救灾总会的贷款给社员放款，后者只能利用社内资金对社员发放贷款。[①] 抗日战争前，华洋义赈救灾总会在全国共建立合作社 12560 个，互助社 3566 个。抗日战争爆发以后，多数合作事业陷入停顿。1941 年，中国华洋义赈救灾总会并入中国国际救济委员会。

除华洋义赈救灾总会外，当时在民间推动合作社发展的还有其他社会团体和倡导社会改良的知识分子，比较出名的有晏阳初在河北定县推行的平民教育运动和梁漱溟在山东邹平县推行的乡村建设试验，他们分别将促进合作社发展纳入各自的农村改良试验。

（二）国民政府领导的农业合作运动

20 世纪 20～30 年代，全球性的农业危机殃及我国，国内出现了全国性的农业恐慌。为应对农村经济危机，国民政府采取了一系列措施，其中一项重要举措便是以行政手段大力推行农村合作运动。国民政府非常重视农村合作运动的发展，采取了多项扶持政策。在此背景下，国民政府统治区的农村合作运动有了快速发展。

1. 国民政府支持农业合作社发展的有关政策

（1）通过立法对农业合作社发展予以支持

在国民党的积极号召下，江苏省于 1928 年率先颁布了《江苏省合作社暂行条例》，并设立了合作事业指导委员会。此后，浙江、江西、安徽、湖南、湖北、山东、山西、河北等省也先后制定了各自关于合作社的地方法规，并在本省政府中设置有关指导机构。1932 年，国民政府实业部公布了《农村合作社暂行规程》，1934 年 3 月 1 日《中华民国合作社法》正式颁布，1935 年实业部又公布了《合作社法实施细则》，1940 年国民党行政院公布《县各级合作社组织大纲》。

---

① 唐宗焜. 合作社真谛［M］. 北京：知识产权出版社，2012：116－117.

（2）通过开展合作社宣传、教育工作对农业合作社发展予以支持

国民政府除了在行政、法律上对农业合作社发展进行扶持外，还在农业合作运动的宣传教育和干部培训方面做了不少工作。如陈果夫于1927年利用复旦学生中的"平民学社"成员在上海成立了"中国合作学社"；两年之后，在上海创办《合作月刊》，后该刊成为中心刊物，发行很广。1929年，国民党中央政治学校成立，在该校社会经济系设合作组；1936年，正式成立了合作学院。1940年，中国合作事业协会成立，由陈果夫任名誉会长，协会对内开办合作刊物和合作经济函授学校，对外代表中国加入国际合作社联盟。[①]

2. 国民政府领导的农业合作社发展概况

（1）抗日战争爆发前农业合作社发展情况

国民政府领导的农村合作社中，以信用合作社和农产运销合作社为主，其中信用合作社约占80%。据《合作月刊》载，1932～1940年，信用合作社占农村合作社总数的比重在最高时期达88.37%。农村信用合作社的资金主要来自华洋义赈会和一些银行，自有资金很少，在农村起到的作用也十分有限。运销合作社当时发展也比较快，以棉产运销合作社为主，另外还有茶叶、柑橘、烟草等运销合作社。由于国民政府实施了推动农业合作社发展的扶持政策，从1927年国民政府成立到1949年彻底垮台，国民党统治区的农业合作社有了长足发展。到1936年，全国已有各类合作社37318个，社员达164万人，其中信用合作社占58.1%，生产合作社占8.9%，运销合作社占8.7%，利用合作社占4.1%，购买合作社占2.8%，兼营合作社占16.7%。[②]

（2）抗日战争时期农业合作社发展情况

抗战爆发后，关内大片土地相继沦陷，国民党所推行的农村合作运动主要在后方几省进行。根据抗战需要，国民政府对农业合作社的领导由过去仅从法律、行政上的扶持转为强化推行，这一方面推动了农业合作社的发展，另一方面也加强了政府对农业合作社的控制。自1940年起，为配合当时实行新县制的做法，县各级合作社组织大纲规定合作社设置要与行政

①　俞家宝. 农村合作经济学［M］. 北京：北京农业大学出版社，1994：78－79.
②　俞家宝. 农村合作经济学［M］. 北京：北京农业大学出版社，1994：80－81.

区域设置相一致，即在县一级建立联合社，在乡（镇）一级建立乡（镇）合作社。实行每保一社，每户一社员；保合作社加入乡（镇）合作社，乡（镇）合作社加入县联合社，实现了乡乡、保保都有合作社，户户都有合作社员。到 1942 年全国合作社共计 160393 个，其中信用合作社占 82.4%，生产合作社占 12.5%，消费合作社占 2.3%，运销合作社 1.8%，供给合作社占 0.6%，公用合作社占 0.3%，保险合作社占 0.1%；社员达 10141682 人；股金为 93291530 元。到 1945 年抗战结束时，民国时期的合作社发展达到最高峰，全国合作社总数达 17 万多个。[①]

（3）内战时期农业合作社发展情况

内战时期，为促进农村合作社发展，加强对农民的控制，国民政府进一步采取了推进农业合作社发展的举措，如颁发了《绥靖区合作事业实施办法》，强制农民入社；设置中央合作金库；成立中央合作指导委员会；等等。因此，这一时期农业合作社又有所发展。但是从总体来看，发展幅度并不大。截至 1948 年 2 月底，国民党政府统治区的农村合作社总数共有 17 万个（与 1945 年的合作社数量持平），其中以信用合作社最多，占总数的 31%；农业生产合作社占 20%；消费合作社占 14%；运销合作社占 13.7%。[②] 由于国民政府采取的是自上而下强行发展农业合作社的办法，加上大部分合作社由乡长、保长和地主把持，因而这些合作社对政府的依附性很大。因此，到 1949 年初，随着解放区的扩大，这些由国民政府强行创办的农业合作社也随之垮掉了（小部分为解放区人民政府所改造）。至此，国民政府在大陆推行的农村合作运动基本结束。

（三）中国共产党领导的革命根据地的农村合作运动

1. 中央苏区的农村合作运动

中央苏区，是中国共产党在赣南和闽西建立的革命根据地，中华苏维埃共和国临时中央政府驻地。1928 年以后，中国共产党领导苏区农民进行了土地革命，分得土地的农民翻身得解放。为保卫胜利果实，反击国民党军队的经济封锁和军事"围剿"，广大翻身农民踊跃参军参干，造成根据

---

①　俞家宝. 农村合作经济学［M］. 北京：北京农业大学出版社，1994：81－82.

②　王贵宸. 中国农村合作经济史［M］. 太原：山西经济出版社，2006：156.

地劳动力、资金和生产资料（耕牛、农具等）严重短缺，影响了农业生产发展。为了解决劳力、耕畜不足问题，满足生产需要，当地出现了耕牛互助和劳力互助等合作形式。时任中华苏维埃共和国中央执行委员会主席的毛泽东，发现这些新生事物后，及时总结经验，并在苏区进行推广，于是苏区的农业合作运动便蓬勃发展起来了。在政府的大力推动下，在苏区不仅生产领域的合作社得以迅速发展，信用合作社和流通领域的合作社也很快发展起来。限于篇幅，在此仅就农业生产领域的合作社发展情况做简要介绍。

1928 年，中央苏区一些地方在总结以往民间季节性劳动互助经验的基础上，创办了耕田队、劳动互助组和犁牛站等农业生产合作形式。1931年，毛泽东经过多次调查研究，把上述农业生产合作形式分别改造成耕田队、劳动互助社和犁牛合作社，在苏区普遍推广。[①]

（1）耕田队

耕田队是当时农民在个体经济的基础上，为调剂劳动力所建立的劳动互助组织。耕田队最早出现在上杭才溪乡。当时，才溪乡的青壮年大部分都参加了红军，致使劳动力短缺，造成农业生产上的困难。为帮助红军家属和贫苦农民解决生产困难，1929 年，才溪乡农民依照传统换工习惯建立了耕田队。耕田队优先为红军家属耕种，并且不计报酬；为一般群众耕种时则要计工、计酬。1930 年 6 月，毛泽东到此视察，发现了这一合作组织形式，对其加以引导后在苏区进行推广。耕田队在苏区很快发展起来，以兴国县为例，到 1932 年 10 月，该县的耕田队达 233 个，耕田小队1528 个。

（2）劳动互助社

劳动互助社是为了进一步缓解劳力短缺，以乡为单位发展的劳动互助组织。苏区最早的劳动互助社也出现在上杭才溪乡，创办于 1931 年 5 月。在劳动互助社内部，对劳力进行统一调配，以派工互助形式帮助红军家属、社员家属以及缺乏劳力的贫苦农户组织农业生产活动。苏区政府以此为典型，在全区广泛推广，并于 1933 年颁布了《劳动互助社组织纲要》，规定：劳动互助社以村为单位，最大只能以乡为单位；发展过程中要依靠

---

① 史敬棠等 . 中国农业合作化运动史料［M］. 上册 . 上海：上海三联书店，1957：80.

贫农，团结中农，实行自愿互助原则；凡加入合作社者以家庭为单位，贫农、中农、农业工人和其他有选举权的人，不论男女老幼均可参加；社员大会是最高权力机关，日常工作由社员选举产生的劳动互助社委员会负责；劳力调配计划和人工分配办法，由社员大会民主讨论决定。据有关资料，截至 1933 年 9 月，兴国县共发展劳动互助社 1206 个，社员达 2 万余人。①

（3）犁牛合作社

犁牛合作社是农民为解决耕牛和农具不足问题，在没收地主和富农的耕牛及农具的基础上，集资购买耕牛组成的。社内耕牛和农具归全体社员所有，耕牛按各户土地的多少有计划地调剂使用。为了推动犁牛合作社的发展，苏区政府土地部于 1933 年 4 月颁布了《关于组织犁牛站的办法》，随后又发布了《关于组织犁牛合作社的训令》，把犁牛站改为犁牛合作社，号召农民组织犁牛合作社。在苏区政府的倡导下，犁牛合作社得以迅速发展，到 1934 年 4 月，兴国县已有犁牛合作社 72 个，股金 5168 元，耕牛 121 头；瑞金县有犁牛合作社 37 个，股金 1539.5 元；同年 5 月，长汀县犁牛合作社发展到 66 个，耕牛 143 头。②

上述农业生产互助组织形式，是中国共产党在总结中央苏区群众农业生产经验的基础上，依照自愿互利、民主选举原则，号召群众发展起来的。这些生产组织形式既符合农业生产发展的客观需要，又有广泛的群众基础。

2. 抗日战争时期的农村合作运动

抗战时期，为克服困难、发展生产、争取胜利，毛泽东在 1942 年的陕甘宁边区高级干部会议上做了题为《经济问题与财政问题》的报告，号召群众发展延安南区合作社式的合作社运动；1943 年在陕甘宁边区劳模大会上，又分别做了《论合作社》和《组织起来》的重要讲话，再次号召农民组织起来发展合作生产。根据毛泽东的指导思想，在边区党和政府的领导下，各抗日根据地农业合作社普遍发展起来。尤其是陕甘宁边区在党中央的直接领导下，把过去农村中自发形成的变工、扎工，按照自愿原则，逐

---

① 俞家宝. 农村合作经济学 [M]. 北京：北京农业大学出版社，1994：84 - 85.
② 王贵宸. 中国农村合作经济史 [M]. 太原：山西经济出版社，2006：179.

步改造成了变工队和扎工队，农业生产互助运动很快便发展起来了。随后其他边区的互助合作运动也渐渐组织起来。

当时的农业生产互助合作形式是根据自愿互利的原则逐步发展起来的，主要有变工、扎工、唐将班子、劳动互助社、初级农业合作社等几种形式。

（1）变工

变工，即换工，在个别地方也叫搭工，是农民之间调剂劳力和畜力进行生产的临时性互助组织形式。参加变工的农民，以自己的劳力或畜力，轮流为参加变工的各农户进行生产劳动，结算时一工抵一工，少出工的农户补给多出工的农户工钱。具体形式有人工变人工、人工变牛工、伙喂牲口、搭庄稼（即伙种庄稼）等。

（2）扎工

扎工，也叫"锄工"、"镰刀工"、"镬头工"，一般情况下由土地少而劳动力丰富的农民组成，除相互变工互助劳动外，他们主要集体出雇于需要劳动力的农户。挣到的钱按工分配。主要形式有"朋工"和"走马工"两种。前者实际上是亲朋邻居之间农忙时节的临时性劳动互助变工；后者是一些无地或少地的农户，为出卖劳动力而组织起来，像走马一样，哪儿需要就到哪儿去。由工头记账，实行按劳分配。

（3）唐将班子

唐将班子，是一种集体出雇于人的变工组织，性质与扎工基本相同。常见的有三种：第一种叫"卖工班子"，全部由外来短工组成，以出雇为主；第二种叫"换工班子"，由当地农民组成，以变工为主；第三种叫"混合班子"，由当地农民和外来短工混合组成，除必要的换工互助外，主要出雇于需要劳动力的人家。

（4）劳动互助社

劳动互助社，也叫互助组，是在农民个体经济的基础上，由几家或几十家农户，按照自愿互利、等价交换的原则结合在一起，进行共同劳动、换工互助的组织形式。

上述四种劳动互助形式是当时比较常见的形式。

（5）初级农业合作社

在抗战后期，个别抗日根据地出现了初级农业合作社。它是在土地私有基础上，实行土地入股，统一经营，集体劳动，分工生产，收入按入股土地和劳动比例进行分配的早期农业生产合作社形式。当时比较有名的是河北省饶阳县五公村成立的"土地合伙组"(也叫耿长锁农业合作组)和陕北安塞县苗店子合作农场。

据不完全统计,到1943年,各根据地参加农业劳动互助的人数占劳动力总数的百分比分别为:陕甘宁边区为24%,晋绥根据地为37.4%,晋察冀边区为9.8%,北岳地区为20%,晋冀鲁豫根据地为10%,山东根据地为20%。劳动互助的实行,极大地提高了劳动生产率。[①]

此外,这一时期,信用合作社和消费合作社也有了很大发展。信用合作社,是边区群众为发展经济、改善生活水平、共同抵制高利贷,在自愿互利的基础上发展起来的金融合作组织。当时,在陕甘宁边区首个发展较好的信用社是延安南区沟门信用社。这一时期的消费合作社大都兼营生产资料购买、农产品出售,因此实际上是供销合作社。以陕甘宁边区为例,在1936年上半年,已在各县、乡建立了消费合作社,而且还建立了全边区的供销合作总社。

3. 解放战争时期的农业互助合作运动

解放战争时期,伴随着中国共产党领导的土地改革的进行,农村的互助合作运动有了进一步发展。

抗战胜利后,为发展农业生产,中国共产党于1946年1月通过解放日报发表了题为《超过以往任何一年——论1946年解放区生产运动》的社论,指出各解放区要以发展农业生产为首要任务,而"发展农业的中心环节在于互助合作和改良农业技术"。[②] 以上述精神为指导,各解放区在总结以往合作运动发展经验的基础上,进一步开展农业生产合作,促进了当地农业生产的发展,为新中国的成立储备物质力量。据统计,截至1946年,陕甘宁边区组织起来的劳动力占总劳力的40%(部分地区高达60%);晋察冀边区达30%~50%(冀西4个专区达50%);晋冀鲁豫边区的太行区,参加生产互助的劳动力人数达841896人,占全区劳动力总数的78%。[③] 1947~1948年,老解放区大多进行了土地改革,并在此基础上发展了劳动

① 俞家宝.农村合作经济学[M].北京:北京农业大学出版社,1994:88-89.
② 史敬棠等.中国农业合作化运动史料[M].上册.上海:上海三联书店,1957:719-720.
③ 史敬棠等.中国农业合作化运动史料[M].上册.上海:上海三联书店,1957:821.

互助。不少互助组开始由简单协作向分工合作发展，由临时性互助向长久性互助过渡。这一时期的劳动互助组织不仅在数量上有所增加，而且质量也有很大提高。据太行老区 11 个县的统计结果，1944 年该区模范组占 25%，落后组占 47%，到 1946 年模范组上升至 58%，落后组下降至 14%，一般组占 28%。[①]

这一时期，不仅生产领域的合作运动有了进一步发展，流通领域的互助运动也比以前有了较大发展。据统计，截至 1947 年 8 月，在晋冀鲁豫解放区的太行区 5491 个村庄都有合作社存在，社员达 74 万人，资金达 23 亿多元（边币[②]）；东北地区有基层供销社 7500 多个，社员达 349 万人。到 1949 年，全国已发展基层供销合作社 22817 个，社员达 1384 万人，股金 1482 万元。[③]

二 合作化时期的农业合作社

从中华人民共和国成立到 1957 年，是我国农业的合作化时期。我国的农业合作化运动，也即对农业的社会主义改造运动，其实质是农业集体化运动。具体来讲，就是土地改革后，在中国共产党领导下，通过互助组、初级农业生产合作社、高级农业生产合作社等互助合作形式，逐步把以生产资料私有制为基础的农业个体经济，改造成为以生产资料公有制为基础的农业集体经济的过程。

（一）互助组

农业合作化的第一个阶段是新中国成立到 1953 年，这时的合作化运动以办互助组为主，同时开始试办初级农业生产合作社。

1. 关于互助合作的争论和第一个决议

（1）新中国成立初期关于互助合作的争论

新中国成立初期，随着土地改革的逐步完成，某些土改进行较早的地

---

① 俞家宝. 农村合作经济学 [M]. 北京：北京农业大学出版社，1994：91.

② 当时各解放区都有自己发行的纸币。

③ 王贵宸. 中国农村合作经济史 [M]. 太原：山西经济出版社，2006：197.

区已出现一定程度的所谓"中农化"趋势（如东北地区）。伴随着这种趋势，个别经济发展较快的地区产生了"两极分化"和雇工现象，部分地区的农业生产互助合作组织开始出现涣散现象。针对如何对待部分地区出现的"中农化"趋势和少数地区出现的"两极分化"苗头，党员是否可以雇工，是否要把互助组向更高一级形式发展等问题，中国共产党在党内展开了一系列争论，出现了以毛泽东为代表的农业合作观点与以刘少奇为代表的农业合作观点的分歧。最终，全党的思想基本上统一到毛泽东关于农业合作的指导思想上来，紧接着，一系列关于合作化的政策先后出台。

（2）第一个互助合作决议及其主要内容

1951年9月，毛泽东主持召开第一次全国互助合作会议，会议研究通过了《中共中央关于农业生产互助合作的决议（草案）》（以下简称《决议（草案）》），《决议（草案）》于当年12月15日印发给各级党委试行。《决议（草案）》目标很明确，它一开始就指出农业合作化道路是唯一正确的选择，农业互助合作的任务是逐步克服农民的个体生产积极性，发扬互助合作的积极性，并逐步由简单互助向常年互助组以至农业生产合作社发展。它强调农业互助运动要采用典型示范、逐步推广的方法，不能一蹴而就，急躁冒进。[①] 它特别强调遵循自愿互利原则，不过早否定农民个体财产，这表明毛泽东在当时对农业互助合作运动的态度还是慎重的。毛泽东关于互助合作的观点在《决议（草案）》中占据主导地位，以毛泽东为代表的农业互助合作思想成为全党的指导思想。尽管如此，它还是兼顾了刘少奇等同志的观点，如不要过早地否定、限制农民的私有财产，不要挫折农民的个体生产积极性等。因此，它是全党集体智慧的结晶，是富有科学性和远见卓识的一个文件，有效推动了初期农业合作的稳步健康发展。

1953年2月15日，《中共中央关于农业生产互助合作的决议》正式印发实施。

2. 互助组及其发展概况

（1）互助组的性质和特点

互助组，亦称"劳动互助组"，是劳动农民在个体经济基础上，按照自愿互利原则组成的、带有社会主义萌芽性质的劳动互助合作组织。常见

---

① 王立诚．中国农业合作简史［M］．北京：中国农业出版社，2009：46－48．

的有农忙时组织的临时互助组和比较固定的常年互助组两种。它具有如下特点。

①一般由几户或十几户农民组成，仍然是在生产资料私有基础上农户独立经营的个体农民经济，成员的土地及其他生产资料和劳动产品仍归农户私有。只有很少的常年互助组，共同购买了少量的共同使用的生产资料。

②在生产过程中，实行换工互助，调剂劳力、畜力和其他生产资料的使用。在互助组内执行等价交换原则，形式可以是以工顶工，互换人力和畜力，也可按市价进行补偿。

③生产资料私有的个体经济与集体劳动之间的矛盾是其主要矛盾。如农业生产季节性很强，因此耕作顺序安排对产量影响很大。而生产资料充足的农户，往往优先安排自己的农活，在最适当的季节耕作；没有或生产资料短缺的农户，其农活常常被安排在最后。另如，在农忙季节，人力和畜力的市场价格往往较高，而农闲时节则较低。那么，如果农忙时用工，农闲时补，则很难实现互利。所以，往往是在农忙季节最需要互助合作时，农户又都各顾自己，很难互助；农闲时又想"互助"。[①]

（2）互助组发展概况

①1952 年之前的稳步发展。土地改革完成后，由于领导重视，加上分得土地的农民发展生产的积极性很高，在双重推动之下，互助组获得快速发展。虽然随后有部分互助组发展涣散甚至垮掉了，但仍有一批坚持了下来。到 1950 年底，我国农村共有各类互助组 272.4 万个，参加农户达 1131 万户，占总农户的 10.7%。1951 年春，中央人民政府政务院颁布了《关于 1951 年农民生产的决定》，要求各地加强对互助组的领导，加快巩固发展互助组，努力提高生产。随后，互助组得到进一步发展。1951 年底，我国共有互助组 467.5 万个，比上年增加 71.6%，参加农户达 2100 万户，占总农户的比重提高到 19.2%。1952 年，受《决议（草案）》颁布影响，和中共中央具体要求（即老区用 2 年、新区争取在 3 年内，把农村

---

① 俞家宝. 农村合作经济学 [M]. 北京：北京农业大学出版社，1994：113－114；农业部农民科技教育培训中心，北京农业职业学院. 新时期农民专业合作社建设与发展 [M]. 北京：中国农业大学出版社，2007：8.

中80%~90%的劳动力组织起来）的推动，互助组迅速增加到802.6万个，比上年增加了335.1万个，参加农户达4536.4万个，占全国总农户的比重升至39.9%，其中，各地还个别试办了农业生产合作社3600余个。①

②1952年冬到1953年春的冒进与反冒进。1952年冬，受全国第二次互助合作会议召开、农村整党事件和农业劳模访苏等影响，不少地方出现了急躁冒进、搞大社、过多地搞公共财产倾向，甚至产生了强迫命令现象。针对上述情况，中共中央于1953年3月相继下发了《关于缩减农业增产和互助合作发展五年计划数字给各大区的指示》、《关于春耕生产给各级党委的指示》、《关于布置农村工作应照顾小农经济特点的指示》、《关于农业生产互助合作的决议》等文件，要求各地压缩计划指标，把农业生产作为压倒一切的工作，从小农经济现状出发因地制宜地发展农业合作，及时纠正了第一次急躁冒进。②

③1953年对反冒进的批判与互助组的快速发展。1953年10月26日至11月15日，在毛泽东的直接指导下，第三次全国互助合作会议召开，会议由陈伯达和廖鲁言主持（这两人时任中央农村工作部副部长）。毛泽东分别在会前（10月15日）、会中（11月4日）与陈伯达、廖鲁言进行了两次谈话，批判了反冒进。这两次谈话的主要内容是：农业生产关系不适应工业化发展需要，因此农业必须集体化。互助合作运动是农村中一切工作的纲，是农村工作的主题。要大力发展合作社，可以不经过互助组直接办合作社；办好合作社可以带动互助组；发展合作社要控制数字，摊派下去。反冒进是一股风，吹倒了一些有条件成立的农业生产合作社。会议以后，全国的农业互助合作运动进入加快发展时期。③ 至1953年底，我国参加互助组的农户已达4563.7万户，约占总农户的40%，其中参加常年互助组的农户占29%，常年互助组有了较大发展。④ 到1954年，参加互助组的农户已达6847.8万户，占全国总农户的58.4%。⑤

---

① 王立诚.中国农业合作简史［M］.北京：中国农业出版社，2009：65.
② 王立诚.中国农业合作简史［M］.北京：中国农业出版社，2009：66-67.
③ 王贵宸.中国农村合作经济史［M］.太原：山西经济出版社，2006：292-296.
④ 王立诚.中国农业合作简史［M］.北京：中国农业出版社，2009：65.
⑤ 农业部农民科技教育培训中心，北京农业职业学院.新时期农民专业合作社建设与发展
［M］.北京：中国农业大学出版社，2007：8.

（二）初级农业生产合作社

从 1954 年到 1955 年上半年，是我国农业合作化运动的第二个阶段，在这期间，初级农业生产合作社在全国普遍建立并迅速发展起来。

1. 初级农业生产合作社的性质和特点

初级农业生产合作社，简称初级社，亦称"土地合作社"，是在互助组基础上发展起来的以土地入股、统一经营为主要特征的半社会主义性质的集体经济组织形式。它具有如下特点。

①土地归社员私有，按照土地的质量、数量折股入社，由合作社统一经营，年终按入社土地股份参与分配。

②社员的其他生产资料如耕畜、农具等，一般也实行私有，由合作社统一使用。入社耕畜采用三种办法：私有、私养，合作社按当地租价租用；私有、社养、社用，给牲畜主人适当报酬；共有、社养、社用，即耕畜由合作社按当地市价收买，转为公共所有。大型农具仍归私人所有，由合作社租用或折价归社。

③实行集体劳动，劳动力归合作社统一使用。劳动产品在扣除当年生产费用、公积金、公益金之后，剩余部分按社员付出的劳动和入股土地的比例进行分配，作为社员的劳动报酬和土地报酬。一般实行劳动力、土地各按 50% 分配。劳动报酬根据按劳分配原则，采取劳动工分的形式进行。除了参加社内集体劳动外，社员还可耕种自留地并经营其他家庭副业，家庭副业的生产工具、零星树木、畜禽和生活资料等归社员所有。

④实行民主管理，社员大会是其最高管理机关。由社员大会选出管理委员会管理社务，并选出合作社主任，负责日常工作；选出监察委员会监察社务。

由以上分析可以看出，初级社虽然是在互助组的基础上发展起来的，但与互助组有很大不同。尽管土地和其他生产资料仍采取私有制，但由于初级社实行统一经营，并且积累了公共财产，因此它已经具有较多社会主义因素。

2. 初级农业生产合作社的作用

初级社虽然在中国农业合作化运动史上存在的时间很短，但却发挥了重要作用，具有重要意义，即使在今天看来，仍具有很强的理论意义和实践价值。

①它有效地解决了互换组中产生的分散经营与共同劳动的矛盾，使互助合作运动在保留个体经济的基础上向前平稳地迈进了一步。这既没有挫伤农民个体经济的积极性，没有给私有农民造成太大刺激，又促进了农业生产和合作化的发展，为合作社向更高层次发展奠定了群众基础，积累了办社经验，锻炼了干部，提高了管理水平。

②初级社实行统一经营，这一方面可以因地制宜地合理利用土地，提高土地的利用率；另一方面，由于统一利用劳动力，可以有效发挥协作的优越性和单个劳动者的专长，提高劳动生产率和农产品产量。据统计，1955 年秋季，全国共有 634000 个初级社开展秋收工作，这些合作社的农产品单位面积平均产量与个体农民相比，稻谷增产 10.2%，小麦增产7.4%，大豆增产 19%，棉花增产 25.9%。除黄麻外的其他经济作物也都是增产的。另据山西省调查，1953 年该省 2240 个农业生产合作社中，89% 的合作社单位面积产量高于当地互助组，其中粮食高出 21%，棉花高出 25.8%。[①]

③由于实行统一经营，产生了多余劳动力，资金也较以往有了较大增加，因此，大部分初级社开展了副业生产，促进了农民收入增加。此外，由于合作社提取了公积金，就可以用公积金购置比较先进的生产工具，提高耕作水平；改良土地，进行小型水利等基础设施建设，提高抵抗自然灾害的能力；改进农业生产技术，提高农产品科技含量等。凡此种种，无疑都会大力促进农村经济发展。

④初级社最重要的作用在于其产生的示范带动效应，让农民亲眼看见合作社的优越性，有利于激发农民互助合作的积极性。

3. 初级农业生产合作社的发展概况

（1）初级农业生产合作社的试办

初级社最初产生于抗日战争时期的根据地和解放区，当时称作"土地合伙组"或"土地合作社"、"土地运输合作社"。因当时全国还未解放，对其并没有积极提倡。只有少数改为了常年互换组，坚持了下来。其中发展较好的如河北省饶阳县五公村的"耿长锁农业生产合作社"（也叫耿长锁农业合作组），该社成立于1944 年，实行土地入股，统一耕种，按土地

① 俞家宝. 农村合作经济学［M］. 北京：北京农业大学出版社，1994：115.

所占股份和劳动分配。

新中国成立以后，各地开始试办初级社，因此初级社逐步发展起来。1950 年，陕西省率先试办了第一个初级社，随后，各地相继试办起来。1951 年，山西省长治地区试办了 10 个初级社，入社农户 190 户。据《长治市农业合作史》记载，当年试办的 10 个初级社取得了显著成绩。

一是农产品产量增加。上述 10 个社在当年都实现了增产，农产品产量比上年增加 22.1%，比当地互助组高 28%，比单干农户高 47.7%。

二是农民收入增加。10 个试办社社员人均收入为 38 万元（1 万元相当于新币 1 元），而当时互助组人均收入为 32 万元，单干农户人均收入为 30.5 万元。

三是公共积累增加。这 10 个社的公共积累比办社前都有明显增加，办社当年共有 600 余亩山林、31.6 亩土地，499 只山羊，315.85 石粮食，256.92 石生产资金粮食，另外还有公共水渠、石坝等生产基础设施。

四是由于初级社重视对社员的思想政治教育，因而社员的集体意识和社会主义觉悟都普遍有了提高。

五是培养了一批办社骨干。

山西省长治地区试办初级社取得的成功，推动了山西省乃至全国初级社的快速发展。[①]

（2）初级农业生产合作社的迅速发展

1951 年 12 月，《决议（草案）》发至各省，要求各地试行，并把农业互助合作运动当成大事来做。各省按照中央要求，根据自身条件开始试办初级社。到 1951 年底，全国共有 7 个省试办了 129 个初级社；1952 年增加到 3634 个，入社农户达 57188 户，占总农户的 0.05%。1953 年，初级社从试办进入发展时期，并迅速掀起了一个发展高潮，到年底初级社增加到 14171 个，另外还有 4000 多个未批准的自发社；到 1954 年底迅速增加到 48 万个。[②]

但合作化的快速发展也带来了诸多问题，使农民产生了紧张情绪，主要表现在以下三个方面。一是出现攀比风和强迫命令、违背自愿互利原则

---

① 王贵宸. 中国农村合作经济史 [M]. 太原：山西经济出版社，2006：249－250.

② 王立诚. 中国农业合作简史 [M]. 北京：中国农业出版社，2009：66.

的现象，严重挫伤了农民的积极性。二是由于 1954 年粮食减产，不少地方又多购、超购粮食，造成农村粮食紧张，个别地方还出现了饿死人的现象。据有关资料，当时仅浙江一省就因多购、超购，导致 134 人死亡。[①]因此，"农民（包括许多乡村干部）对党与人民政府普遍地流露出一种不满情绪"，[②] 影响了社会稳定。三是受合作化发展过快、过粗和收购量过大等因素影响，1954 年春起，全国各地出现大量出卖和屠宰牲畜、砍树等现象，并日趋严重。

针对以上情况，1955 年 1 月至 3 月，中共中央连续发出了《关于整顿和巩固农业生产合作社的通知》、《关于大力保护耕畜的紧急指示》和《关于迅速布置粮食购销工作安定农民生产情绪的紧急指示》等文件，并采取了相关措施，纠正偏差。尽管采取了上述举措，但合作社仍有增无减。1955 年 2 月，全国合作社已达 58 万多个。于是，3 月下旬，毛泽东提出了"停、缩、发"三字方针，即东北、华北停止发展，浙江、河北适当收缩，其他地区适当发展。到 1955 年 6 月底，共整顿掉 2 万多个不合格的合作社，巩固下来的有 65 万个。但 1955 年下半年，合作化高潮再次出现，到1956 春，全国基本上实现了初级合作化，并迅速掀起小社并大社、初级社转为高级社的热潮。

（三）高级农业生产合作社

1955 年下半年至 1956 年底，是农业合作化的第三个阶段，其间，农业合作化运动迅猛发展，很快实现了农业的社会主义化。

1. 高级农业生产合作社的性质、特点

高级农业生产合作社，简称高级社，是完全社会主义性质的农业生产合作社。主要有以下特点。

①土地等主要生产资料归合作社集体所有，由合作社统一使用、经营。土地等生产资料由私有转归公有时实行无偿集体化，土地上面的附属物一般也随土地无偿转归集体所有，部分藕池、苇池、水井等给予社员适

---

① 国家农委办公厅 . 农业集体化重要文件汇编［M］. 上册 . 北京：中共中央党校出版社，1981：323.

② 国家农委办公厅 . 农业集体化重要文件汇编［M］. 上册 . 北京：中共中央党校出版社，1981：219.

当补偿。大型农机具，树林、果林，耕畜、成群牲畜等均由合作社按市价折款收买，分期偿还，通常 3～5 年偿清。社员的生活资料和零星树木、家养畜禽、小农具及家庭副业所需工具等，仍归社员私有。此外，还允许社员经营少量自留地（一般不超过人均土地数的 5%）。

②产品在扣除税金、生产费用、公积金、公益金后，消费部分根据按劳分配原则分配给社员。合作社的生产费用和收买社员私有生产资料所需价款，由社员股份基金支付。社员入社股份基金，由合作社向社员征集。征集办法早期一般是按土地分摊，后来又改为按劳动力分摊。股份基金记在社员名下，没有利息，退社时可以抽回。

③实行计划分工与协作相结合的劳动制度，生产队是基本生产单位。合作社通常把劳动力、土地、耕畜、农具等固定拨给生产队使用，加上部分合作社对生产队实行包工、包产、包投资和超产奖励的责任制度，故又称为"三包一奖四固定"制度。

2. 高级农业合作社的发展过程

（1）批判"小脚女人"口号和"使小生产绝种"等相关超前决策的出台

新中国成立后，华北、东北等一些土改进行较早和互助合作运动发展较广泛的地区，在初级农业生产合作社的基础上逐步建立起少量高级农业生产合作社。1955 年 5 月 17 日，在中共中央召开的中南区、华东区和北京、天津、河北等 15 个省市委书记会议上，毛泽东重新阐述了"停、缩、发"三字方针，重点强调了"发"字，批评了合作化中的消极情绪，并提出了各省农业合作社发展的具体数字。[①] 会后，中央农村工作部根据毛泽东的意见拟定了到 1956 年把合作社发展到 100 万个的计划。6 月中旬召开的中央政治局会议批准了该计划。不久，毛泽东又主张修改上述计划，从 100 万个增加到 130 万个。时任农村工作部部长的邓子恢则主张维持原计划，认为合作化运动应与工业化发展速度相适应，不宜发展过快。

1955 年 7 月 31 日，毛泽东在《关于农业合作化问题》的报告中，系

---

① 国家农委办公厅. 农业集体化重要文件汇编［M］. 上册. 北京：中共中央党校出版社，1981：331－332.

统阐述了他关于农业合作化的观点和主张，而且以充分肯定苏联农业集体化（他在报告中称之为苏联"农业合作化"）的经验来支撑他的观点与主张①；对合作化的速度提出了新要求；严厉批评了邓子恢，说他犯了"右倾"错误，将其斥责为"东摇西摆地在那里走路"的"小脚女人"。10月4～11日，党的七届六中全会召开，毛泽东在会上郑重提出了要使"资本主义绝种，小生产也绝种"②的主张；会议还通过了《关于农业合作化问题的决议》，掀起了农业合作化运动的高潮。

（2）高级农业合作化的加速完成

在举国上下响应毛泽东号召、批判"小脚女人"的政治声浪中，各地基本上都提出了超过毛泽东在《关于农业合作化问题》中提出的合作社发展计划。1955年10月党的七届六中全会之后，农业合作化运动加速向前发展。到1955年底，全国已建成农业生产合作社194万多个（其中高级社1.7万多个），入社农户达7500多万户，占全国农户总数的63.3%，基本上完成了农业生产的初级合作化。③1956年1月之后，在毛泽东亲自编著的《中国农村的社会主义高潮》和《1956年至1957年农业发展纲要》的大力推动下，农业生产合作社以更快的速度向前发展，各地争先恐后地跨入社会主义农业生产高级合作社，几乎月月都有新进展。1956年1月，全国高级社发展到13.8万个，入社农户占总农户的比重由1955年的4%迅速增加到30.7%；初级社则由1955年底的59.3%降到49.6%。2月底，高级社数又增加到23.5万个，入社农户占总农户的比重升至51%，初级社降至36%。6月底，高级社增至31.2万个，入社农户所占比重已超过62.3%，初级社则降为28.7%。9月底，全国已有高级社38万个，入社农户占总农户的比重达72.7%，已经完成了原来基本实现高级化的指标。12月底，高级社又增加到54万个，比重升至87.8%。在短短数月时间，我国便迅速实现了由初级社到高级社的转变。④

---

①　唐宗焜. 合作社真谛 ［M］. 北京：知识产权出版社，2012：162.

②　毛泽东. 毛泽东选集 ［M］. 第5卷. 北京：人民出版社，1977：198.

③　陈吉元等. 中国农村社会经济变迁（1949～1989）［M］. 太原：山西经济出版社，1993：212－214.

④　王立诚. 中国农业合作简史 ［M］. 北京：中国农业出版社，2009：99－101.

（四）农业合作化运动的经验和教训

我国的农业合作化运动将农民的个体经济改造成了集体经济，在古老的国度里完成了一场深刻的社会变革，极大地促进了农业生产力的发展，尤其是初期的农业合作化运动是在相对平稳的状态下进行的，成效显著。在农业合作化运动后期，合作社发展过快、规模过大等问题，给农业生产发展造成了一定影响，使农业增长速度有所降低，但总体上农产品产量还是一直增加的。因此，总结我国农业合作化运动的发展历程，从而借鉴其成功经验，汲取其失败教训，对当前正在进行的农村事业改革和农村经济发展具有重要意义。

1. 农业合作化运动取得的成绩及发展经验

（1）农业合作化运动取得的成绩

我国的农业合作化运动，尤其是初期的运动取得了显著成绩。这可从农产品产量的增加和农业对工业、贸易的贡献上反映出来。

人们一般以产量是否增加，作为判断一种经济模式（体制）是否具有优越性的标准，表5－1反映了我国1953～1957年农产品产量变化情况，不难看出这期间农产品产量是逐年增加的。以农业总产值为例，1957年农业总产值比1952年增加了28.7%，增速还是不小的。可见，我国农业合作化运动的成绩还是比较明显的。而且农业社会主义改造的完成，还极大地推动了手工业、资本主义工商业的社会主义改造和其他事业的发展。由表5－2可以看出1953～1957年农民生活水平提高的情况。

此外，农业对工业和贸易的贡献也在增加。1957年以农产品为原料的轻工业产值达330.1亿元，比1952年增长11.3%；农副产品及其加工品的出口额达11.46亿美元，比1952年增长70.3%，并且占总出口额的比重仍保持在70%。第一个五年计划期间，农业累计向国家纳税150.68亿元，超过同期国家财政支农金额的51.3%；由于统购派购制度形成的农产品收购价，农民还间接向国家提供了大量资金积累。①

---

① 王立诚. 中国农业合作简史［M］. 北京：中国农业出版社，2009：118－119.

表 5 - 1　第一个五年计划时期（1953～1957 年）粮食、棉花、油料产量表

年份	农业总产值 （亿元）	粮食产量 （万吨）	棉花产量 （万吨）	油料产量 （万吨）
1949		11318.0	44.4	256.4
1952	417.0	11392.0	130.4	419.3
1953	426.8	16685.0	117.5	385.6
1954	440.7	16950.0	106.5	430.5
1955	477.7	18395.0	101.8	486.7
1956	508.4	19275.0	144.5	505.6
1957	536.7	19505.0	164.0	419.6

资料来源：农业部政策法规司，国家统计局农村司．中国农村 40 年 [M]．郑州：中原农民出版社，1989：130．

表 5 - 2　第一个五年计划时期（1953～1957 年）农村人均消费量变化情况

项目	人均 消费额	粮食	食用 植物油	食糖	棉布	社会商品 零售额	消费品 零售额	储蓄
1957 年	76.2 元	410 斤	3.8 斤	2.2 斤	6 米	235.8 亿元	203.2 亿元	7.3 亿元
比 1952 年 增长	17.8%	6.8%	11.8%	79%	28.8%	56%	48.2%	20%

（2）农业合作化运动的成功经验

从以上数据可以看出，我国的农业合作化运动尤其是初期的合作化运动，成效还是十分明显的。这主要是由于在农业合作化运动初期，特别是初级农业生产合作社时期，较好地贯彻了马克思恩格斯农业合作社理论的指导思想，并坚持了合作社的基本原则。总结起来，我国农业合作化运动的成功经验主要有以下几点。

①坚持了入社自愿原则。从世界农业合作社发展实践来看，入社自愿原则是各个国家发展农业合作社普遍遵循的基本原则之一。这也是国际合作社联盟虽对合作社基本原则做了多次修订，但每次都把入社自愿原则作为首要原则的原因。马克思和恩格斯多次强调，在发展农业合作社时要坚持自愿原则。中国共产党在领导组织农业合作化运动的过程中，尤其在运动初期比较好地遵循了这一原则，并提出只有互利才能自愿。在初期虽然也出现了一些强迫命令现象，但为数不多，并且很快就采取了纠正措施，

确保了合作化运动的健康发展。这是农业合作化运动取得成绩的重要原因之一。

②承认农民私人所有权，不剥夺农民。中国农民有着几千年的私有传统，实现"耕者有其田"是历代中国农民的夙愿。我国土地改革后实行的是农民土地私有制，因此农业合作化运动是建立在小农经济的基础之上的。根据马克思恩格斯农业合作化理论，在对小农进行改造时，决不能剥夺小农。因此，为了使农民逐步接受合作化，必须充分考虑他们的特点，在政策上要允许个体经济长期存在。而从我国农业合作化运动的发展实践来看，在初期的运动中确实充分考虑了小农经济的特点。主要体现在以下几方面：首先，邓子恢公开提出，农村工作要从小农经济特点出发；其次，在初期，党和政府多次强调，土地改革后农民有劳动互助合作和个体经济两个积极性，在激发其互助合作积极性的同时，不能忽视和挫伤农民个体经济的积极性，要使二者同时发挥出来，在比较竞争中逐步选择。最后，中共中央多次强调要坚持典型示范和自愿互利原则，不能打击农民的积极性。

③坚持国家帮助，积极做好扶持引导工作。针对合作化运动中多次出现的急躁冒进和放任自流现象，邓子恢和中共中央农工部多次提议，要求加强对合作化运动的领导、认真贯彻落实合作社有关规章制度，起到了一定的制衡作用。同时，政府也从多方面支持合作运动的发展。据统计，从1950 年到1955 年7 月，政府以发放贷款、兴修水利、实施救济等形式，在农业方面的支出达46 亿元；其中1954 年上半年，国家银行发放的农业贷款中合作社与互助组就占72% 。[①] 此外，还通过免费培养农业技术人员、吸收剩余劳动力等形式，对农业互助合作组织发展予以支持。所有这些措施都极大地促进了农村互助合作组织的巩固与提高。

④坚持逐步发展、平稳过渡的原则。我国的农业合作化运动是在个体经济普遍存在的情况下进行的，面对的是成千上万千差万别的小农，他们中的少数愿意走合作化的致富之路，而大部分则希望通过个人努力脱贫致富。在这种情况下，我国的农业合作化只能采取逐步发展的办法，也决定了农业合作化将是一个漫长的过程。事实上，在农业合作伊始，中共中央

---

① 莫日达. 我国农业合作化的发展 ［M］. 北京：统计出版社，1957：74－78.

就认为完成农业合作化需要大约 3 个五年计划的时间，过渡时期的总路线也做出了同样的预测。《决议（草案）》提出，我国农业合作化将采取临时性的、季节性的互助组，常年互助组和以土地入股为特点的农业生产合作社三种主要形式。作为合作化的步骤之一，互助组在不触动农民私有财产的基础上，实现了初步协作与分工，这既在不给农民以太大刺激的同时促进了合作化的进程，又为其进一步发展积累了经验、储备了群众基础和合作社人才。1955 年 6 月之前创办的初级社，90% 是由互助组平稳转变过来的。初级社的土地仍归社员所有，实行土地入股、统一经营，采取按劳分配与按入股土地分红相结合的办法分配产品，牲畜及大型农具私有并付给一定报酬，规模小，具有半社会主义性质。借助初级社这一承上启下的过渡形式，在实行土地入股并参加分红的同时，采取逐步降低土地分红比例、提高劳动分红比例这种渐进的办法，在保持私有的同时逐步触动私有，使农民从观望以至渐渐自觉向高级农业生产合作社过渡。事实上，这种逐步过渡的方法，避免了对生产力的破坏，促进了农业生产的发展。可以说，逐步过渡是初期农业合作化取得成功的重要原因。[①]

2. 农业合作化运动的教训

我国初期的农业合作化运动取得了一定的成绩，但到后期尤其是在 1955 年夏季之后，出现了诸多问题，留下了深刻教训。总结起来，大致有以下几点。

（1）急躁冒进，违背了自愿互利原则

中国共产党在领导和组织农业合作化运动的初期和中期，较好地遵循了自愿互利原则，虽然在个别地方、个别时期出现了强迫命令现象，但大多很快予以纠正。然而从 1955 年下半年开始，在"左"倾错误思想指导下，为了加快合作化进程，各地普遍出现了强迫命令现象。部分地区为了强迫农民入社，甚至出现了威胁、打骂、捆绑群众的现象。农民的退社自由也被强行剥夺，退社被视为反革命行为。由于当时闹退社的主要是富裕中农，因此富裕中农被认为是动摇的、不积极的，有严重的资本主义倾向。于是，在毛泽东的倡导下，举国上下发动了一场以批判、教育富裕中农为目的的社会主义教育运动。在强大的政治压力下，富裕中农的退社问题很快被压了下去，但同时也造成了农民严重的"耻富"、"怕富"心理，

---

① 王立诚. 中国农业合作简史［M］. 北京：中国农业出版社，2009：118 - 119.

无形中削弱了农村经济发展的动力和活力。农民在这样强大的政治压力下入社后，甚至也不敢提出退社，但是他们几千年来形成的私有心理是不会因一两次政治运动而改变的。

（2）过早地取消了农民的个体经济，违背了不能剥夺农民的原则

在社会主义国家，农业合作化通常被视作改造农民私有经济、消灭富农的阶级斗争。依据是无产阶级夺取政权后，阶级斗争并未停止，私有小生产仍会滋生资本主义，不改造小生产就不能消灭富农等理论。恩格斯指出，我们不能给大农和中农"使他们的经济继续存在下去的保证"，因为他们都"无法挽救地要走向灭亡"。对待他们，我们的职责是"尽力使他们也易于过渡到新的生产方式"，即农业合作社。但"拒绝实行暴力的剥夺"。[1] 我国在农业合作化运动初期，确实采取了保护和不挫伤个体农民积极性的政策，但在后期却放弃了这些政策。只用了一年时间，就完成了高级农业合作化，剥夺了农民视如生命的土地及其他生产资料，这一则明显超越了有着几千年私有习惯的农民的心理承受能力，[2] 二来合作社也不可能在如此短的时间内，培养出合格的管理干部。[3] 过早地取消农民的个体经济，对生产发展是不利的，这也是为后来农业发展的事实所证明了的。

（3）一味追求生产关系升级，违背了生产关系要适应生产力发展的客观规律

毛泽东认为，仅仅依靠升级生产关系、改变所有制，即可提高生产力发展水平。这种思想在农业合作化运动后期占据主导地位，过早地全盘否定了农民的个体经济。不可否认，在先进的社会制度下，生产的发展速度可能会比客观条件所能承受的增长速度更快，但其前提条件是充分发挥劳动者的劳动积极性和生产主动性。而农业因其本身具有生产周期长、受自然条件约束多等特点，决定了农业生产力只能逐步提高，生产关系也只能逐步调整，进而所有制也应该审慎调整。而且在一定年限内，农村的所有制应保持相对稳定。而我国的农业高级化过程却很快突破了这一点，其结

---

① 马克思，恩格斯. 马克思恩格斯选集［M］. 第 4 卷. 北京：人民出版社，1995：502 - 503.

② 梁丽. 建国初期的农业合作化运动：经验与启示［J］. 边疆经济与文化，2012（1）：42.

③ 俞家宝. 农村合作经济学［M］. 北京：北京农业大学出版社，1994：118.

果可想而知。毛泽东早在新中国成立伊始就指出，中国只有彻底完成经济制度方面的社会主义改造，并在技术方面尽可能机械化，才能改变社会的经济面貌。受上述思想指导，在农业合作化初期，毛泽东便主张在农具公有公用的基础上普遍推行双轮双铧犁，结果许多地方受当地条件所限不能使用，只能挂在墙上"看犁"。此外，"大跃进"中出现的"绳索牵引化"、"车子化"和"滚珠轴承化"，以及1965年实现农业半机械化与1980年、1985年实现农业机械化的破产，都充分说明所有制的超前变革并不能带来农业技术改造的革命。[①]

（4）违背了因地制宜、区别对待的原则

我国各个地方的自然条件和经济发展水平存在很大差别，生产力水平很不平衡，这些不同的生产方式和农业生产本身的特点，都决定了我们应该因地制宜地采取相应的农业经济组织形式，不能搞一刀切。农业合作也应有多种形式，既要发展生产过程中的合作，也要发展产前、产后的合作，以适应农业生产多样性、发展不平衡性的需要。初期的合作化之所以能够健康发展，重要原因就是采取了互助组、初级农业生产合作社等多种合作形式。而在高级合作化的热潮中，在毛泽东的极力倡导下，形成了以追求公有化程度为终极目标的、统一的集体经营和集体劳动的高级社化，违背了马克思和恩格斯关于发展农业合作社时要遵循的因地制宜、区别对待的原则。虽然在高级合作化后期，出现了包工包产和包产到户等形式，但很快就因不能"倒退"而消失了。在此后也出现了其他劳动组织形式，但都因与当时制度安排者的偏好不合而未被采用。这也是我国农业集体化道路越走越窄的原因。

三 人民公社时期的农业集体化

毛泽东关于人民公社的设想，是他在农业合作化过程中强调办大社思想的发展，人民公社便是在这种"左"的思想指导下，对右倾保守思想反

---

① 王立诚. 中国农业合作简史［M］. 北京：中国农业出版社，2009：121－122；俞家宝. 农村合作经济学［M］. 北京：北京农业大学出版社，1994：118.

复批判的产物。"办大社",其含义既包括合作社规模的扩大,也包括由土地入股变为土地"归公"的生产资料公有化程度的提高。在毛泽东看来,由高级社并社升级,成立"政社合一"、"一大二公"的人民公社是合乎规律的发展。①

(一)人民公社体制的建立

1. 农民的退社风潮

1956 年春,我国基本上实现了初级农业合作化,之后在不到一年的时间内,又迅速完成了从初级社向高级社的转化。由于转化过于草率,所以产生了一系列问题,如违反自愿互利原则、生产资料并入合作社时作价不合理、经营管理不善等,导致 1956 年农民收入大幅度减少,1956 年秋和 1957 年春全国范围内出现退社风潮。1957 年 7 月,毛泽东在青岛召开的省、市委书记会议上发表了《1957 年夏季的形势》一文,指出富裕中农中的大多数愿意留在合作社,只有少数闹退社、想走资本主义道路,因而赞成面向全体农村人口进行一次大规模的社会主义教育运动,以批判党内的右倾思想和富裕中农的资本主义思想,打击地富的反革命行为。根据毛泽东的意见,1957 年秋后,在农村掀起了一场大规模的社会主义教育活动。强劲的政治压力,虽然解决了富裕中农的退社问题,但并未解决高级社存在的问题。

2. "大跃进"

1957 年 8 月,中共中央、国务院做出了《关于今冬明春大规模地开展兴修农田水利和积肥运动的决定》,10 月又颁布了《1956 年到 1967 年全国农业发展纲要(修正草案)》,两者均以反右为基调,要求全国大力推动农业生产建设,揭开了"大跃进"的序幕。11 月 6 日,《人民日报》发表社论,在反右的同时提出,目前已有条件、有必要在生产上来个"大跃进"。此后,在宣传上又相继提出了一些高指标和不切实际的口号,如"5~7 年内基本实现农业的机械化和半机械化","用 15 年时间,在钢铁等主要工业指标上追上英国","人有多大胆,地有多大产"等。

为了进一步推动"大跃进",在编制年度计划上采用中央和地方两本

---

① 唐宗焜. 合作社真谛[M]. 北京:知识产权出版社,2012:166-167.

账的办法，即中央与地方均要提出必成计划与期成计划两本账，中央的期成计划即地方的必成计划，并按照中央的期成计划在全国进行评比。两本账的做法产生了很大的示范效应，地方各级在制订计划时也相继效仿。按照两本账的逻辑，上级的期成计划就是下一级的必成计划，这样经由各级层层加码，指标被搞得越来越高，到了基层更是远远脱离实际，而且形成了攀比之风，连一直低产的西北地区，也提出了人均粮食产量 1958 年要达到 1100 斤、1962 年突破 3000 斤的高指标。[1] 在这种不切实际计划的压力下，各地掀起了大放"高产卫星"的浪潮。"高产卫星"，实际就是弄虚造假，最严重时，放出的"高产卫星"比实际产量要高出几十倍、上百倍甚至 150 倍以上。[2] 在瞎指挥、高指标、浮夸风快速泛滥的情况下，1958 年 8 月的北戴河会议，做出了当年粮食产量达到 6000 亿～7000 亿斤的预测，并决定把目标转向 1958 年炼钢达到 1070 万吨、迅速"赶英超美"的方向上来。空前规模的"全民大炼钢铁运动"迅速把"大跃进"推向了高潮。[3]

3. 人民公社的建立

（1）人民公社的试办

在全国"大跃进"、大放"高产卫星"的狂热背景下，毛泽东于 1958 年 3 月在成都召开的中共中央工作会议上，提出了把小社并成大社的建议。4 月，根据毛泽东的提议，中央通过了《关于把小型的农业合作社适当地合并为大社的意见》，随后，各地迅速出现了并社热潮。1958 年，毛泽东到河北、河南和山东等地视察，视察的重点题目之一便是关于并大社、办大社。所到之处，都是鼓励并大社、办大社。8 月 4～5 日，毛泽东在河北徐水视察时，肯定了徐水"组织军事化、行动战斗化、生活集体化"的做法。8 月 7 日，在郑州火车站的专列上，毛泽东听取了当时河南省委负责人吴芝圃、史向生等人的汇报。史向生说他们在参观浙江诸暨县的农场后，根据吴芝圃的意见，为试办的公社定名为"人民公社"。毛泽东听后，说人民公社是个好名字，包括工农兵学商，管理生产、生活和政权。在山

---

① 王立诚. 中国农业合作简史［M］. 北京：中国农业出版社，2009：123－124.
② 王贵宸. 中国农村合作经济史［M］. 太原：山西经济出版社，2006：366－367.
③ 王立诚. 中国农业合作简史［M］. 北京：中国农业出版社，2009：124.

东视察期间，当听到有的地方准备办大农场时，毛泽东说："不要搞农场，还是办人民公社好，和政府合一了，它的好处是，可以把工、农、商、学、兵合在一起，便于领导。"① 此后，各地纷纷仿效，试办人民公社。

（2）人民公社运动的迅速完成

1958 年 8 月 17～30 日，毛泽东主持召开中共中央政治局扩大会议，会议通过了《中共中央关于在农村建立人民公社问题的决议》（以下简称《决议》），决定在农村普遍建立人民公社。《决议》规定："社的组织规模，就目前说，一般以一乡一社、两千户左右较为合适。……也可以由数乡并为一乡，组成一社，六、七千户左右。至于达到万户或两万户以上的，也不要去反对……"② 《决议》公布以后，《红旗》、《人民日报》等主流媒体相继发表社论，号召人们高举人民公社旗帜向前迈进，随后，人民公社化运动迅速掀起高潮。从 1958 年 8 月到 10 月，全国 79 万多个农业生产合作社，就被合并成 2.3 万多个人民公社，入社农户达 99% 以上，除西藏等个别地区外，全国飞速实现人民公社化。③

4. 人民公社初建时的主要特点及存在的问题

（1）"一大二公"

"一大二公"是毛泽东总结的。所谓大，一是指人多、地大，生产规模大，各种事业大；二是指经营范围广，工农商学兵、农林牧副渔五位一体。

所谓公，是指公有化程度高，主要表现在以下几方面。①实行公社所有制，把原来属于高级社所有和社员私有的生产资料，都无偿转归公社所有。②社员私养的畜禽、自留地也都作为私有制残余，要么被取消，要么限制发展，要么转归公有。部分生活资料也被收归公有。③财产关系上实行"一平二调"。④为增加公社的全民所有制因素，把一些全民所有的银行、商店和企业，下放给公社管理。⑤实行公共福利制度，如举办公共食

---

① 中共中央文献研究室. 毛泽东传（1949～1976）［M］. 北京：中央文献出版社，2003：828－829.

② 中共中央文献研究室. 建国以来毛泽东文稿［M］. 第 7 册. 北京：中央文献出版社，1992：403.

③ 陈吉元等. 中国农村社会经济变迁（1949～1989）［M］. 太原：山西经济出版社，1993：303.

堂、幼儿园、托儿所、幸福院等。

"一大二公"导致瞎指挥、浪费现象频发，平均主义盛行。"一平二调"的财产关系，割断了农民生产与收益之间的因果关系，极大地挫伤了农民的积极性。严重的平均主义，既不利于生产，也不利于团结。因而，在公社统一分配产品当年，就出现了蛮产私分、抵抗无偿调拨、砍伐树木、屠宰牲畜等现象。

（2）"政社合一"

"政社合一"是指公社既是经济组织又是政权组织，成为国家基层政权的组成部分。这不仅违反了社员入社自愿原则，也使合作社失去了自主性和独立性。由于公社干部实行国家任免制度，其工作与公社生产和社员收入也没有直接相关性，这既违背了合作社原则，又不利于集体经济的巩固和发展。但它有利于国家的直接调拨和对合作社的控制。如果说统购统销政策，是从外部将农民与国家计划联系起来，则"政社合一"的人民公社体制，是更直接地从内部采取行政手段把农民纳入国家计划的轨道。由于公社干部不受社员监督，一时间造成命令风、瞎指挥风、共产风、浮夸风以及干部特殊化风（简称"五风"）盛行，[1] 对社会生产力造成了严重破坏。

（3）实行工资制和供给制相结合的分配制度

在1958年8月通过的《中共中央关于在农村建立人民公社问题的决议》中，虽然并未肯定供给制，但毛泽东在同年9月视察安徽舒茶公社时，却支持推广吃饭不要钱的做法，还说以后穿衣服也可以不要钱了。据此，各地公社在分配时，都实行工资制和供给制相结合的办法。供给制通常实行吃饭免费，有的还实行基本生活费用包干，有的连吃饭、穿衣、医疗卫生、学习、婚丧嫁娶等都包了。在总分配额中，供给制比重一般占60%～80%，工资制比重只占20%～40%。工资部分，实行由群众评定工资等级、按月发工资的办法。这种平均主义的分配制度，严重挫伤了农民的劳动积极性。据一些典型调查，在人民公社初期，劳动出勤率和劳动效率均下降50%。[2]

---

① 王立诚. 中国农业合作简史［M］. 北京：中国农业出版社，2009：128.

② 俞家宝. 农村合作经济学［M］. 北京：北京农业大学出版社，1994：127.

（4）生活方式集体化

农村人民公社在建立伊始，就举办了公共食堂，实行生活集体化。社员的口粮和柴草由食堂统一支配，所有人都到食堂吃饭，不允许各家各户烧火做饭；儿童到托儿所、幼儿园，老人都到敬老院（幸福院）。这种做法不仅造成粮食、柴草和劳动力的浪费，而且还给社员生活带来诸多不便。事实上，在粮食人均占有量很低、生活资料匮乏的条件下，兴办公共食堂，只能是一种低水平的平均主义，只能给社员生活造成更大困难。

（5）劳动方式组织军事化

人民公社成立后，很快就改变了高级农业生产合作社原有的劳动组织方式，采取军事化的劳动方式，把劳动力像军队一样组织在一起，由公社统一调配、指挥，采用大兵团作战方式，称其为"产业军"。然而，这种劳动组织方式根本不适合农民，更不适合农业耕作。把很多劳动力、耕畜和农具组织在一起进行耕作，不是根本做不到，就是即使做到了也是效率极低，实际上是使农业生产处于无人负责的状态。这种劳动组织方式，完全违背了农业生产的规律，对农业生产造成极大危害。[①]

由上可见，在实施人民公社化过程中，入社采取行政命令的做法，退社则被视为有政治问题，严重违背了自愿原则。这种高度集中的管理制度、单一的公社所有制、低水平的平均主义分配方法，造成农产品产量大幅下降，给农民生活带来极大困难。

（二）人民公社受挫后的初步调整

1958 年的"大跃进"，人民公社化运动及其掀起的"五风"，尤其是高征购引起农民强烈不满，导致国民经济比例严重失调，极大地破坏了社会生产力。这引起了毛泽东的警觉，他及时主持召开了若干会议，发表了一系列讲话，并形成了《关于人民公社若干问题的决议》等重要文件，对人民公社政策进行了调整，还采取了许多具体措施。总结起来，主要有以下几方面。

1. 确认人民公社的集体所有制性质，反对急于向全民所有制过渡

在毛泽东发现了人民公社存在的问题以后，及时做了工作部署，调整

---

① 俞家宝. 农村合作经济学［M］. 北京：北京农业大学出版社，1994：127–128.

了有关政策。1958 年 11 月 2 ~ 10 日，毛泽东在郑州主持召开了中共中央工作会议，会议明确肯定了当时是社会主义社会，人民公社的所有制形式基本上是集体所有制，还批评了废除商品生产实行产品调拨的做法。[①] 1958 年 11 月 21 ~ 27 日，毛泽东在武昌主持召开了中共中央政治局扩大会议，会议要求划清社会主义和共产主义的界限，发展商品经济；[②] 批评了"共产风"，压缩了一些过高指标。[③] 1958 年 11 月 28 日至 12 月 10 日，毛泽东主持召开中共八届六中全会，全会讨论通过了《关于人民公社若干问题的决议》（以下简称《决议》）。《决议》认为人民公社是我国农村由集体所有制向全民所有制过渡的最好形式，是我国由社会主义社会向共产主义社会过渡的最好形式；确认了当前人民公社的集体所有制性质，批评了企图否定集体所有制、按劳分配的错误思想；认为由集体所有制过渡到全民所有制需要一个过程，批评了企图跳过社会主义直接进入共产主义的过激倾向。

可以说，《决议》对实行公社化以来出现的急于过渡倾向起到了一定的抑制作用，但由于它仍然强调人民公社是实现两个过渡的最好形式，因而并未改变农村的紧张形势。

2. 由集体所有制退到三级所有、生产大队为基础

虽然采取了上述措施，但并未缓和农村的紧张局势，农民和农村基层干部仍有很大的抵触情绪，突出表现形式是所谓的"蛮产私分"。针对上述现象，毛泽东于 1959 年 2 月 27 日主持召开了第二次郑州会议，主要讨论所有制问题，会议于 3 月 5 日结束。这次会议首次提出了人民公社的三级所有制问题。它指出，在公社内部，集体所有制也需要有一个发展过程，目前除了公社所有制外，还存在着生产大队（管理区）所有制和生产队所有制。[④] 也就是说，人民公社实行三级所有制，即公社所有制、生产大队所有制和生产队所有制，其中公社所有制为部分所有制，生产队所有制为基本所有制。在规模上，生产队相当于原来的高级社。会议批评了公

---

① 王立诚. 中国农业合作简史［M］. 北京：中国农业出版社，2009：131.
② 王贵宸. 中国农村合作经济史［M］. 太原：山西经济出版社，2006：396 - 397.
③ 王立诚. 中国农业合作简史［M］. 北京：中国农业出版社，2009：131.
④ 中共中央文献研究室. 建国以来毛泽东文稿［M］. 第 8 册. 北京：中央文献出版社，1993：68 - 70.

社化以来产生的平均主义和过分集中两种倾向，提出实行权力下放，实行三级管理，三级核算，并以生产队为基本核算单位。会议还决定继续开展公社整顿工作，并规定了整顿和建设人民公社的方针，即"统一领导，队为基础；分级管理，权力下放；三级核算，各计盈亏；分配计划，由社决定；适当积累，合理调剂；物资劳动，等价交换；按劳分配、承认差别"。① 其中"三级核算"，即三级所有制，"队为基础"，就是以生产队所有制为基本所有制。②

第二次郑州会议之后，毛泽东继续组织调查研究，与有关领导人探讨调整政策。1959 年 3 月 17 日，他以党内通信方式，写信给各省、区、市党委第一书记，要求他们讨论除三级所有、三级管理、三级核算之外，生产小队的部分所有制问题。根据上述意见，1959 年 3 月 25 日至 4 月 1 日，中共中央在上海召开政治局扩大会议，会议纪要规定："以生产队作为基本核算单位，生产队下面的生产小队就是包产单位。为了提高这一级组织的积极性和责任心，作为包产单位的生产小队也应当有部分的所有制和一定的管理权限。"③ 这时的"生产小队"相当于原来的初级社。紧接着，在 4 月 2~5 日召开的中共八届七中全会通过了上述纪要，形成了《关于人民公社的 18 个问题》的决议，其中第三个问题即生产小队的部分所有制。④

（三）人民公社初步调整的中断

农村人民公社的初步调整，因 1959 年庐山会议发动的"反右倾机会主义"而中断，农业生产力遭到严重破坏，农业形势更趋恶化，带来灾难性的后果。

1. 反右倾运动导致初步调整中断

庐山会议，其实是两个会议，即在 1959 年 7 月 2 日至 8 月 16 日期间，

---

① 中共中央文献研究室. 建国以来毛泽东文稿 [M]. 第 8 册. 北京：中央文献出版社，1993：91.

② 中共中央文献研究室. 建国以来毛泽东文稿 [M]. 第 8 册. 北京：中央文献出版社，1993：111.

③ 薄一波. 若干重大决策与事件的回顾 [M]. 下卷. 北京：中共中央党校出版社，1993：827.

④ 唐宗焜. 合作社真谛 [M]. 北京：知识产权出版社，2012：175.

相继召开的中共中央政治局扩大会议和党的八届八中全会。彭德怀与会期间写给毛泽东的信是庐山会议发动反右的导火索。这封信是彭德怀于7月14日写给毛泽东的，分为肯定成绩和如何总结经验教训两部分，供毛泽东参考。如何总结经验教训部分，较为客观地总结了"大跃进"和人民公社化以来的缺点，提出了今后经济建设的方针。但其大大超越了毛泽东在会前为会议定的基调，即在肯定伟大成绩的前提下谈缺点的框框。因此，这被毛泽东视为否定三面红旗（1958年中共中央提出的社会主义建设总路线、"大跃进"和人民公社），向他本人算账。[①] 由此开始了对以彭德怀为首的右倾机会主义的批判。随后，全国迅速掀起了轰轰烈烈的反右倾运动。

2. 反右倾运动导致的灾难性后果

（1）政治方面

庐山会议之后掀起的全国范围的反右倾运动，在政治上打击了一大批敢于坚持真理、有独到见解的领导干部，严重损害了党的民主生活。据1962年平反时的统计，在这场运动中，被重点批判并定为右倾机会主义分子的党员干部达300多万人。而这些人大都是敢讲真话、勇于反映实际情况、敢于提出批评意见的党的好干部，却受到不应有的打击。[②]

（2）经济和社会生活方面

①加剧了国民经济比例失调。在庐山会议上，毛泽东开始时还承认存在国民经济比例失调、国内经济紧张等情况，但在批判彭德怀时却一口否认，说彭德怀等人是拿鸡毛蒜皮当旗帜，并认为由于他们吹冷风，出现了一个新的小马鞍形。因此，再一次掀起"大跃进"，全国开始大办钢铁、大办粮食、大办水利、大办县社工业、大办养猪场，大上基本建设项目，仅1960年基本建设大中项目就达1500多个，小项目达4.3万个，进一步加剧了国民经济比例失调。

②大办公社工业，导致"共产风"、浮夸风、瞎指挥风、命令风、干部特殊风"五风"再起，而且变本加厉。不仅解散的公共食堂又重新办了起来，而且又大力发展了一批新的。以河南省为例，在庐山会议召开前，

---

① 王贵宸. 中国农村合作经济史［M］. 太原：山西经济出版社，2006：408 – 420.
② 王贵宸. 中国农村合作经济史［M］. 太原：山西经济出版社，2006：426 – 427.

未解散的公共食堂仅余下 20%；会后，解散的食堂又立即恢复起来。到 1959 年底，在食堂吃饭的人数占人民公社人口总数的 97.8%，到 1960 年 2 月底，全省公共食堂达 33.59 万个，在食堂吃饭的人数达人口总数的 99%。

此外，按照中央指示，各地又开展了一次对富裕中农进行批判的整风运动，并且这次批判比农业集体化以来的任何一次批判都要严厉。[①] "反右倾机会主义"运动，"大跃进"、人民公社化运动的破坏性后果，加上"五风"继续泛滥，导致国民经济陷入严重危机。据统计，1960 年粮食产量比 1957 年减少 62% 以上，而征购却居高不下，导致人均口粮急剧下降，由极度饥饿造成的浮肿病遍布城乡，死亡人数大增。尤其是一些农村地区，接连发生整村人口饿死的恶性事件，农村形势异常紧张。[②]

（四）继续调整——被迫退到以生产队为基本核算单位的体制

为缓解不断恶化的农村形势，中共中央于 1960 年冬提出了"调整、巩固、充实、提高"的八字方针，采取了一系列农业调整政策。但由于政策调整力度有限，收效甚微，1960 年农产品产量继续下降。按 1952 年不变价格计算，1960 年农业总产值仅 466 亿元，比 1959 年少 12.6%，低于 1952 年 482 亿元的水平。粮食产量下降到 14350 万吨，比 1951 年还低。[③]客观形势要求中共中央对人民公社政策继续进行调整。1961 年 3 月 22 日，中共中央在广州召开政治局常委扩大会议，通过了《农村人民公社工作条例（草案）》（简称"六十条"），正式把原来的生产队改称为生产大队，把原来的生产小队改称为生产队，基本核算单位未改变，只是改称为以生产大队为基本核算单位；明确要求坚持自愿互利和等价交换原则，取消供给制，实行评功记分；社员口粮分到户，是否举办集体食堂由社员决定；建立民主管理制度，有效制止了"共产风"和平均主义。然而由于其他政策并没有多大变化，农民积极性仍然不高，农业生产继续下降。按 1952 年不变价格计算，1961 年农业总产值才 360 亿元，仅比 1949 年多 4 亿元，粮食虽

① 王贵宸. 中国农村合作经济史 ［M］. 太原：山西经济出版社，2006：428 - 433.
② 唐宗焜. 合作社真谛 ［M］. 北京：知识产权出版社，2012：179 - 180.
③ 俞家宝. 农村合作经济学 ［M］. 北京：北京农业大学出版社，1994：131.

比 1960 年增产 2.78%，但尚不能满足农村需求，征购继续减少。棉花减产 24%，糖料减产 50%，猪存栏量减少 8.2%，其他农产品也继续下降。[①]

1961 年 9 月，毛泽东提议把人民公社的基本核算单位下放到生产队。10 月，中共中央要求各地照此进行试点，效果良好。1962 年 2 月 13 日，中共中央正式发出《关于改变农村人民公社基本核算单位问题的指示》（以下简称《指示》），正式宣布把以生产大队为基本核算单位改为以生产队为基本核算单位。《指示》规定，生产队大致相当于原来初级社的规模，一般以 20～30 户为宜。《指示》发出前，经扩大的中央工作会议（即"七千人大会"）讨论通过。[②] 至此，才真正确定了人民公社三级所有、队为基础的体制。

（五）人民公社解体

1. 农民群众关于农业生产责任制的历次探索

1978 年 12 月 18～22 日，中国共产党召开了十一届三中全会，会议决定把全党工作重心转移到社会主义现代化建设上来，确立了解放思想、实事求是、一切从实际出发的思想路线，开创了改革开放的新纪元。改革开放的起点是农村，正是 20 世纪 80 年代初在农村广泛推广的家庭联产承包责任制，推动了乡镇企业的蓬勃发展，而乡镇企业的兴起又引发了国有企业的改革，随后其他方面的改革也逐步展开。

家庭联产承包责任制的普遍推广是农民群众不断探索的结果。从 1956 年到 1984 年的 28 年间，农民和农村基层干部关于包产到户的探索从未间断过，影响比较大的共有 4 次，其中前三次均因受到压制而被迫终止，第四次取得了合法地位并得以在全国范围内推广采用，一直延续至今。

1956 年，我国完成了对农业的社会主义改造，农业实现了集体化。由于高级社管理混乱，效率很低，在一些地方出现了包产到户，而大多数实行包产到户的地方都取得了较好的效果。各地纷纷效仿，然而在强大的"左"的政治压力下，第一次"包产到户"的尝试遭到了压制。但各地关于包产到户

---

① 俞家宝. 农村合作经济学 [M]. 北京：北京农业大学出版社，1994：131.
② 中共中央文献研究室. 毛泽东传（1949～1976）[M]. 北京：中央文献出版社，2003：1181.

的呼声并未因此而消失。① 1959 年 5~7 月，在河南、湖南、江苏等省的一些农村，再次出现了包产到户，其波及范围较第一次更为广泛。但在同年 8 月庐山会议发起的反右倾机会主义运动中，又一次被压制下去。② 1961 年，随着"大跃进"、人民公社化运动的进行和"五风"的泛滥，农村大量出现由饥饿导致的浮肿病，死亡人数剧增。在这种严峻局势下，包产到户又一次以更大的范围和规模出现。与前两次不同，这次包产到户得到地方和中央多位领导人的支持。据统计，当时在全国实行包产到户的生产队约占 20%。③ 但在 1962 年召开的八届十中全会上，因再次遭到批判被压制了下去。④

十一届三中全会以后，农民群众第四次包产到户的探索终于获准并得到广泛推广采用。第四次包产到户的探索是由安徽省凤阳县小岗村的农民揭开的。1978 年 11 月 24 日，安徽省凤阳县梨园公社小岗生产队的 18 名户主签订了一份保密协议，决定自发实行包干到户。他们在实施包干到户的头一年便获得了大丰收，仅粮食产量就相当于 1966~1970 年五年粮食产量的总和。⑤ 这引起了人们的广泛关注。与以往几次探索不同的是，这次小岗村的做法得到当地领导的支持，又加上适逢全国启动农村改革的大好时机，因此它不但免于夭折，而且还产生了越来越广泛的示范效应。之后，全国各地不断掀起包产到户、包干到户等家庭联产承包责任制的探索。同时，其他形式的农业生产责任制也相继在各地出现。到 1983 年底，全国 97.9% 的生产队、94.2% 的农户已实行家庭联产承包责任制;⑥ 到 1984 年底，又分别上升到 99%、96.6%。⑦

2. 家庭联产承包责任制的实行导致人民公社解体

在全国各地相继实行包干到户、包产到户等农业生产责任制的形势下，中共中央通过总结农民群众的创举，在高层统一了思想，对农业政策进行了调整，制定了适应新的发展需要的指导方针。伴随着家庭联产承包

---

① 王贵宸. 中国农村合作经济史 [M]. 太原：山西经济出版社，2006：533.
② 王贵宸. 中国农村合作经济史 [M]. 太原：山西经济出版社，2006：537.
③ 薄一波. 若干重大决策与事件的回顾 [M]. 下卷. 北京：中共中央党校出版社，1993：1078.
④ 王贵宸. 中国农村合作经济史 [M]. 太原：山西经济出版社，2006：538.
⑤ 唐宗焜. 合作社真谛 [M]. 北京：知识产权出版社，2012：202.
⑥ 国家统计局. 中国统计年鉴 [M]. 北京：中国统计出版社，1984：131.
⑦ 国家统计局. 中国统计年鉴 [M]. 北京：中国统计出版社，1985：237.

责任制的不断推广和农业政策的逐步调整，人民公社逐步走向瓦解。

1978 年党的十一届三中全会通过了《中共中央关于加快农业发展若干问题的决定（草案）》（以下简称《决定（草案）》），总结了 1958 年以来农业发展的经验教训，批判了长期存在的"左"倾错误，决定集中全党主要精力进行农业生产建设，提出了一系列促进农业生产发展的政策，并提出"可以包工到作业组、联系产量计算劳动报酬"。但这时由于还未完全摆脱过去错误的影响，仍明确规定"不许分田单干，不许包产到户"。

1979 年 9 月 28 日召开的中共十一届四中全会通过了《中共中央关于加快农业发展若干问题的决定》，对包产到户问题说得还是十分谨慎，不过将《决定（草案）》中的"不许包产到户"的提法改成了"不要包产到户"，语气缓和了许多，政策上也有所松动。1980 年 2 月中共十一届五中全会召开，之后中央对包产到户、包干到户的政策有了积极变化。9 月 27 日，中共中央印发了《关于进一步加强和完善农业生产责任制的几个问题》，鼓励并支持各地建立和完善多种形式的生产责任制。1982 年中央一号文件，首次肯定了包产到户和包干到户，指出它们是农业生产责任制的组成部分之一。1983 年中央一号文件，提出稳定和完善农业生产责任制。并首次提出从实行农业生产责任、政社分设两方面对人民公社体制进行改革。随后，各地分批开展了政社分设工作。"政社合一"是人们公社体制的主要特点，实行政社分设意味着人民公社的消亡。1984 年中央一号文件，再次提出稳定和完善生产责任制，并指出实行政社分设后，各地农村经济组织一般要根据需要，设置以土地为基础的地区性合作经济组织。这种组织可叫农业合作社、经济联社或其他名称，可与村委会分离，也可一套班子两块牌子。至 1985 年底，人民公社完全退出了历史舞台。

（六）人民公社的教训

从 1958 年人民公社建成到 1984 年撤社、建乡，人民公社在我国存在了 20 多年之久，对社会生产力造成了极大破坏，给国家和人民带来了灾难性的损失。20 多年间，农业和农村经济发展几乎处于停滞状态。这是我党在探索社会主义道路上的一次严重失误，留下了深刻教训。总结起来，人民公社的教训主要有以下几个方面。

1. 要尊重农民的个人所有权，不能片面追求"一大二公"

人民公社把原来属于高级农业生产合作社所有和社员私有的生产资料，通过"一平二调"方式，全部无偿转归公社所有。此外，社员私有的畜禽、自留地，甚至部分生活资料也都被收归公有，建立了"一大二公"的农村公有制形式。一方面，这种"准全民所有制"形式的集体经济组织，阻碍了农业生产要素的自由流动。另一方面，它否定农民对土地及其他生产资料的个人所有权，违背了马克思和恩格斯提出的发展农业合作社要尊重农民意愿、不能剥夺农民的原则，偏离了重建农民个人所有制的目标。① 因此，农民对人民公社普遍具有抵触情绪，这可从当时广泛存在的消极怠工现象中反映出来。因而，在目前我国农业生产力水平还很低，城乡差别和收入差距还很大的情况下，应该承认农民私有财产的长期性，尊重农民的财产所有权。只有这样，才能充分调动农民的生产积极性，促进农业生产力和农村经济的快速发展。

2. 要贯彻民主管理原则，真正实现政社分开

人民公社的另一个显著特点是"政社合一"，公社既是经济组织又是政权组织，完全违背了社员入社自愿原则，使合作社失去了经济组织应有的独立性、自主性。作为政权组织，公社干部实行国家任免制，严重违背了合作社负责人由社员选举产生、对社员负责的基本原则。由于公社干部由上级机关任命，因此其在制订生产计划时，往往只考虑自己的政绩和政治效果，很少考虑经济效果；不顾投入只要高产，因而当时出现了大量上交国家粮食多但农民收入却很低的高产穷队的奇怪现象。农民的知情权、参与权和决策权也被剥夺，在农业生产计划、资金筹措、产品处置等重大问题上没有任何发言权，只能被动地接受安排，使民主管理流于形式。此外，公社干部不受社员监督，导致命令风、瞎指挥风、共产风、浮夸风以及干部特殊化风等"五风"盛行。这种高度集中、行政化的集体经济组织，严重破坏了农村生产力，造成农业生产大幅下降，农民生活极度困难。在发展新型农业合作社时，我们一定要牢记人民公社的教训，妥善处理政府与合作社之间的关系，防止重蹈人民公社的覆辙。

---

① 于金富，邵培杰．社会主义农业生产方式的本质特征与崭新模式［J］．黑龙江社会科学，2012（6）：69－70．

3. 要贯彻按劳分配分配原则，不能搞平均主义大锅饭

人民公社在分配上实行工资制和供给制相结合的办法。在实际操作中，由于供给制部分通常占总比重的 60% ~ 80%，因而人民公社实际上实行的是平均主义的分配制度。它既否定了初级农业生产合作社时期实行的按劳分配与按股分红相结合的分配制度，也否定了高级农业生产合作社时期实行的按劳分配制度，使农民丧失了劳动积极性。

在生产力水平还较低、物质产品还没有极大丰富的情况下，劳动仍是谋生的手段，物质利益是激发人们劳动热情的首要因素。在这种情况下实行工资制与供给制相结合的分配制度，必然减少按劳分配所占比重，增加平均分配比重，实质是在劳动数量、劳动质量都存在很大差别的前提下，把劳动效率高的社员的劳动无偿地转给了劳动效率低的社员。这必然会受到来自劳动效率高的社员的抵制，其方法是降低自己的劳动效率直至与劳动效率低的社员一致，这无疑会大大降低社员的劳动积极性。这种平均主义的分配办法，一方面扩大了对食品、住房、水、电等生活资料的消费需求，另一方面又减少了按劳分配部分，影响了生产发展，相当于减少物质供应。一方面需求在持续增加，另一方面供应却在不断减少，这势必会造成生产速度下降、产品短缺、经济发展缓慢。[1] 这也是实行人民公社的 20 多年间，我国农业生产几乎处于停滞状态、农民生活极端贫困的原因。

---

[1]　俞家宝. 农村合作经济学［M］. 北京：北京农业大学出版社，1994：141 - 142.

第六章 改革开放后我国农业
合作社的新发展

一 现阶段我国发展农业合作社的必要性

（一）发展农业合作社是我国农业生产力发展的客观需要

生产力决定生产关系，生产关系对生产力具有反作用。新中国成立60多年来，我国农村经历了土地改革、农业合作化、人民公社化、家庭承包经营、农村税费改革等5次大的变革，取得了许多重要成就，也出现了重大失误，甚至走了很多弯路。实践表明，只有遵循生产关系一定要适应生产力状况这一客观规律所进行的改革，才能促进农业和农村经济的发展，否则就会限制、阻碍农业生产力的发展。

1. 中国农业生产力发展状况

中国是农业大国，是世界农业发祥地之一，曾有过灿烂的农业文明，只是到了清朝末年，由于统治者的腐败无能和帝国列强的侵略，中国沦为半殖民地半封建社会，致使国穷民贫，满目疮痍。在新中国成立前夕资本主义已经开始出现，但发展微弱，国民经济产业仍以农业为主，农业产值约占国民经济总产值的80%左右。在近代中国农业中，传统农业生产方式与资本主义农业生产方式并存，但传统农业生产方式占据主导地位。而作为支柱产业的农业，生产方式落后，生产力发展水平很低。劳动方式十分落后，农业靠天吃饭，天公稍不作美就闹灾，不是旱就是涝；耕作靠人力畜力，靠铁锹木犁，效率低下。农业经营形式以农民家庭经营为主，这种一家一户的小农经济规模小，力量单薄，无法产生规模效益，也不利于农业机械、农业技术的推广应用。土地及生产资料的占有极不平衡，土地所有权高度集中，使用权高度分散，所有权与使用权的分离影响了农民对土地的投资，致使土地利用效率不高，农业生产力长期以来难有大的突破。农民与地主的租佃关系也极不合理，贫农、雇农每年要向地主缴纳大量的地租。明清之际，地租高达收成的 50%～60%，有些地方达 60%～70%，个别地方竟然高达 80%。① 随着资本主义因素的增长，与这种落后的封建土地制度相伴的生产关系越来越成为生产力发展的桎梏，必将为新的生产关系所取代。

封建土地制度严重束缚农业生产力的发展，是广大农民贫困的根源。因此，新中国成立以后，中国共产党领导农民进行了土地改革。到 1952 年底，全国土地改革基本完成。土地改革改变了旧中国农村极不合理的阶级结构和土地分配结构，使中国焕发了前所未有的生机和活力，农业生产力很快得到恢复并迅速提高。土地改革虽促进了农业生产力的提高，但从整体来看，农业生产力水平仍然很低，以生产资料私有制为基础的农民个体经济分散、落后，农户仅有少量土地和简单的生产工具，生产规模小，不能有效利用土地，无法从事大型的农业生产活动，抵御自然灾害的能力很弱。这种把土地所有权与使用权统一于个体农户的农业生产方式属于典型的小农生产方式。针对土地改革后我国小农生产方式的特点，中国共产党以马克思恩格斯农业合作化理论为指导，引导小农走社会主义道路，对农业进行了合作化改造。改造分互助组、初级社、高级社三个实施步骤。到 1957 年底，96%以上的农户加入了高级农业生产合作社。农业合作化促进了农业生产力发展，以粮食产量为例，1957 年全国粮食产量为 19505 万吨，比 1952 年增长 19%，年均增长 3.7%。中国农村完成了从延续几千年的小农经济向集体经济的历史性转变，和平实现了经济体制与政治制度的同时过渡，这在世界历史上都是极为罕见的。

然而，从 1958 年开始，由于片面强调"左"的政策，高级农业合作社被轻率地合并为农村人民公社。人民公社实行公社、生产大队、生产队三级所有的管理体制。实际工作由生产队完成，但分配与核算工作却与生产

---

① 王贵宸. 中国农村合作经济史 [M]. 太原：山西经济出版社，2006：41.

队脱离,由人民公社或生产大队承担。受"共产风"影响,平均主义盛行,干活"大呼隆"、分配"大锅饭"。农村各单位人力和物质资源被随意调拨,而无视其隶属于哪个集体单位。这严重挫伤了农民群众的积极性,从 1958 年到 1978 年的 20 年间,农业产量不仅没有翻番,增长率实际上还下降了。[①] 农业生产关系和生产力都受到了严重破坏,农村经济发展几乎处于停滞状态,国家和人民遭遇到新中国成立以后从未有过的困难。

这一时期我国对小农生产方式所进行的改造虽取得了很多成绩,但也出现了重大失误:没有继续坚持原来的合作化取向,而是把合作化等同于集体化,"合作化"的目标是"土地归公"、"资本主义绝种,小生产也绝种",从而使合作化变成一场纯粹的生产关系升级运动。实践证明,通过集体化所建立起来的人民公社生产模式不过是小农经济的捆绑,实质是小农生产方式的袋装化。这种模式没有从根本上摆脱传统农业生产方式的基本特征,不能实现农业生产的社会化、商品化和现代化。[②]

党的十一届三中全会以后,我国进入了改革开放新时期。从 1979 年开始,农村开始进行经济体制改革。改革首先从调整农村经营体制开始,废除了人民公社制度,实行家庭承包经营。农民有了生产经营自主权,生产积极性得到极大的提高,使农业生产迅速摆脱了长期徘徊的局面,实现了巨大的经济增长。然而,从 20 世纪 80 年代中期开始,当我国各方面改革进行得如火如荼之时,粮食产量增速却开始放缓,农村经济发展越来越滞后,跟不上全国改革开放形势和社会主义现代化建设事业发展需要。原因是多方面的,其中,家庭承包经营生产规模小、农业集约化程度低是一个重要原因。中国农业连续多年徘徊不前,农业分工合作程度低下,中国农民承担风险的能力十分薄弱。上述事实充分证明,家庭承包经营这种小农经济模式已经阻碍了中国农业生产力的发展,无法适应时代需要,必然被新模式所替代。

2. 发展农业合作社是我国农业生产力发展的客观需要

20 世纪 80 年代在我国广泛推行的家庭承包经营责任制,虽然克服了

---

① 许涤新等. 中国经济增长研究:1949 年以来的中国经济 [M]. 北京:新世界出版社,1982:9 - 10.

② 于金富. 马克思恩格斯农业生产方式理论及其现实意义 [J]. 经济研究导刊,2011(30):18.

人民公社经济体制的弊端，调动了农民的生产积极性，促进了农业生产的发展，但从其实质上看仍是小农经济。根据马克思恩格斯小农生产方式理论，小农经济具有以下基本特征：生产规模小，缺乏分工和协作；以单个家庭为生产和消费单位，基本上处于自给自足状态；手工劳动为主，使用落后的生产工具，沿用传统生产技术与经验。而我国现阶段所实行的家庭承包经营无论从其手工劳动、小规模分散经营的生产条件，自给自足的生产形式还是从其个体劳动形式等各方面来看，都与小农生产方式基本特征相吻合，仍然属于小农经济范畴。[①] 而小农经济"按其性质来说排斥社会劳动生产力的发展、劳动的社会形式、资本的社会积聚、大规模的畜牧和对科学的累进的应用"。[②] 这种小农经济必然导致如下弊端：造成土地资源的浪费，很难实现规模收益；不利于农业机械、农业技术的推广应用，很难实现农业现代化；竞争力差，很难适应市场化要求；等等。所有这些弊端都严重阻碍农业生产力的发展。因此，为了促进农业生产力的快速发展，必须对家庭承包经营这种小农生产方式进行改造。根据马克思主义农业合作社理论可知，在我们这样的经济落后国家，对小农经济改造、实现第二个飞跃的途径是发展农业合作社。

（二）发展农业合作社是我国社会主义市场经济发展的客观要求

由前面分析我们知道，马克思主义合作理论认为，合作经济是生产社会化的产物，是在资本主义信用制度和工厂制度的基础上产生的。现代意义上的合作社是在市场经济中产生的，是市场经济的产物。本部分以新中国成立、十一届三中全会召开为时间节点，将中国农村经济大体分为自然经济、计划经济和市场经济三个发展阶段，通过对各阶段农村经济概况的简要分析，说明发展农业合作社是我国社会主义市场经济发展的客观要求。

1. 自然经济时期中国农村经济概况

农村经济指的是农村区域范围内所有生产、分配、交换和消费的经济

---

① 于金富．马克思恩格斯农业生产方式理论及其现实意义 ［J］．经济研究导刊，2011（30）：18.

② 马克思．资本论 ［M］．第3卷．北京：人民出版社，2004：912.

关系和经济活动的总和，是按地域划分的国民经济的一部分。农村经济发展离不开整个国民经济的发展，它与国民经济其他部分是相互联系、相互渗透、相互制约的。

　　1949 年以前的中国是半殖民地半封建社会，她既是一个有着辉煌历史的文明古国，又是一个贫穷落后、伤痕累累的小农生产大国。社会产业以农业为主，民众以农民为主，这一阶段的农村经济基本上是建立在封建土地制度基础上的自给自足的小农经济。封建土地制度是土地所有权的高度集中和使用权的高度分散。明清之际，占农村人口 10% 左右的地主，拥有60% ~ 70% 的土地；而占人口 90% 的农民只占有 30% ~ 40% 的土地。20世纪 30 年代以后，经过抗日战争和解放战争，土地所有权虽有所分散，但从总体来看，仍然高度集中在少数地主手中。土地使用权一直高度分散，即地主占有的土地绝大部分（90% 以上）出租给无地少地的农民。① 这种过时的土地制度使地主靠收取地租过着不劳而获的寄生生活，农民却承受着繁重的赋税、徭役和地租，一年到头不得温饱，过着糠菜半年粮的非人生活。

　　虽然我国早在春秋战国时期就出现了商业活动，那时就有了富甲一方的大商人。然而在长达 2000 多年的封建社会里，这种商业活动却长期停留在简单商品生产阶段，而且这种状况一直延续到新中国成立前。当时的商品交换只是为了满足统治阶级的消费需要，或者用"积累"的钱去购买土地，租给农民耕种。至于广大的农民和小手工业者，他们因深受封建统治阶级的压榨而喘不过气来，不得不靠养殖和纺织等副业来维持最低下的生活，根本不可能进行扩大再生产。因而，在这一时期，农业、牧业和手工业是交织在一起的，养殖、纺织只是作为农业生产的副业而存在的，生产社会化程度很低，生产的目的是为了满足生产者自身的需要；商品经济很不发达，工业、商业、交通运输业等产业部门很少。总之，这种小生产充其量只是一种简单商品生产，是依附于封建经济、自然经济的小商品经济，是为封建专制统治制度服务的。②

---

① 王贵宸. 中国农村合作经济史 ［M］. 太原：山西经济出版社，2006：40.
② 王贵宸. 中国农村合作经济史 ［M］. 太原：山西经济出版社，2006：13 – 14.

2. 计划经济时期中国农村经济概况

新中国成立后，随着土地改革的顺利进行，封建土地制度被彻底废除，而代之以农民的土地所有制，实现了孙中山提出的"耕者有其田"的理想。分得土地的农民开始在自己的土地上为自己劳动。土地改革不仅使劳苦农民成为土地的主人，而且摧毁了地主阶级在农村的统治，使农民成为农村基础政权的主人。这极大地激发了农民生产的积极性，农村呈现一片生机勃勃的景象：兴修水利、增加积肥、置办牲畜和农具等，播种面积也逐步扩大。从全国粮食产量来看，1949 年为 2263.6 亿斤，1950 年为 2642.5 亿斤，1951 年为 2873.7 亿斤，1952 年为 3278.3 亿斤，1952 年比 1949 年增长 44.8%，超过抗战前最高年（1936 年）的产量水平。随着粮食产量的增加，农民收入也逐步提高，农民生活得到很大改善。不再为温饱发愁的农民开始注重学习文化知识，农村普遍开办了冬学与民校。根据华东地区 1952 年 12 月的统计数据，当年冬学入学人数达 2513 万人，比 1949 年增加 6.7 倍，民校达 790 万所，比 1950 年增加 11 倍多。与此同时，农村小学的学生人数较过去有明显增加，1952 年下半年全国小学学生为 4900 万人，入学率达 65%。总之，土地改革对中国农村的政治、经济、文化等各个方面都产生了深远的影响，使农村发生了很大变化。[①] 但这时的农村经济仍是建立在农民土地所有制基础上的自给自足的小农经济，商品经济不发达。

以农民土地私有制为基础的小农经济虽然在当时促进了农业生产，但也难掩其缺点：农户仅有少量土地和简单的生产工具及其他生产资料，生产规模较小，难以有效地利用土地，实行合理耕作。这种小农经济不仅极易使农民走向两极分化，而且很难适应工业化建设对大量商品以及农产品的需要。因而在土地改革完成以后，党和政府实施了由互助组到初级生产合作社和高级生产合作社的农业合作化运动，对小农经济进行社会主义改造。合作化开始于 1952 年，且在头几年取得了显著成功：1952 年至 1958 年间，农业产出连年增长。这一运动在开始时并没有受到农民的有力抵制，推进也较为平缓。只是后来由于受斯大林农业集体化模式和苏联计划经济体制的影响，对小农经济进行改造的农业合作化

---

① 杜润生. 中国的土地改革［M］. 当代出版社，1996：110－112.

运动迅速走向集体化，初级农业生产合作社很快升级为高级农业生产合作社，高级农业生产合作社又突然间过渡到了人民公社。这时的农村经济体制有以下三个明显特点。①农村人民公社"三级所有，队为基础"和公社级"统一经营，统一分配"的体制。②农用生产资料和农产品不能自由流通，只能由政府按计划分配；主要农产品都按计划统购、派购。③土地、劳动力、资金等生产要素被封闭在社区集体经济组织之内，不能自由流动。总而言之，在这种经济体制之下，农民经营自主权被剥夺，财产权利与各种经济权利也完全丧失，农民经济活动受到严格限制。农产品市场和要素市场都没有形成，商品经济很不发达。政府名义上的指导性计划通过这种政社合一、统购派购的制度变成了实际上的指令性计划。对农民和农业生产进行如此严密控制的结果是，20 多年来，农民通过人民公社向国家交纳了几千亿元的工业化积累资金。但是，代价也是惨重的。实施人民公社的 20 多年间，中国的农业发展几乎处于停滞状态。这种高度集中的计划经济体制使农业生产止步不前，导致粮食供应十分紧张，制约了国民经济的发展和人民生活水平的提高。又由于缺乏产品市场和要素市场，农业资源得不到充分利用，农业生产愈来愈单一化，农民生活越来越贫困，严重压抑了农民的生产积极性和创造性，并严重阻碍了农村经济的发展。[①] 这时工业、商业、服务业等部门虽已开始出现，但商品经济仍不发达。

3. 社会主义市场经济体制下中国农村经济概况

1978 年 12 月召开的十一届三中全会是中国经济发展史上的一个重大转折点，是一次具有伟大历史意义的会议。本次会议纠正了"文化大革命"及其之前的"左"倾错误，做出了将工作中心转移到社会主义现代化建设上来的决策；在农业方面，党中央做出以市场化改革为方向迅速变革农村政策的决定，这些变革主张包括农村经济的多种经营，生产专业化，以及按地区比较优势进行作物选择，自由市场的扩大和政府牌价的显著提高等。[②] 随后，中国的农业和农村经济改革从价格、农作制度、资源配置方式等各个方面逐步展开。家庭联产承包责任制被逐步推广采用，到 1983

---

① 王立诚. 中国农业合作简史 [M]. 北京：中国农业出版社，2009：139-140.
② 林毅夫. 制度、技术与中国农业发展 [M]. 上海：格致出版社，2008：32.

年末，约97.7%的生产队，或94.2%的农户转向了这种新的制度。[①] 1979年之后，人民公社体制已名存实亡，1983年10月，中共中央、国务院《关于实行政社分开建立乡政府的通告》正式撤社改建乡人民政府，长达26年之久的人民公社从此画上了句号。家庭联产承包责任制的实行和人民公社的解体从根本上确立了农户的独立经济地位，打破了平均分配的"大锅饭"，充分调动了农民的生产积极性，为农村商品经济的发展创造了良好条件。1985年以后，国家逐步改革统购统销制度，逐渐放松了对农民和农业生产的控制，允许农产品、资金和劳动力等资源自由流动，形成了以市场调节为主的农产品流通体制。农村经济开始向商品经济转化，乡镇企业蓬勃发展，农村工业、商业、建筑业、交通运输业、服务业、旅游业等行业的比重逐步增长。改革使农村居民的收入有了很大增长，极大地解放和发展了农村生产力，推动了农村经济特别是粮食生产的快速增长和农业结构的不断优化，实现了"第一次飞跃"。农村经济的这种转变，对于国民经济的持续、稳定、协调发展，对于实现农业现代化，对于缩小城乡差距和建设小康社会无不具有十分重要的意义。

20世纪80年代，由于家庭联产承包责任制的普遍推行及各项改革的不断推进，我国农村经济获得快速发展，农村面貌得以极大改善。但进入20世纪90年代以后，农业却连年徘徊不前，农民增收日益困难，城乡差别越来越大，"三农"问题已经成为不可忽视的政治和经济问题。可见，家庭联产承包责任制这个曾经给农村带来"第一次飞跃"的小农经济模式并不是万能的，如果它在计划经济向市场经济转型期、在刚刚实施的最初几年还能保持生机和活力，那么伴随着社会主义市场经济体制的确立，经济全球化的发展，以及加入WTO新的发展形势，其弊端也日益显现：信息不对称，导致"卖难"，生产出来的东西卖不出去，"好年成也是一种不幸"；[②] 又因为生产资料为垄断势力所控制，价格越来越昂贵，存在"买难"；等等。因此，千家万户的小生产越来越难以适应千变万化的大市场，严重制约着我国农村经济的发展。那么，如何把农民组织起来，使分散弱小的农户成为强大的市场主体，从而有效解决小生产与大市场的矛盾，成

---

① 国家统计局．中国统计年鉴·1983 [M]．北京：中国统计出版社，1984：131.
② 马克思．资本论 [M]．第3卷．北京：人民出版社，2004：912.

为时下农村经济改革的当务之急。根据马克思恩格斯的农业合作社理论，纵观世界农业发展历史，不难发现，农业合作社是解决小生产与大市场的有效途径。

4. 发展农业合作社是社会主义市场经济发展的客观需要

（1）农业合作社是有效弥补市场机制失灵的重要手段

市场是一种有效的商品交易机制，在市场经济条件下，市场机制在资源配置中发挥着基础作用。但是市场机制并不是万能的，其发挥有效作用的条件是：完全竞争的市场，即不存在买方垄断和卖方垄断；买卖双方拥有完全信息[1]；商品、服务和生产要素必须符合排他性原则；不存在公共物品等[2]。不具备上述条件，市场机制就会失灵。从农业市场来看，是存在市场失灵的，主要体现在以下两方面。

①从农业市场买卖双方来看，不仅存在买方垄断还存在卖方垄断。市场化改革的进程将农民卷入了市场经济的漩涡。可是，由于现阶段我国农业实行的是以农户为基本生产单位和决策单位的家庭联产承包责任制，其特点是小规模的分散经营，处于分散无组织状态的农户其销售能力与购买力极为有限，在市场上根本起不到什么作用。一方面，农业生产具有很强的季节性，农民对农用生产资料的需求弹性很大，因此存在着农用生产资料供给的卖方垄断。另一方面，农民销售的一些鲜活农产品极易腐烂，这就使农民在销售时选择的余地很小，因此又存在着农产品销售的买方垄断。在这种体制下，无论是在生产资料的购买还是在农产品的销售上，分散的农户在市场中都处于弱势地位。

②从获取市场信息的渠道来看，分散的小农户很难得到完整、准确、及时的市场信息，而且市场上存在着人为的对农民的信息垄断，一些提供农业服务、生产资料或购买农产品的人为了自身利益故意隐瞒信息。这种信息的不对称造成资源分布的扭曲，增加了农民生产、购买及销售的盲目性。[3] 可见，由于农业生产的特点和家庭联产承包责任制小生产的特性，决定了市场机制在农业市场的失灵，农民在市场中处于弱势地位，要想改

---

① 李齐云. 政府经济学 [M]. 北京：经济科学出版社，2003：19－20.
② 蔡声霞. 政府经济学 [M]. 天津：南开大学出版社，2009：39.
③ 张晓山，苑鹏. 合作经济理论与中国农民合作社的实践 [M]. 北京：首都经济贸易大学出版社，2009：132.

变这种状况，农民必须联合起来组成合作社。

（2）农业合作社是对市场交易中谈判权力垄断者的抗衡力量

相对于计划经济，市场经济是实现资源优化配置的有效形式。然而市场经济在有效配置资源、提高经济效益的同时，也不可避免地会形成利益冲突。市场经济中人们的基本经济活动是市场交易，而市场交易是交易各方实力的博弈。博弈的结果首先依赖于交易双方各自拥有的实力，这既包括资本、人才、技术等硬实力，也包括组织化程度、营销渠道等软实力。实力对比决定交易双方在市场交易中的谈判地位。在实力悬殊的情况下，决定交易条件的权力往往为强势一方所垄断，处于弱势的一方不得不被动地甚至被迫接受对方单方面设定的交易条件。利益受损的弱势群体只有联合起来形成合力，才能对抗垄断谈判权力的强势群体，使其接受较为平等的竞争条件。合作社就是在市场交易中处于弱势的群体争取和创造谈判权力的一种有效的组织形式。当有某种需要的人们自愿联合起来组成合作社时，他们就获得了一种组织资源，这种组织资源形成合力，使他们拥有了在市场交易中谈判的权力，也就是讨价还价的权力。我国农业的基本经营制度是家庭联产承包责任制，这种制度虽然保障了农民的经营自主权，但由于实行的是单家独户的分散经营和超小规模生产，处在市场经济浪潮中的农民在同其他市场主体进行交易时，不可能有真正的谈判权力。而要拥有谈判权力，农民只有联合起来组织成合作社。因此，农业合作社是完善社会主义市场经济体制过程中农村经济体制改革的必然选择。

（3）农业合作社是提高农民组织化程度的重要途径

随着社会主义市场经济的不断发展，农民与市场的关系日益紧密，农民对农业生产资料、科学技术、市场信息等方面的需求不断增加，市场机制也对农民的资金实力、文化素质等提出了更高要求。而家庭经营因规模小、资金实力弱等问题，很难适应竞争激烈的市场。因此，如何把千千万万分散的农户组织起来，使之成为具有竞争力的市场主体，是在社会主义市场经济条件下农村经济社会发展所必须面对的重大课题。实践证明，发展农业合作社是把农民组织起来的有效途径。农业合作社依据国家有关产业政策，根据市场信息，引导农民有组织进入市场，减少了诸多中间环节，节约了交易成本，改变了单家独户闯市场的弱势地位，在一定程度上和一定范围内解决了农民的"买难"、"卖难"问题,化解了农民的市场经营风险。因此,农业合作社不仅有效克服了原有小生产的弊端,而且解决了基础组织"统"不了,政府部门"包"不了,单家独户"办"不了的事情,架起了农民、企业、市场与政府之间的桥梁和纽带,促进了农村经济的快速发展。

(4)农业合作社是实现农业产业化经营的有效载体

农业产业化是由传统农业走向现代农业的必由之路。所谓农业产业化经营,就是以市场为导向,以农户经营为基础,以龙头企业和各种中介组织为依托,将农产品的生产、加工、销售等诸多环节联结为完整的产业系统,实行一体化经营,形成系统内部有机结合、相互促进和利益互补的机制,实现资源优化配置的一种市场农业经营方式。产业化的核心是形成利益共同体,利益共同体的形成目前主要有两种模式:一种是公司 + 农户模式,另一种是合作社模式。

由于我国农村合作经济组织发展滞后,农民组织化程度低,在农业产业化热潮中,公司 + 农户模式便应运而生,并被作为主流模式广为推行。但实践证明,这种模式的效果并不理想,原因如下。一方面,公司作为追求利润最大化的企业,必定会利用自身优势来确定有利于自己的价格和合同,尽可能向农户争利润。另一方面,只有当农业经营利润丰厚时,公司才会把资金投向农业。一旦有更好的投资渠道,公司就会撤走在农业领域的投资。因此,公司 + 农户模式很难实现"风险共担,利益共享"。可见,这种把市场竞争中最有可能剥削小农的公司当成小农进入市场的领路人,其后果是可想而知的。但是,合作社模式则不同。农业合作社坚持的是"民办、民管、民受益"和"入社自愿、退社自由"的原则,体现了"民主自治"和"公正、公平、公开"的特性,与农民的根本利益是一致的,是真正意义上的农民自己的组织。因此,在农业产业化经营过程中,应该积极发挥合作社的桥梁和纽带作用,使其成为利益共同体的主要形式。

(5)农业合作社是提高农业国际竞争力的重要途径

作为世界贸易组织(WTO)的成员国,中国农民不仅面临着国内市场的竞争,而且随着经济全球化步伐的日益加快,还将面临国外更加激烈的市场竞争。如何趋利避害,应对挑战,更好地捍卫自身的权益,成为中国农民不得不面对的现实问题。国际农业实践表明,在市场竞争激烈、外部环境对农业发展不利的情况下，农民往往倾向于组织起来开展各种形式的联合与合作，以便形成与市场中各种经济主体相抗衡的力量，以较低成本、较快捷的方式整体进入市场。因此，要使中国小规模分散经营的农户有能力参与国际竞争，必须加快提高中国农民的组织化程度、发展农民合作社。① 另一方面，根据 WTO 规则，政府应通过"绿箱政策"② 来对农业进行宏观调控，那么首先必须具有与政府宏观调控相对应的组织载体，否则就会陷入被动。按照国际惯例，今后中国对农业的扶持政策理应更多地通过经济合作组织来实施。而且，从世界各国经验看，农民自己的合作经济组织也是政府在国际农产品贸易谈判中的重要依靠力量。因此，要实现与国际接轨，取得贸易谈判主动权，提高我国农业的国际竞争力，就必须加快培育和发展农业合作社。

二　新型农业合作社发展概况

新型农业合作社是相对于 20 世纪 50 年代农业合作化运动时期的"合作社"和 60 年代的人民公社而言的，它指的是起步于 20 世纪 80 年代的农业合作社。之所以说它是"新型"的，是因为其与 20 世纪 50 年代的"合作社"和 60 年代的人民公社在性质上是完全不同的。新型农业合作社最初由民间自发产生，主要是一些互助合作组织，形式单一、关系松散、运行较不规范。进入 20 世纪 90 年代以后，逐步发展起来，呈现形式多样化、参与主体多元化等特征。

（一）新型农业合作社的产生背景

新型农业合作社是适应现阶段我国农村生产力发展的一种特定的经济关系，是广大农民为改善生产和生活条件，谋取和保护自身利益，在自愿、互利、民主的基础上形成的一种经济组织形式。它是伴随着中国农村

---

① 张晓山，苑鹏. 合作经济理论与中国农民合作社的实践 [M]. 北京：首都经济贸易大学出版社，2009：134.

② 绿箱政策，指那些对贸易、价格不发生直接影响，或影响非常小的一些农业投入政策，包括基础设施建设、科研、环境保护、病虫害防治十几个类别。

市场化进程的推进而出现的,有其独特的背景。

1. 农业经济体制改革

1978年,我国农村经济体制改革开始启动。1980~1982年,家庭联产承包责任制在广大农村以大规模、突变式、自发性的群众运动方式建立。1984年,我国首次将土地承包期延长15年,1998年再次延长30年,并载入《土地管理法》。1999年,家庭承包经营体制作为农村基本经营制度被《宪法修正案》正式确定下来。2002年,国家出台了《农村土地承包法》。延长土地承包期,提倡承包期内"增人不增地,减人不减地",并以法律对政策进行规范,这实际上就是把土地经营权长期化、法律化,赋予了家庭承包制的物权性质,强化了承包权的功能。随着家庭联产承包责任制的普遍实施和不断巩固,农业经济管理方式逐步由计划管理转向市场引导,市场机制对农业生产的调节作用日益增强。与此同时,农业也开始从传统走向现代,生产社会化程度不断提高,农业与产前、产后部门的联系日渐紧密,农业经营产业化和一体化态势日益明显。[①]

2. 农业市场化改革

农业市场化改革是与农业经济体制改革相伴而生的,它的核心就是逐步取消农产品统购、统销制度,通过对主要农产品购销体制的改革,逐步放开农产品市场和价格。农产品购销体制改革大致经历了以下三个阶段。第一阶段(1979~1984年),在不触动农产品统购、统销制度的前提下,大幅度提高农副产品收购价格,同时少量放开小宗农副产品集市贸易。这期间,由国家订购的价格从1979年前的113种下降到38种,农副产品收购价格提高了近50%。第二阶段(1985~1991年),以改革农产品购销体制为主,实行价格双轨制,逐步建立以市场机制为基础的农产品流通体系。到1991年,由国家定价的农产品再次由1985年的38种减少到9种,70%以上的农副产品实行市场调节价格。第三阶段(1992年至今),打破双轨制,逐步建立以市场为主形成价格的农产品流通新机制。1992年9月,国务院决定实行销售同价;1993年5月,全国大部分地区基本放开了粮食购销价格。到1993年底,在全国农副产品交易中,90%以上实行市场

[①] 黄胜忠. 农民专业合作社经营管理机制研究 [M]. 成都:西南财经大学出版社,2014:35 – 36.

定价或以市场供应为基础的价格，由国家直接定价的不到 10%。总体而言，到 1998 年，除了粮食、棉花、食油等主要大宗农产品外，其他农副产品基本上实现了市场交易。从 1999 年开始，国家又放开了棉花购销价格。通过改革，市场在调节农产品供求、资源配置中开始发挥基础性作用，农民的生产经营活动基本摆脱了计划经济的桎梏；但这也意味着，广大农民要直接面对市场，自主经营，自我承担市场风险。与此同时，随着农业生产力的快速发展，农产品供给已经不再处于短缺状态。20 世纪 90 年代中期以后，许多农产品的供求已总量基本平衡、丰年有余，买方市场的特性日益明显。①

3. 农业的基本矛盾

改革开放后，我国普遍推行了家庭联产承包责任制。家庭联产承包责任制的实施，重新确立了农民生产的主体地位；随着农业市场化改革的进行，农民逐步取得独立的市场交易主体地位。当初所构想的"以家庭承包经营为基础、统分结合的双层经营体制"中"分"这一层很好地得到了贯彻落实；但"统"这一层却一直落实得不够好。20 世纪 90 年代以后，原有政策的潜力几乎释放殆尽，随着农业市场化改革的推进，农产品商品化程度日益提高，各种生产要素逐步由家庭自给为主转变为市场购入为主，农户的私人劳动也需要通过市场交换转化为社会劳动。农民对市场信息、生产服务以及农产品营销方法的需求日益增强。然而由于家庭分散经营规模小，资金有限，因而存在收集信息困难、抗风险能力差等缺点，使农民在市场竞争中处于弱势地位。因而，小农与市场的矛盾日益突出，小规模的、分散经营的农户生产对于不断深化的市场经济的不适应性日益暴露。特别是 20 世纪 90 年代中期以来，农产品市场格局逐步由卖方市场转向买方市场，农产品供给相对过剩，农业发展已从单纯的受自然资源约束转向受自然资源与市场需求的双重约束，而且受市场约束的影响越来越大。尤其是加入 WTO 以后，农产品市场进一步开放，市场格局的深刻变化导致中国农业经济基本矛盾的尖锐化全面爆发。

那么，如何化解小生产与大市场之间的矛盾，弥补农村集体经济和农

---

① 黄胜忠. 农民专业合作社经营管理机制研究［M］. 成都：西南财经大学出版社，2014：36 – 37.

产品统购、统销制度消失之后的制度空白，提高农民的收入水平，成为农业与农村经济发展必须解决的重要问题。在这种背景下，新型农业合作社应运而生。

（二）新型农业合作社的主要类型

新型农业合作社在发展进程中呈现出多元化、形式多样化的特点，按照不同的分类标准可分为以下几类。

根据合作社的功能划分，目前的新型农业合作社可分为生产型、销售型、采购型、加工型、服务型、综合型等六种基本类型。

根据合作社创办者与政府的关系划分，目前的新型农业合作社可分为自办型、官办型以及官民结合型等三种基本类型。

根据合作社创办者的身份划分，目前的新型农业合作社可分为"能人"带动型、龙头企业带动型、农技服务部门带动型、政府推动型等类型。

根据合作社的生产专业化程度划分，目前的新型农业合作社可分为从事多重生产经营项目的综合性合作社、从事单一生产经营项目的专业性合作社和农工商一体化的合作社。

根据合作社所涉及的地域范围划分，目前的新型农业合作社可分为地区性合作社和跨区域合作社。地区性合作社一般按行政区域建立，大多实行综合经营，如社区性合作社；跨区域合作社则不受行政区域限制，大多以股份形式筹集资金，实行专业经营或农工商一体化经营，如专业性合作社、农工商一体化合作社。

中华人民共和国农业部则根据农民合作的紧密程度，将农村合作经济组织分为专业合作社、股份合作社和专业协会三种基本类型。

专业合作社是一种管理比较规范与社员联系比较紧密的合作经济组织形式。专业合作社一般是实体性的，多数在工商管理部门登记为企业法人，目前主要分布在农产品加工企业多的东部地区。专业合作社的主要特点是与农产品加工企业相连接，作为企业的原料生产基地，实现了产、加、销一体化。社员一般交纳一定数量的股金，只吸纳身份股，年底按银行存款利率进行股金分红，并按照为社员销售的产品数量返还利润。

股份合作社是股份制与合作制的结合，是在保持合作制基本特征的基础上，吸收股份制长处而发展起来的一种新型合作经济组织。它的特征是实行劳动联合与资本联合的结合，实行按劳分配与按股分红相结合。这类组织一般也是实体性和紧密型的，但是资本在生产经营活动和收益分配中占有更为重要的地位。股份合作社多数有自己的企业，在工商管理部门登记为企业法人。目前，大多数股份合作社是按保护价收购农产品，按月结算，年底按股金分红。少部分股份合作社除按股金分红外，年底按交易量进行利润返还。

专业协会包括协会和研究会，是一种比较松散的合作经济组织形式。多数专业协会在民政部门登记，注册为社团组织。专业协会每年向社员收取一定数量的会费，以提供技术、信息、运销服务为主。这类组织多数是非实体性的，在内部不以盈利为目的，突出服务，互惠互利，是合作经济组织发展初期的重要形式。由于社团组织受到经营范围的限制，一些专业协会成立了销售公司，收购社员的农产品，统一运到外地销售。大多数专业协会不直接为社员销售产品，没有销售收入，因此没有利润分配。

本书重点介绍农村土地股份合作社和农民专业合作社。

三 农村土地股份合作社

（一）农村土地股份合作社的性质和特征

1. 股份合作经济的性质和一般特征

农村股份合作经济虽然在实践中已经有了很大发展，但关于其制度结构迄今为止在理论上尚未达成共识，法律上也未做明确界定。根据各地发展实践，可以将其基本特征简单总结如下。

在法律地位上，股份合作制企业是独立的企业法人，因而要符合《民法通则》规定的企业法人的必备条件，依法设立，独立承担法律责任。在股东组成上，实行企业内部职工全员入股，或者至少绝大多数人入股，不存在居于控股地位的股东；股东主要是本企业的职工，原则上不吸收其他人入股。在表决方式上，原则上实行一人一票制，决策体现多数人意志。在合资方式上，以合作制为基础同时吸收股份制的做法，即实行在劳动合作基础上的资本联合，职工既是企业的劳动者又是所有者。在股权设置上，除员工个人股为必设股权外，可视情况分别设置乡村集体股、联社股或员工集体股等其他股权。在分配方式上，实行按劳分配与按股分红相结合的办法，两者的比例在企业章程中设定。也就是说，股份合作制企业的职工收入由两部分组成：一是工资收入，实行按劳分配；二是股金分红收入，按其入股多少决定。

综上所述，股份合作制是以合作制为基础吸收了股份制的一些做法，实行劳动者的劳动联合与资本联合相结合的一种新型集体经济组织形式。

2. 农村土地股份合作社的崭新特征

农村土地股份合作社是土地股份合作经济的一种新的形式。土地股份合作经济，是指农民把土地承包经营权折成股份，入股到农业经营企业或合作社中，农民作为股东，按股分红。利益共享，风险共担。从其组织形式来看，目前以土地股份合作社居多。土地股份合作社是在不改变农民土地承包经营权的前提下，以社员的土地承包经营权、资金、技术等入股，按照股份合作制原则组建而成的农民合作经济组织。土地由合作社统一规划，进行集约化、规模化经营；社员共同劳动；实行民主管理；合作社盈余采取按劳分配和按股分红相结合的方式进行分配。农民股份合作社代表了中国特色社会主义农业生产方式的主要发展方向，理应成为中国特色社会主义农业生产方式的基本形式。

（1）合作化与企业化

合作化是土地股份合作社的首要特征。从组建方式上看，与 20 世纪50 年代的农业合作社是在特定行政区域内建立的政社合一的基层组织不同，农村土地股份合作社是农民按照自愿互利原则组建而成的合作经济组织，它具有合作制经济的部分特征，如入社自由、"一人一票"、提取公积金等。但由于土地股份合作社实行按劳分配与按股分红相结合的分配方式，对社员退社也有一定限制，这与合作社盈余按交易额返还、退社自由、资本报酬有限等原则又有明显不同。

企业化是土地股份合作社的另一个重要特征。从经济组织类型来看，与旧的农业合作社是在国家计划控制和政府行政约束下的纯粹的农业生产单位不同，土地股份合作社是按照现代企业制度运作的农业生产经营企业。它建立了包括土地、生产要素投入等一系列长期契约关系。企业契约是要素所有者之间为获得剩余索取权而达成的协议。土地股份合作社通过要素合约，在农村社区内部实际上建立了一种企业管理关系，这既能够确保合作社社员合法地获取土地增值收益和垄断收益，也有利于土地股份合作社在更大范围内协调利用土地。事实上，土地股份合作社不但保证了村集体对土地增值收益的实际获得和集体分享，也为大规模的专业化生产提供了便利。①

（2）股份化与集中化

股份化是土地股份合作社的另一个基本特征。这主要体现在社员以量化的土地使用权入股，股份可以转让，分配上部分采取按股分红方式，"一股一票"的治理结构等方面。股份制既是实现土地合作化的一种方式，也是实现农村社区多重目标的一种重要制度选择，如为农村社区成员提供福利保障，为农村社区公共物品供给筹集资金，等等。因此，土地股份合作社实现了农村决策权的集中化，改变了以往分散农户在土地利用、投资、处置等方面各自为政的状况。土地集中起来以后，可由土地股份合作社进行统一科学规划、规模经营。这种决策权的集中，形成了一股市场垄断力量，有利于土地股份合作社最大限度地获取土地增值收益，② 从而促进农民脱贫致富。

（3）土地产权的明晰化

土地是中国农民的主要财产形式，保障农民的财产权首先就要保护他们的土地产权。但是，现行集体农地产权关系模糊，产权主体虚置，使得农村集体组织（村委会）不仅无法真正成为农民利益的代表，而且还为集体组织（村委会）与外部利益集团勾结，共同侵害农民的土地权益留下了制度空间。因此，土地产权主体虚置是现今农村土地集体所有制形式的根本缺陷。③

而土地股份合作社通过将土地承包经营权股权化，将土地资产的价值

①　徐朴，王启有.农村土地股份合作社的实践与探索［J］.四川行政学院学报，2008（3）：86.

②　徐朴，王启有.农村土地股份合作社的实践与探索［J］.四川行政学院学报，2008（3）：86.

③　于金富，邵培杰.社会主义农业生产方式的本质特征与崭新模式［J］.黑龙江社会科学，2012（6）：70.

形态按股量化到农民个人，进而以股份合作的形式投入农业生产。上述过程在实施中，进一步确认和完善了农民的土地产权，使过去虚置的、抽象的集体所有转变为具体的并且实实在在的按"股"所有、个人持有，这既符合土地集体所有的法律规定，又保持了土地承包经营权的长期稳定，还促进了农民增收，是一个"多赢"的制度设计。[①] 它较好地实现了土地产权方面的"三权分立"，把土地承包经营权分解为承包权和经营权（或使用权），土地所有权仍归集体，承包权归农民，经营权（或使用权）归实际经营者。通过土地入股和收益分配，使农民的承包权市场化、价值化，以促进土地的有序流转，[②] 有利于促进农业实现规模经营和农村经济发展。

（二）农村土地股份合作社的发展历程

农村土地股份合作社是一种典型的诱致性制度安排，是在批判继承我国传统农村合作经济运动经验的基础上，沿着农村家庭联产承包责任制、社区股份合作制以及土地流转制度的改革路径，逐步产生和发展起来的。

从历史上看，早在1953年我国成立初级农业生产合作社时，就采取了土地入股、统一经营的方式，这与土地股份合作社有许多相似之处。初级农业生产合作社按入股土地、资金和所付出的劳动力分配收入，坚持自愿互利、典型示范和国家帮助的原则，这种做法非常符合马克思和恩格斯所提出的股份合作制思想。而且在当时极大地促进了农业生产的发展，调动了农民的生产积极性，可谓开创了我国农村土地股份制的先河。[③] 后来，在由初级农业生产合作社转变为高级农业生产合作社时，为了筹集生产费用并收买社员的私有生产资料，采取了面向社员征集生产费股份基金和公有化股份基金的方式，从而和平实现了对农民的社会主义改造，完成了高级农业合作化。可见，在我国农业合作化运动初期，股份合作经济曾经受到重视并广为使用。只是在人民公社化过程中，取消了社员股金，对生产

---

① 季建业. 农村土地产权制度的创新举措——对江苏省扬州市农村土地股份合作的调查与思考 [J]. 法学家，2008 (3)：123.

② 卞琦娟，朱红根. 农村土地股份合作社发展模式、动因及区域差异分析 [J]. 江西农业大学学报（社会科学版），2011，10 (3)：8.

③ 于金富，邵培杰. 社会主义农业生产方式的本质特征与崭新模式 [J]. 黑龙江社会科学，2012 (6)：71.

队和社员的人、财、物，大多采取无偿平调方式，结果导致农村股份合作经济濒于瓦解，极大地挫伤了农民的合作积极性，阻碍了农业生产力的发展。

改革开放后，家庭承包经营责任制应运而生，并以雨后春笋之势在全国迅速推广开来。家庭承包经营责任制极大地改变了农业生产的低效状态，具有里程碑式的意义。但中国农业在经历了短短几年的高速发展之后，又陷入了缓慢增长期。这是因为家庭承包经营责任制把土地分成一个又一个弱小的单元，这种原子式的过度分散的土地经营方式无法利用大规模农业机械和农业生产技术，产生不了规模效应，造成土地和劳动力资源的双重浪费。农民收入被局限在十分有限的空间内，增长缓慢。在这种情况下，农村土地股份合作制顺势而生，它是继家庭联产承包责任制后的又一场农村土地制度变革，广受农民群众欢迎。

农村土地股份合作制最早出现在广东省南海市，目前已成为广东省土地流转最主要的形式。1987年，南海市被国务院批准为农村改革试验区，试验项目主要有规模经营和农产品出口基地等，但二者均以失败告终。于是，当时的南海市政府调整了改革思路，把改革重点转移到了产权上来。他们决定引入股份合作制进行土地产权制度改革，探索以土地承包经营权为中心的股份合作制试点，即组建社区型股份合作公司。社区型股份合作公司以原有社区合作经济组织为基础，以集体资产共同占有为前提，号召农民以土地承包权入股（个别村组还包含集体资产入股）。此后，全国各地都在此基础上，结合当地实际来继续这一实践的探索。[①] 这一形式首先在山东、浙江、江苏等东部沿海地区发展起来。近年来，中西部地区也开始进行这方面的探索，山西等地都在试行推广这种合作经济形式。

2008年，中共中央十七届三中全会通过了《中共中央关于推进农村改革发展若干重大问题的决定》，提出要"加强土地承包经营权流转管理和服务，建立健全土地承包经营权流转市场，按照依法自愿有偿原则，允许农民以转包、出租、互换、转让、股份合作等形式流转土地承包经营权，发展多种形式的适度规模经营。有条件的地方可以发展专业大户、家庭农

---

① 王康如. 农村土地股份合作社的运行机制及构建研究——基于典型农地股份合作社案例的分析 [D]. 郑州：河南农业大学，2012：21.

场、农民专业合作社等规模经营主体"。党的十七届三中全会以来，国务院颁布了一系列关于全面深化农村改革的重要文件，其中多个文件都对农村土地股份合作社的发展方向做出了重要部署。在一系列国家政策的大力支持下，土地股份合作社在广大农村迅速发展起来。

（三）农村土地股份合作社的发展现状

1. 农村土地股份合作社的组建方式

农村土地股份合作社主要有三种组建模式，具体如下。

第一种是股田制，即农民以单纯土地入股的土地股份合作社。这种模式将农户的土地承包经营权股权化后作股入社，入股土地由合作社统一规划、开发，实行委托经营或合作经营；具备条件的也可由合作社自主经营。合作社盈余实行按入股土地份额分配收益和红利的方式进行分配。这种模式在很大程度上将农业生产风险转嫁给了经营主体，入股农民不用劳作、不担风险，即可获得分红收入。

第二种是村股制，即按村或村民小组将集体所有的土地和其他经营性资产全部折股量化到个人，或者分设土地股和集体股，股民收益按股保底分红。

第三种是以土地为主的多元化入股模式，采用这种方式的土地股份合作社，是农民在自愿基础上以土地、资金、技术等作为入股资产，集体以农业技术、农田基础设施等作为入股资产，共同组建而成。农民按照所持股份获得相应的收益和红利，集体股份所得则可用于集体福利和基本建设等方面。

2. 农村土地股份合作社的分配方式

根据土地经营权参与分配的方法，农村土地股份合作社的盈利分配可以分为按量和按价两种模式。按量分配法是将成员入股的土地承包经营权视为成员与合作社的交易量，按照农民专业合作社的分配办法进行分配。如《江苏省农民专业合作社条例》规定："农地股份合作社应当将当年可分配盈利的60%以上，根据成员的承包地经营权出资额按比例返还给本社成员。"同时，还规定"农地股份合作社成员的承包地经营权出资额不参与剩余的不到40%的盈利分配"。按照上述规定，农地股份合作社的当年可分配盈利，60%以上按成员承包地经营权出资额分配；

40%以下按成员账户中记载的出资（不包括承包地经营权出资额）和公积金份额进行分配。这种分配的思路和方法，还是将农村土地股份合作社视为农民专业合作社，还没有真正将农村土地股份合作社作为一种股份制合作社来对待。所以有必要设计另外一种符合股份制合作社特征的分配方法。

按价分配法首先将成员入股的土地承包经营权进行价格评估，按评估价来确定成员入股的土地承包经营权折股额，然后将成员入股的土地承包经营权折股额与其账户中记载的现金、实物等其他出资和公积金份额一起，对合作社当年可分配盈利统一进行按股分红分配。这种分配方法的难点是，要对成员入股的土地承包经营权价格进行科学评估，合理确定土地承包经营权折算的出资额。笔者认为按价分配法更加适合农村土地股份合作社。

（四）农村土地股份合作社的治理机制与发展态势

1. 农村土地股份社的治理机制

农村土地股份合作社的治理机制关系着方方面面，涵盖股东组建与决策机制、合理设置股权的治理机制、社会风险防范机制、成员退出机制等等。农村土地股份合作社强调改变经营方式，以市场为导向、以效益为目标，实施规模化经营。农地股份合作制作为一种组织和制度创新，能产生经济当事人在现行农地制度安排下无法获得的外部利润，但农地股份合作制度规则内含的矛盾又可能导致效率损失。[①]农村土地股份合作社在提升其外部利润、减少效率损失的治理过程中，其集体股权的设置使得相对分散的剩余索取权比较集中，而且农村集体经济组织代表集体股权所有者，掌握了部分分散的剩余索取权，将有效解决股权分散给决策带来的管理成本过高问题，同时其强势地位为弱势小股东争取了谈判力量，有利于防止各种经营者的投机等不道德行为，进而使内生交易费用降低。农村土地股份合作社成立与治理时需要坚持循序渐进原则。股东组建与决策机制方面，具体通过组建股东大会，负责决策重大经济事宜，保证农户所有权的行使；同时，也利用决策的多数票原则，保证所有权的共享性；成立董事

---

① 钱忠好. 外部利润、效率损失与农地股份合作制度创新 [J]. 江海学刊，2007（1）：88.

会，代表股东负责监督土地的经营活动；然后再由董事会聘用"懂经营、会管理"的能人具体负责日常土地经营活动。合理设置股权的治理机制方面，农村土地股份合作社股权的设置应根据当地的实际条件，可将土地按其所占份额或按照一定的标准作价入股，组建土地股份合作社；也可在土地入股的基础上，吸收工商业主、自然人投资共同组建土地股份合作社，对股份进行量化，设置记名股权证，作为享受收益分配的凭证。社会风险防范机制、成员退出机制方面，作为出资入股的土地，不得改变原有的土地性质和用途；在合作经济组织解散时，土地承包经营权不得用于清偿债务、不得作为偿还债务后的剩余财产进行分配，以土地承包经营权出资入股的成员，应以等额的货币或其他财产将出资入股的土地转换出来。①

2. 农村土地股份合作社的发展态势

农村土地股份合作社，是促进土地流转、加快转变农村发展方式的实现形式，是完善家庭承包经营制度、加快现代农业发展的迫切需要，也是着眼于解决当前农村土地流转不够顺畅、管理不够规范问题的重要措施。经济较发达地区农村基础条件较好，可以自主实践农村土地股份合作社，但要保护好农民利益。经济欠发达地区农村基础条件较差，可以结合当地实际适时实践农村土地股份合作社，调动农民的积极性。例如，江苏苏南地区上林村土地股份合作社产生于特定的社会经济背景条件下，在产权结构、股权设置及收益分配等方面具有某些典型的运行特征，但现实中合作社面临政社不分、股份集中度低、股权封闭性强、入股要素及其用途单一、收益分配制度尚待完善等诸多问题，其发展出路在于政社分开，明晰产权，完善股权流动机制，健全激励和监督机制，完善收益分配制度，加强立法建设。② 成都市农村土地股份合作制改革的外部利润来源于制度创新空间的形成、土地的增值收益、土地规模利用效应和土地集约利用效应，采取诸如放松法律限制、加强理论研究、规范机制建设等措施，从而

---

① 胡勇. 农村土地股份合作社的制度基础及治理机制研究［J］. 农业经济，2014 （2）：80.

② 张笑寒. 农村土地股份合作社：运行特征、现实困境和出路选择——以苏南上林村为个案［J］. 中国土地科学，2009（2）：38－42.

推动土地股份合作制的生成和发展。^①当地政府必须进行与现行制度相衔接的、为农民所接受的制度创新，保证它既能置换农民手上的土地收益权，同时又不使农民感到他们的土地成员权会丧失掉。土地股份合作社的发展必须获得农民的系统支持，既为他们提供保底分红的剩余权保障又提供具有安全阀门功能的退出自由，土地股份合作社才能成为有效率的经济组织；今后土地股份合作的健康发展，取决于剩余权与退出权保障机制的政策供给。应当允许农民根据本地实际，探索通过农村土地股份合作社促进土地流转和发展现代农业的有效途径。农村土地股份合作社发展过程中，要充分考虑农民的长远利益，让农民获得长期、稳定的土地收益，兼顾农民当前的切身利益，使入股农民得到实惠，健全农村土地股份合作社治理机制，巩固和发展土地股份合作制改革的成果。^②

（五）典型案例——彭水县苗妹香香优质农产品股份合作社

1. 合作社基本情况

彭水县苗妹香香优质农产品股份合作社前身为重庆市武陵区彭水苗族土家族自治县苗香优质米专业合作社，由彭水县鞍子镇农技员牵头发起，广泛吸纳鞍子、梅子等 12 个乡镇优质稻产区粮农参与，严格遵循"服务农民、管理民主、进退自由、权利平等"的原则组建。2007 年 8 月工商登记，2012 年 3 月转登记为股份合作社。该社主要从事优质大米等优质农产品的生产经营，兼营农业生产资料和土特产品营销、农业科技示范推广及特色果林建设等业务。现有社员 2796 人，注册资金 250 万元，管理人员 6 人，聘有常年技术顾问 5 人。合作社已建有优质水稻基地 3 万余亩，年产稻谷 1500 万公斤。该社是全市农村工作会连续 4 年表彰的"十佳模范合作社"，是农业部项目示范合作社，被中国科协、中国财政部评为"惠农兴村先进单位"。合作社创办了彭水县首所农民田间学校。理事长系县政协委员，被评为 2011 年重庆市首届科普先进个人。

---

① 任辉，吴群. 外部利润、产权界定与土地资源优化配置——成都市农村土地股份合作制改革的制度经济学解析［J］. 地域研究与开发，2012（3）：155 - 158.

② 胡勇. 农村土地股份合作社的制度基础及治理机制研究［J］. 农业经济，2014（2）：80.

2. 主要做法

（1）加大宣传，吸纳社员，规范办社

该社成立以来，利用多形式多渠道开展《农民专业合作社法》和《重庆市实施〈中华人民共和国农民专业合作社法〉办法》等有关法律法规的宣传，编写的《合作社之歌》和《栽秧歌》被广为传唱，吸纳广大自愿通过土地、现金、技术等多种方式入股的成员入社，截至 2011 年，有社员 2796 人，其中以资金入股成员 28 个，以土地入股成员 276 个（入股面积 1071 亩），企业成员 1 家，其他成员 2491 个；出资额 250 万元。外聘在职大学生村委会主任助理及相关人员 6 人参与合作社的相关工作；建立了规范的管理制度和运行机制及精简高效的管理团队，设立了理事会和监事会，在理事会领导下具体负责合作社的经营管理工作，理事会下设办公室、财务部、技术营销部、加工厂负责相关方面的具体工作；聘请了专门财务管理人员，严格按照《农民专业合作社会计制度》规定进行独立的会计核算。

（2）立足产业，强化服务，增强合作

粮油产业属于效益较为低下的产业，但也是人类生存的必须产业，因此是极具开发潜力的产业。该社充分利用其种植面广、技术相对成熟和彭水特有的生态优势，以优质水稻种植为主导，广泛开展优质农产品的生产、加工、包装、营销，拓宽了入社农户的合作范围，增强了社员的合作意识，引领一方入社农户实现共同增收致富。

一是率先创新土地流转模式，规模化发展优质粮油生产，实现产业化经营。遵循"依法、自愿、有偿、合规"的原则，探索实践农村土地流转模式，实现规模化种植发展优质粮油生产。2011 年，合作社与适宜种植的规划村组 67 户签订了《重庆市农村土地承包经营权入股合同》和《苗妹香香优质农产品收购协议》，入股流转面积为 1071 亩，实现了标准化无公害种植核心科技示范基地，带动辐射周边乡镇近 1.5 万农户种植"苗妹香香"优质稻面积达 30198 亩，其中黄金米基地 2000 亩，优质小米花生基地 3000 亩，豇豆基地 2000 亩，渝黄油菜基地 5000 亩，林果基地 1800 亩。合作社从 2007 年开始，每年从盈余中抽出 8000 元作为生产发展专项基金，用于鼓励、表彰粮油种植大户、科技示范户，扶持粮食种植特困户。从而初步实现了区域化布局、规模化种植、市场化运作、一体化经营、社会化服务和企业化管理，形成贸工农一体化、产加销一条龙的农村经济经营方式和产业组织形式。

二是提供全程技物配套服务，开展合作文化建设，增强社员合作意识。该社目前建有四个科技服务平台、一个科普宣传队、一所农民田间学校、一支机动队（包括机耕、机插、机防、机收、机干），从而为社员提供全程技物配套服务，开展合作文化建设，增强社员合作意识。这种模式实现了四个"有利于"。其一是有利于提高农民的种粮积极性，增加农户的收入，具体表现在四个方面，即合作社及时给予的技术指导，定期和不定期的技术培训，降低了生产成本；前期无偿为入社社员提供价值40元的种子、农药等农用物资；社员生产出来的优质稻谷给予每吨高于市场价160～400元的保护价收购；年终按照社员的交易量返还合作社可分配盈余的60%，从而大大降低了生产成本，增加了社员收入。其二是有利于实现规模种植，进行标准化生产，确保农产品的质量安全。其三是有利于加快科学技术的推广，提高社员群众的科学种田水平。其四是有利于增强合作社的凝聚力。

（3）强化科技，优化品牌，助推增收

合作社不断更新和运用科技成果，注重产品科技含量，加快品牌建设，助农增收明显。

第一是狠抓农业科技的推广，进行标准化生产，打造优化农产品集群，加快品牌的提升。合作社因地制宜在生产上运用"五统一"和"五把关"的生产栽培技术，进行标准化生产。一是品种选用关，统一品种。二是合作社统一组织国家认可的统一培训。依托县农委、县科委等相关单位的支持，在基地乡镇广泛开展技术培训，使社员掌握"育壮秧、规范栽、科学管"等生产技术标准。三是科学施肥关，统一供肥。根据基地土壤肥力实际，统一组织生产用肥（重点施用农家肥、生物肥），定点评价供应，定量科学施用。四是把防病治虫关，统防统治。统一组织高效、低毒、低残留农药，定点优价供应，统一组织施用，机防队配合核心重点区域统防统治。五是把原料质量关，统一收购政策。原粮推行"七收七不收"政策，即：有社员证的收，反之不收；有购种发票的收，反之不收；属制定品种的收，反之不收；当年新谷子收，反之不收；水分低于14%的收，反之不收；纯度、净度高于96%的收，反之不收；每亩限量收400～500公斤，超余的不收。从而铸造了"苗妹香香"、"新、香、纯、洁"的品质。目前合作社已完成了"苗妹香香"29、30、33 类商标和"彭水小米花生"地理商标的注册，且"苗妹香香"喜获彭水县知名商标和重庆市著名商标。并率先以优质米生产为主导，成功开发了保健食品——黄金米、长生之果——小米花生、抗癌产品——野生大脚菌等系列产品。产品除在室内销售外，还在重庆主城区设立了"苗妹香香"优质米销售窗口，常年供不应求。重庆电视台、《重庆日报》等媒体多次宣传报道该社。

第二是发挥社会力量，加快合作发展，完善服务体系，促进农民增收。该社积极筹集社会闲散资金，不断完善服务体系。目前，全社已初步形成了"五有"的良好发展态势：一有不断巩固扩大的生产基地；二有不断提升的著名品牌；三有广阔的市场前景；四有显著的社会效益；五有不断完善的加工体系。合作社已成为组织机构完善、制度健全、运行机制规范、示范带动广泛、品牌效应明显、社会效益显著的农民致富增收的家园；合作社在引领当地农民专业合作社建设发展的潮流中起到了良好的示范带动作用，成效显著。2011 年，全社产优质稻谷 8962 吨，加工、销售"苗妹香香"优质米 1286 吨，带动 1.52 万余户农民，亩平均增收 320 元。实现产值 1065 万元，净资产达 387.18 万元，盈余 98.26 万元，社员返利 56.9 万元，社员人均收入比当地农民高 22%。①

四 农民专业合作社

（一）农民专业合作社的发展历程

我国农民专业合作社的发展经历了由自发组建到政府引导、自主发展的过程。总体上，从 20 世纪 80 年代至今，大致经历了以下三个阶段，即萌发、起步和深化加速阶段。

1. 萌发阶段

20 世纪 80 年代初到 90 年代初，可称作农民专业合作社的萌发阶段。

---

① 黄胜忠. 农民专业合作社经营管理机制研究 ［M］. 成都：西南财经大学出版社，2014：266 - 270.

这一时期的合作经济组织大多是在农村能人和专业户的倡议下，根据自身利益与生产需求自发组建起来的。大多数称为"专业技术协会"或"研究会"，如天水市界牌镇水产研究会，该会成立于1982年，是我国改革开放以来成立最早的农民专业研究会之一；1985年在山西省太谷县成立的西瓜研究会，等等。

这一时期成立的合作经济组织，活动内容以技术合作与信息交流为主。数量较少，而且规模较小、稳定性较差。规范化程度也很低，大部分都没有独立的章程和组织机构，成员是凭借朴素的感情纽带联结在一起的。成员的权利和义务也不十分明确，农民从中获取的利益非常有限，作用不是很明显。这个阶段的合作经济组织大多数仍停留在单纯从事技术推广、信息交流层次，很少向商业领域延伸。① 覆盖面较小，成员之间的合作与联合往往局限在社区内部。

2. 起步阶段

20世纪90年代初至90年代后期，可称作农民专业合作社的起步阶段。在这个阶段，政府逐步加大了对农民专业合作社的政策支持，并积极组织试点工作。1991年，国务院发布《关于加强农业社会化服务体系建设的通知》，把农业专业技术协会、专业合作社作为农业社会化服务的形式之一，要求各级政府给予支持，保护其合法权益，引导它们健康发展。同时，要求有关部门在资金、技术、生产资料供应等方面予以支持。② 1993年，第八届全国人民代表大会第二次会议通过的《农业法》和《农业技术推广法》，明确指出国家支持农民举办各种形式的科技组织，首次以法律形式肯定了农民科技推广组织。1994年，农业部开始进行农民专业协会的立法和试点工作。1997年，财政部出台文件（财商字〔1997〕156号）规定："专业合作社销售农业产品，应当免征增值税。"③ 1998年，中共中央、国务院发布《关于1998年农业和农村工作的意见》（中发〔1998〕2号）指出，国家鼓励并大力支持农民发展多种形式的联合与合作。

---

① 胡卓红. 农民专业合作社发展实证研究［M］. 杭州：浙江大学出版社，2009：81.
② 潘劲. 合作社理论与中国农村合作社实践［R］. 北京：中国社会科学院农村发展所，2001.
③ 韩俊. 中国农民专业合作社调查［M］. 上海：上海世纪出版股份有限公司远东出版社，2007：6.

在国家法规、政策的大力支持下，农民专业合作社获得快速发展，逐步由技术合作型向技术经济合作型升级，活动内容逐步拓宽，除进行技术合作外，还从事生产资料购买、农产品销售、储藏及运输等多项业务。合作社的牵头人呈现多元化趋势。活动范围逐步扩大，打破了原来的社区限制，跨乡、县的合作社开始出现。成员与合作社之间的关系由"松散"走向"紧密"，数量和质量均有明显提高，并涌现了一批规模较大、产业链较长、运作规范、覆盖面广、带动力较强的典型。

据统计，截至 2000 年底，全国共有专业合作社 26000 家，成员 858 万户，销售农产品产值 126.77 亿元。①

3. 深化加速阶段

2000 年至今，我国农民专业合作社处于深化和加速阶段。在这一时期，农民专业合作社之所以开始向纵深发展，究其原因，主要有三个方面：一是农业和农村经济结构调整不断加快并向深入推进，为农民专业合作社的发展提供了良好的土壤；二是"入世"效应的逐步释放，使农民组织化发展变得更为重要也更加紧迫；三是农民专业合作社获得的政策支持力度显著增大、可操作性明显增强。因此，2000 年以来，我国农民专业合作经济组织以更快的速度向前发展，数量和规模都在不断扩大，并呈现多样化趋势。由成员共同投资，经营业务以从事农产品加工为主的经济实体，成为这个时期农民专业合作社的突出特点。农民专业合作社在推进农业产业化经营、搞活农村经济、促进农民增收方面的作用日益增强，为农业和农村经济注入了新的活力。

为了支持、引导农民专业合作社发展，十届全国人大常委会第 24 次会议通过了《农民专业合作社法》，并于 2007 年 7 月 1 日起施行。《农民专业合作社法》的颁布，标志着我国农民专业合作社进入依法发展的新阶段。

（二）农民专业合作社的发展现状

1. 农民专业合作社的总体发展状况

近几年来，我国农民专业合作社发展迅速，农民专业合作社在各地蓬

---

① 胡卓红. 农民专业合作社发展实证研究［M］. 杭州：浙江大学出版社，2009：82.

勃兴起，不仅数量快速增长，质量也稳步提升，在促进农民生产发展、增加收入和农村繁荣方面的作用日益凸显。

（1）数量显著增加

根据农业部统计数据，截至 2011 年底，全国共有农民专业合作社 50.9 万个，其中被农业部门认定为示范社的有 6.5 万个，占总数的 12.8%。从区域分布看，主要集中在山东、江苏、山西、河南、浙江、吉林、黑龙江等 7 省，这 7 省的合作社总数占全国合作社总数的 54.9%。合作社实有成员达 3444.1 万个（户），平均每社有近 70 个成员；带动非成员农户 5366 万户，平均每社带动 105 户。

（2）从事产业以种植业和畜牧业为主

从产业分布看，目前农民专业合作社主要从事种植业、畜牧业。截至 2011 年底，种植业占合作社总数的比重为 48.3%，畜牧业为 28.2%，两者合计近 80%。其他各产业的比重分别为：服务业占 9.0%，林业占 5.1%，渔业占 3.9%。其中，在种植业合作社中，以粮食合作社居多，占 24.3%。在畜牧业合作社中，以生猪合作社为主，占 35.2%。在服务业合作社中，以农机合作社为主，占 57.5%。

（3）服务内容从单项技术服务向综合性服务转变

农民专业合作社开展的服务内容，从以单项技术服务和交流为主，逐步向围绕某一产品的生产经营提供综合性服务。在 2011 年，提供产加销一体化服务的农民专业合作社占总数的 50% 以上。具体而言，在 2011 年，以开展产加销一体化服务为主的合作社，占农民专业合作社总数的 52.3%；以开展生产服务为主的合作社，占 26.9%；以从事购买服务为主的占 3.5%；以实行运销服务为主的占 3.3%；以提供加工服务为主的占 2.2%；以提供仓储服务为主的占 0.8%；开展其他服务的占 10.9%。

可见，进入新世纪以来，尤其是近年来，我国农民专业合作社发展呈现出速度明显加快、合作领域逐步拓宽、合作层次日益提高的态势，成为我国实现农业现代化的一种重要农业生产组织创新形式。然而，从总体发展水平看，目前我国农民专业合作社仍然处于起步阶段，覆盖面较小，入社农户数量有限，参与农业生产经营的广度和深度有待进一步提高，其在农村经济发展、社区建设中所起的作用还十分有限，还有很大的提升空间。

2. 农民专业合作社的创办情况

近年来，农民专业合作社逐步形成了由民间团体、精英人士领办的良好氛围。如山东省，农民专业合作社的创办人主要是农村干部和能人，供销社和原国营商业系统的企业，龙头企业，农技推广部门等 4 大类。到 2002 年，山东省农民自主创办的专业合作社占全省总数的 61.8%，龙头企业与农民联办的占 14.0%，二者占总数的近 80%。据 2004 年黑龙江省的统计数据，农民创办的合作社占 50%；乡村干部创办的占 21.7%；村委会创办的占 16.6%；农技推广部门创办的占 8%；其余 3.7% 由龙头企业或供销社创办。

与山东、黑龙江省不同，浙江省 2002 年的统计结果表明，该省农民专业合作社的创办人主要是农业部门，占总数的 45.1%；其次才是农民，占 19.8%；再次是政府其他部门，占 13.6%；科协部门占 12.8%；供销部门占 3.4%；其他占 5.3%。在重庆市，农民专业合作社的创办者主要是农村专业大会、农民、供销社、龙头企业、农技推广部门等，其中近三层是由基层供销社组建或改建的。

从以上分析可见，因各地资源条件和经济发展水平不同，农民专业合作社的创办人也存在较大区别，但有一点却是相同的，那就是各级政府都在遵循"扶持不干预、引导不参与"的原则下逐步淡出合作社经营领域。①

3. 农民专业合作社的产业和业务特点

（1）产业特点

目前，我国农民专业合作社所从事的产业分布非常广泛，几乎涵盖了农村的所有行业和领域。根据国务院发展研究中心农村经济研究部与财政部农业司 2005 年统计数据，在当年，陕西、四川、甘肃、吉林、安徽、河南、浙江、山东、河北等 9 省的合作组织，经营与服务范围涵盖种植业、畜牧业、水产业、林业、农产品加工与手工业、农机服务、农产品运销、物质供销、技术信息、水利建设等 10 个行业。合作组织的活动主要是围绕当地主导产业和特色产业开展起来的。合作社的服务一般集中在种植业、养殖业和农产品运销方面。但从总体来看，主要集中在种养业。农业部数

---

① 张晓山，苑鹏. 合作经济理论与中国农民合作社的实践［M］. 北京：首都经济贸易大学出版社，2009：163.

据表明，在各类农民专业合作社中，从事种植业生产经营服务的占47.6%，畜牧业占24.7%，渔业占5.1%，农机服务占4.1%，其他行业占18.5%。[①]

（2）业务特点

近年来，农民专业合作社发展的一个突出特点是，与当地产业结构调整紧密结合，依托当地支柱产业或特色产业，通过建立稳定的销售渠道，开展农产品的储运、包装、初加工等业务，带领农户以较低的门槛加入了农业产业化进程。同时，农民专业合作社的发展，也有利于推动当地农业产业化和农业结构优化升级，从而初步形成农民专业合作社与农业产业化相互促进的良性循环。

然而，相对于发达国家农民合作社向着农产品加工领域延伸、实现产加销一体化发展的潮流与趋势，目前我国的农民专业合作社仍处于初级农产品生产流通层次上。以成都省为例，2005 年全市已有各类农民专业合作社 1595 家，社员 17.56 万人，联系农户 43.75 万户（占全市农户总数的 21%），但其业务主要是提供技术培训，推广新技术、新品种等，难以满足成员更深层次的需求。[②]

（三）农民专业合作社的治理机制与发展态势

1. 农民专业合作社的治理机制

（1）组织治理特点

随着农民专业合作社的发展，其经济实力逐步增强，服务水平和合作层次也在不断提升，自身建设也开始走向正规。以江苏省为例，2004 年，全省有将近 2/3 的合作社在工商、民政等行政部门进行了登记（备案），这些合作社一般都制定了较为规范的章程，建立了比较完善的组织管理体系和相应的规章制度。据农业部新闻办公室消息，到 2013 年 12 月底，全国依法登记注册的专业合作、股份合作等农民合作社达 98.24 万家，各级示范社 10 万余家。[③]

---

① 韩俊. 中国农民专业合作社调查 ［M］. 上海：上海世纪出版股份有限公司远东出版社，2007：11 - 17.

② 胡卓红. 农民专业合作社发展实证研究 ［M］. 杭州：浙江大学出版社，2009：94.

③ http://www.cfc.agri.gov.cn.

然而，从全国整体水平来看，农民专业合作社还没有真正建立起有效的治理机制，主要表现在以下几方面：一是没有形成农民成员为所有者主体的产权制度，尤其是在政府部门、供销社和龙头企业创办的合作社中，这一问题显得尤为突出；二是绝大多数农民专业合作社，都没有形成由社员控制的决策机制和利益分配机制，创办人往往集董事长和经理职位于一身，独揽大权；而普通社员因被排斥在决策层之外，参与度很低，很难实现利益诉求；三是政府干预仍然较多，很多合作社还摆脱不了对政府的依赖；四是财务管理制度还不健全，成员大会、董事会往往不能按时召开。凡此种种都直接影响了农民专业合作社的良性发展，个别地方已出现农民专业合作社蜕变成私人企业或解体的现象。

（2）组织体系特点

目前，在一些地区已经出现了发展合作社之间以及合作社与公司之间横向合作的新动向。如山东省，1997年以来，由省农委等牵头，对全省部分市场化程度较高的农产品如西瓜、大蒜、果蔬、葡萄、海产品生产者成立了行业协会，进一步促进了其微观主体农民专业合作社的发展。根据农业部消息，到2013年12月底，全国已有联合社6000多家。

除了按照业务发展建立农民专业合作社联社外，一些地方还出现了按照区域组建农民专业合作社网络体系的情况。从国际合作运动发展经验来看，当基层合作社发展到一定程度后，为扩大市场占有率、实现规模效益，开展合作社之间的合作将成为必然。联合社就其功能而言，既有对基层社进行业务指导、维护基层社利益的功能，也有组织基层社共同开展业务、联合购买原料并推销产品的义务。在我国，从总体上看，由于农民专业合作社在全国的覆盖率还很低，代表性也不强，因此还没有形成一个自下而上、由基层社自发联合组建的联合社组织体系，目前联合社的发展主要是自上而下形成的社团性质的行业协会，带有较强的行政色彩。

2. 农民专业合作社的发展态势

进入21世纪以来，尤其是2003年以来，我国农民专业合作社面临的外部环境越来越宽松，迎来了政策上的春天。在立法方面，2003年开始实施的《农业法》，首次明确了农民专业合作社的法律关系主体范围，把其归为农业生产经营组织的专门一类，并指出国家鼓励农民自愿组成各类专业合作经济组织，鼓励并支持这些合作经济组织参与农业产业化经营、农业技术推广和农产品流通与加工等。2006 年 10 月，第十届全国人大常委会第 24 次会议通过了《专业合作社法》，并于 2007 年 7 月 1 日起正式实施。

在扶持发展层面，2004 年中央一号文件明确指出，从当年起中央和地方要安排专项资金用于支持农民专业合作组织发展。根据上述精神，从 2003 年到 2009 年，财政部累计安排专款 13.75 亿元，支持农民专业合作社发展。农业部从 2004 年起，每年都拨出专项资金扶持农民专业合作组织示范项目建设，截至 2009 年已累计支出项目资金 1.45 亿元，扶持了 800 个农民专业合作社。目前，该工作仍在继续，而且支持力度逐步加大。据中国农业新闻网消息，仅 2013 年一年，中央财政用于扶持农民合作社的专项资金就达 18.5 亿元，其中示范社转移支付奖补资金增至 6000 万元。

在中央带动下，越来越多的省份开始行动起来，加大对农民专业合作社的扶持力度。从资金扶持方面看，很多省份都开始拨出专项资金支持本地农民专业合作社的发展。在政策制定方面，截至 2006 年初，全国已有 28 个省（区、市）专门制定了促进农民专业合作社发展的方案，核心是改善农民专业合作社的政策和法律环境，加大扶持力度，解决注册登记问题，提供专项资金支持、税收优惠和信贷服务等，为农民专业合作社的发展营造公平竞争的环境。不难想象，未来农民专业合作社将有更加广阔的发展空间。

（四）农民专业合作社的农户增收效应

1. 农民专业合作社带动农户增收的状况

（1）农民专业合作社带动农户增收的效果

成员是农民专业合作社的主要服务对象，农民专业合作社负责提供生产资料购买，农产品销售、加工、运输、储藏以及农业技术和信息等服务。与其他经济组织不同，农户与合作社是利益共同体，共同参与利润分配。合作社可以从多方面帮助农户增加收入，如合作社可以降低交易成本，减少在运输和信息搜集等方面带来的效率损失；可以提高议价能力，使农户获得更高的销售价格及较低的投入成本；可以实现规模效应，并通过二次分配的形式返还给惠顾农户，使农户利益增加。

通过对加入农民专业合作社农户的调查数据可以看出，加入农民专业合作社之后，农户在减少生产资料费用、统一提供技术服务、提高农产品质量、保证产品的销路、提高产品销售价格、为社员的产品交易返利、为社员的出资支付利息等方面都或多或少地得到了好处，特别在统一提供技术服务、保证产品的销路、提高产品销售价格等方面的好处较为明显（见表6-1）。相对于出资分红而言，绝大多数农户加入合作社更为关注的是产品销售和价格改进方面的收益。

表6-1　农户参加合作社得到的好处

单位：%

项目	非常少	很少	一般	很多	非常多
减少生产资料费用	3.8	17.3	55.1	23.1	0.7
统一提供技术服务	2.0	6.7	36.7	48.4	6.2
提高农产品质量	1.6	6.2	51.3	37.3	3.6
保证产品的销路	2.7	10.2	34.2	44.5	8.4
提高产品销售价格	3.8	12.7	46.9	34.2	2.4
为社员的产品交易返利	20.2	28.0	33.5	16.2	2.2
为社员的出资支付股息	23.6	35.6	30.0	10.2	0.5

资料来源：黄胜忠. 农民专业合作社经营管理机制研究［M］. 成都：西南财经大学出版社，2014：65.

关于农民专业合作社带动农户增收的作用，调查数据显示，加入合作社之后，收入增加比例在10%以下的农户占被调查农户总数的22.6%；收入增加比例在10%~20%的农户占被调查农户总数的19.8%；收入增加比例在20%~30%的农户占被调查农户总数的24.6%；收入增加比例在30%~40%的农户占被调查农户总数的12.7%；收入增加比例在40%~70%的农户占被调查农户总数的15.6%；有4.7%的被调查农户增收比例高于70%（见表6-2）。这表明，农民专业合作社确实在促进农户增收方面起到了非常重要的作用。

表6-2　农户加入合作社后收入增加的比例

比例（%）	10以下	10~20	20~30	30~40	40~70	70以上
频数（户）	248	218	270	140	172	52
频率（%）	22.6	19.8	24.6	12.7	15.6	4.7

资料来源：黄胜忠. 农民专业合作社经营管理机制研究［M］. 成都：西南财经大学出版社，2014：65.

（2）农户对农民专业合作社的满意度

调查显示，对于"整体而言，对合作社比较满意"和"整体而言，加入合作社达到了当初的预期"分别有 69.2% 和 52.5% 的农户表示赞同（见表 6 - 3）。这个结果表明，农民专业合作社在有效控制内部交易成本的基础上，将市场交易成本最小化，有效保障了入社农户的经济利益；正是因为收入增加，大部分入社农户对农民专业合作社具有较高的满意度。

表 6 - 3　农户对农民专业合作社的满意度评价

单位：%

项目	非常不同意	不同意	一般	同意	非常同意
整体而言对合作社比较满意	0.4	5.8	24.5	60.7	8.5
整体而言加入合作社达到了当初的预期	2.2	8.2	37.1	43.6	8.9

资料来源：黄胜忠．农民专业合作社经营管理机制研究 [M]．成都：西南财经大学出版社，2014：66.

2. 农民专业合作社促进农户增收的作用机制

农民专业合作社之所以能够促进农户增收，其作用机理主要体现为服务联结机制与利益分配机制。

（1）服务联结机制

农民专业合作社的重要组织功能之一，就是联合销售和采购物资时能产生有效的价格改进作用。从服务联结机制来看，合作社为农户提供的服务项目主要集中在农业生产的产前、产中、产后三个环节。合作社通过这三个环节的服务，帮助农户有效减少投入、增加收益。

产前服务主要包括以下几个方面。①统一规划品种，优化品种结构。通过统一规划，可以实现规模经营，提高土地利用率，从而增加产品的附加值。②统一生产技术标准，进行统一技术培训。合作社通过抓标准化生产，邀请专业人员对农户进行统一培训、做技术指导等方式，提高农产品的质和量。③改善农业基础设施。农民专业合作社成立后，可利用自筹资金和从农业、科技等部门获取的资金和技术支持等，改善基础设施，为生产效益的提高打下坚实基础。④统一采购生产资料，做到质优价廉。农民专业合作社可从厂家批量购进农业生产所需的化肥、种子等生产资料，减少中间流通环节，使农户获得低于市场零售价的生产物资。另外，部分合作社还替无力购买生产资料的农户垫支生产成本，帮助他们解决资金短缺问题。

产中服务主要包括以下方面。①统一机械化耕作。这在粮食、蔬菜种植合作社中表现得尤为突出。合作社可以利用农机补贴政策购买一定数量的农业机械，统一组织协调，这样既节约了农业生产成本，又解决了农忙时劳动力紧缺问题，还可通过提供有偿农机服务增加额外收益。②统一组织生产管理，确保标准化安全生产。合作社通过统一组织施肥、施药、防虫等生产管理方式，可显著增加施肥的有效性、提高病虫害防治效率，有效降低生产风险。

产后服务主要包括以下方面。①统一组织产品销售。大多数农民专业合作社都能坚持以市场为导向的营销理念，利用多种渠道提高产品销售价格，增加销售收益。②统一包装，培育品牌。农民专业合作社成立后，可通过注册商标，申请产品质量安全认证，形成自己的品牌，提高产品的附加值。③对农产品进行加工，获取增值。部分合作社通过产品加工，延伸了产业链，有效缓解了产品集中上市的供需矛盾。

（2）利益分配机制

农民专业合作社利益分配的核心问题在于其多大程度上体现合作社本质规定性，也即怎样使员工既可得到农产品原料收益，又可从加工和销售环节中分得一部分利润。当前，我国的农民专业合作社仍处于发展阶段，市场开拓能力和盈利能力都还十分有限。合作社与其社员之间的利益分配机制如下：合作社向其成员免费提供技术、信息、运销等服务或实行较为优惠的价格。合作社在生产资料采购方面进行优惠或让利。合作社在收购入社农户的产品时普遍给予价格优惠，如以高于市场价格的方式收购入社农户的产品，或在行情不好时采取保底价格收购。在提取公共积累后，采取按交易量（额）返还盈余和按股份分红等方式分配剩余盈余。上述多项措施并举，有效保证了入社农户收入的增加。①

---

① 黄胜忠. 农民专业合作社经营管理机制研究［M］. 成都：西南财经大学出版社，2014：67－69.

（五）典型案例——新民市福德蔬菜种植专业合作社

1. 合作社基本情况

新民市福德蔬菜种植专业合作社是以蔬菜、水果、水稻、玉米杂粮的种植、回收、深加工、销售及新技术新产品实验、示范、推广为一体的综合性合作经济组织。合作社内蔬菜种植基地面积达 6000 余亩，蔬菜品种有番茄、马铃薯、白菜、青椒、大葱、茄子、黄瓜等十余种。

种植基地有着良好的自然环境，地势平坦、土质肥沃，采用深层井水灌溉，周边无工业企业污染、无大气污染，坚持以农家肥为主，配合有机肥料，采用生物农药防治作物病虫害，并有专业的机防队伍，以保证农产品达到绿色、安全、健康、无毒无害标准。合作社的农产品在获得国家绿色食品和有机食品标准后，顺利通过 ISO9001 国际质量管理体系认证、ISO14001 环境管理体系认证和 HACCP 食品安全管理体系认证，获得国家商标总局"好年缘"商标注册，"平安堡"和"万兴福德"图标注册。

在获得巨大荣誉的同时，合作社把农产品销售工作当作头等大事来抓，先后赴北京、天津、上海等大中城市考察市场情况、了解行情、制定措施，积极开展与大中城市市场联谊、对接活动，以大型农贸市场、商场、大型超市为销售平台，以农产品深加工为销售动力，建立素质高、业务能力强的经纪人队伍。为保证销售，合作社现已和兴隆大家庭、富源商厦、沈阳玫瑰物流、辽宁省政府特色农产品超市、上海绿办、辽河油田、东北蓄电池厂、东北大学、香港汇升环球有限公司等多方合作，实现了农超对接，保证了农产品的销售渠道畅通。2011 年合作社销售额为 2004 万元，利润 292 万元；2012 年合作社销售额为 3101 万元，利润 306 万元；2013 年合作社销售额为 3272 万元，利润 310 万元。

2. 合作社采取的主要措施和成效

（1）突出合作重点，强化统一服务

建社初期，形成了公司＋合作社＋农户＋基地的产供销一体化生产经营模式。合作社辐射全市 11 个乡镇，带动农户 10000 余户。用集约化生产经营，改变了多年来农户个体分散经营模式。合作社按照章程规定的经营业务范围，以合作为基础、以统一为特点，对广大社员在生产上实现了

"六统一"服务，即：统一引进优良品种（种苗）、统一技术指导、统一田间档案管理、统一农资（化肥、农药、农膜等）供应、统一产品检验检测、统一上市销售服务。杜绝伪劣假冒高毒高残留农资产品的私自应用，互相监督、定期检查、抽样检测，保证了农产品高质量、高效益、高信誉。合作社还建立了信息服务平台，为合作社社员和农户提供病虫害防治、农时耕种、气象、农药安全使用、生活小常识、农产品保鲜贮藏和市场价格等多种信息。

（2）健全管理制度，搞好规范运作

内部管理制度健全与否直接影响到合作社职能作用的发挥和健康稳定发展。合作社根据章程建立了社员代表大会、理事会、监事会等组织管理机构，下设办公室、财务部、技术部、销售部、物资部、监测室等。在内部制度建设上，合作社健全了重大决策议事制度、"三会制度"、财务管理制度、成员收益分配制度、技术培训制度、农资统一供应制度、农产品监测制度、蔬菜基地日常管理制度、蔬菜生产田间档案管理制度等规章制度，并建立了社员登记册、股金登记册和交易记录册，对社员颁发社员证和股权证。合作社还制定了合作社工作流程，坚持做到了入社有登记、管理有规章、办事有程序、交易有记录、工作有档案、服务有内容，形成了良好的工作运行机制，保证了合作社工作的规范化运作。

（3）为农服务，共同致富

合作社以科技为动力，促进新科技成果向农产品的转化。合作社建立了上联科研院所，下接科技示范户、种植大户，中有专业技术人员、营销经纪人、生产加工企业的完整组织网络，并常年聘请植保专家、肥料专家3名，指导社员生产管理，定期组织社员培训农业科技知识。4年来合作社共培训社员300余次，受培训人数达2000人次，组织专家、技术人员深入田间地头现场指导100多次。合作社积极开展实验推广"秸秆生物反应堆技术"、"复合微生物菌肥"田间应用技术等，现已获得成功。同时合作社还组织社员去大连、海城、四川参观和学习好的合作社，赴韩国洽谈农产品业务等，使社员生产水平得到提高，眼界得到开阔。

为满足日益增长的消费需求，合作社新增蔬菜农药残留检测设备2台、农产品配送车4台、水稻收割机1台、玉米联合收割脱粒机1台，新建冷库及生产包装车间2800平方米、鲜蔬菜速冻车间700平方米，深加工品种由原来的 10 个扩大到 20 个，搞好保鲜、冷藏、鲜储生产，让"好年缘"农产品在全国各地销售，而且还实现了出口。

（4）积极为社会解忧，为民解难

3 年来，合作社为本社特困户免费提供种子、化肥、农药，使他们尽快摆脱了贫困；为本社 6 户经济困难的孩子支付住院费用，资助贫困大学生 3 名，圆了孩子们的大学梦。

合作社的绿色蔬菜在第八届辽宁沈阳农业博览会上获"优质农产品金奖"、"辽宁十大金穗奖"；在青岛博览会上获得"最畅销农产品奖"；"好年缘"牌绿色蔬菜和有机大米在第七届中国辽宁（沈阳）国际农业博览会中荣获"雨润杯"优质农产品金奖；"福德"蔬菜荣获 2012 年农博会"记者眼"特别推荐优质农产品；"好年缘"蔬菜在 2012 年沈阳国际农业博览会上荣获"优质农产品"；在 2010 年辽宁省农村合作经济组织名优产品展销会上被评为"最受欢迎农产品"；在第三届辽宁省农村合作经济组织名优产品展销会暨农超对接洽谈会上被评为"名优产品"。通过几年来的勤奋努力，合作社 2010 年被沈阳市农村经济委员会评为"沈阳市 A 级农民专业合作社示范社"；2011 年被评为"沈阳市百强专业合作社组织"、"AA 级农民专业示范社"、"沈阳市农产品质量安全检测站建设示范单位"；2012 年被评为"沈阳市龙头企业"、"农民专业合作社先进单位"、"AAA 级农民专业合作社示范市"；2013 年被评为"全国示范社"、"辽宁省诚信维权示范企业"等众多荣誉称号。

五　我国现行农业合作社的发展模式

任何事物的产生和发展既源于内生力量的生长，也要借助外部力量的支持，都会遵循一定的规律，呈现出一定的特点，我们把这种事物成长的路径概括为其发展模式。从我国新型农业合作社发展的实践来看，合作社在形成时所依托的主要力量包括"能人大户"、龙头企业、农技服务部门和政府部门等。我们据此将农业合作社的发展模式概括为"能人"带动型、龙头企业带动型、农技服务部门带动型和政府推动型四种类型。不同的发展模式因创办主体不同，存在的条件、组织形式、组织绩效以及发展方向都有差异。

（一）"能人"带动型发展模式

1. "能人"的概念

"能人"是对农村中具有一定技术水平和领导能力，并已进行大规模经营的农户的概括性称呼，主要包括专业经营大户、技术能手和技术干部、具有一定威望的乡村干部三类。专业经营大户，是指经营较大规模种植或养殖的农业大户。相对于普通农户而言，他们投入了更多的物力和财力，承担着更大的市场风险，因此更需要相关信息和技术指导，更需要通过合作社提高议价能力，故对合作社的需求意愿最高。同时，他们也有把当地农民组织起来的觉悟。而对于技术能手和技术干部而言，他们因拥有一技之长，也渴望组建合作社。一方面，可以通过技术入股、提供有偿服务等方式获得较大的经济收入；另一方面，又能得到成员的普遍认同，提升自身社会价值。至于具有一定威望的乡村干部，他们为了自身发展和带领当地农民致富的需要，也会积极组建合作社，并且他们所拥有的号召力和领导力客观上也容易将农民组织起来。可见，"能人"具有强烈的合作意愿，又具备牵头成立合作社需要的技术和能力，因此目前在我国农村，"能人"牵头成立合作社是一种较为普遍的模式。

2. "能人"带动型发展模式的特征

"能人"带动型发展模式指由"能人"牵头，联合经营同种产品或产业的农户自发组建创办，主要通过从事生产资料供应、产品运输收购等经营业务福射带动广大农民群众参与规模生产的合作社模式。在这种合作社模式中，"能人"通常占有合作社资产的较大份额，并且担任合作社的主要负责人，对于合作社的生存和发展起决定性作用。社员一般只缴纳少量的会费，主要依靠"能人"的投资及信息优势开展业务活动。这种模式属于农户自主发起的组织形式，不受任何行政干预，纯属农民个人行为的合作社。合作社通常由当地"能人"倡议发起，极大地表现出地缘、亲缘特征，对农民社员的凝聚力也很强。该模式下，合作社收购及推销产品一般主要采取买断制、代理推销、中介或保价收购等方式。

3. "能人"带动型发展模式的运行机制

这种模式下的农业合作社，其运行机制通常如下：在股权设置机制上，合作社主要以农户社员为主体，社员入社应具备一定的种养技术和经验，而且大都与发起人存在一定的关系。在决策机制上，重大事务实行一人相对多票制方式管理；一般情况下，决策主要由能人及专业大户做出。在生产机制方面，采取统一农资、统一种苗、统一疫病防治、统一标准、统一品牌、统一产品销售的方式。"能人"代表合作社解决主要事务，如与企业对接，联系外部收购、种苗、农资等。在利润分配机制方面，盈余主要按照成员入股比例返还，返还的总额不低于可分配盈余的 60%。[①]

4. "能人"带动型发展模式的绩效分析

（1）优势

具有较高的参合率。在这种模式下成立的合作社，牵头的"能人"往往是当地的技术或经营能手等，他们通常在当地具有一定的威望，因此由他们牵头成立合作社，更容易为广大农民所接受。合作社成立后，也具有较高的凝聚力。这种模式比较适合于农产品商品率较高，已形成一定的产业规模并且具有一定产业聚集度的地区。

具有较高的效率。这种模式合作社的财产基本上是由社员自己投资形成的，决策主要由"能人"做出。而这些"能人"通常具有较强的判断力和决策力，能迅速做出决策，从而大大降低了合作社的民主管理成本，有助于摆脱知识水平较低的农户对合作社发展的干扰。

具有较强的经营获利能力。这一模式合作社的发起人往往本身就具备一定的技术基础，这有效降低了合作社的技术成本；他们在销售上已经具有一定的营销网络，能够较快进入市场。同时还可以利用原先的资源，筹集更多资金，形成较大的经营规模，产生规模效应，获取较大利润。

具有较强的独立性。由于这种模式的合作社财产通常由农民自己投资形成，决策层也主要是由农民担任，经营管理和收益分配也均由农民自主决策，不受任何行政干预，因此合作社的自主性、独立性较强。

（2）劣势

规模小，经济实力弱。在这种模式下发展起来的合作社规模往往较小，经济实力较弱，如果没有特殊的政策支持，一般很难与大企业抗衡。

民主性差，监督困难。这种模式下成立的合作社，股权结构与决策权

---

① 何晋花. 浙江省农民专业合作社发展模式研究 [D]. 杭州：浙江农林大学，2013：19.

过于集中化，发起人往往拥有合作社的主要控制权和决策权，民主性较差。在运行过程中容易形成一股独大，给监督带来很大难度，影响农民入社积极性。

依赖特殊人才，稳定性差。这种模式下合作社的健康运行需要那些具有较强组织能力和开拓精神、热心为农户服务、懂技术会经营的牵头人或组织领导层，一旦这种人出现缺位，会导致合作社运行的不稳定。同时，带头人的素质对于合作社的影响也相当大，一旦他们判断失误就会造成合作社的损失。

（二）龙头企业带动型发展模式

1. "龙头企业"的概念

所谓"龙头企业"，主要指那些实力较强、在同类行业中具有较大影响力和带动力的农产品加工及流通企业。这些企业（尤其是食品加工企业）通常都采取规模化生产，所需原料一般要达到批量生产、稳定供应等要求。

在这种模式下成立的农业合作社通常由龙头企业领头兴办，并提供合作社发展所需的资金、技术、管理等生产要素；而合作社所需的场地、原料、劳动力等则由农民提供。这样做的好处是：一方面，龙头企业通过批量采购原料可提高原料的组织效率，节约交易成本；另一方面，原料生产相对统一，可提高原材料供应的稳定性、保证质量。

龙头企业带动型发展模式中的合作社是企业和农户之间的中介，企业通过合作社把农户的原材料生产与企业专业加工连接起来。借助于企业的市场联系、企业形象等手段销售产品，从而达到产加销一体化经营的目的。

2. 龙头企业带动型发展模式的特征

龙头企业带动型发展模式的表现形式是"龙头企业 + 专业合作社 + 农户"。龙头企业作为依托和农民一起组建专业合作社。这是一种生产加销售有序的经济运作形式，公司侧重营销，合作社侧重联系和服务，农户负责生产。龙头企业与合作社通常以合同或股份合作关系进行联合，这种联合可充分利用创办公司的技术、资金、储藏、销售等优势，充分发挥合作社的桥梁与纽带作用，形成产加销一条龙、农工贸一体化的生产经营体系，从而将产业化经营的推进和农民专业合作社的发展有效结合起来。这种模式下成立的专业合作社规模较大，与农户的联系也较为密切。

按照龙头企业参与组建农民专业合作社方式的不同，这种模式可进一步细分为两种形式。一种是由龙头企业向原料生产环节延伸，引导、扶持、组织农民组建原料生产型农民专业合作社，企业和农民专业合作社通过合同进行连接。另一种是龙头企业与农户以股份合作制相连形成利益共同体，按股分红，按交易量分配盈余；在这种形式下，农户可以分享农产品加工及销售环节的利润。

3. 龙头企业带动型发展模式的运行机制

在股权设置上，合作社主要以农户社员为主体，社员入社须按生产规模购买股金，入社自愿、退社自由，成员地位平等。这种发展模式的决策机制如下：实行一人一票制，成员各享有一票的基本表决权，管理人员一般来自内部理事会，合作社重大决策由社员代表大会表决通过。生产方面，统一供应种苗，统一生产技术，统一配供生产资料，统一防治病虫害，统一联系贷款，统一产品销售，实行标准化生产、产业化经营，日常管理由理事会承担，理事长负责。利润分配方面，盈余主要根据成员与合作社的交易量（额）比例进行返还，返还的总额不低于可分配盈余的60%。[①]

4. 龙头企业带动型发展模式的绩效分析

（1）优势

龙头企业带动农民建立合作社，可以同时实现多重优势。龙头企业拥有技术优势，可以通过合作社将多年积累的技术经验传递给农户；龙头企业对市场的需求把握比较准确，它会将市场信息反馈给农户，有助于农户有计划开展生产，有利于产品结构调整和优化升级；龙头企业拥有成熟的销售网络，这有助于实现农产品增值，增加农民收入。对于龙头企业而言，可以减少交易费用，保证原材料的稳定供应。对于农户而言，提高了市场谈判地位，并且能够分享农产品加工和销售环节的利润。而且，龙头企业通常具有强大的经济实力，能够吸引数量众多的农户参加合作社，有效提高农民的参合率。在这种模式中，合作社作为载体架起了农户和龙头企业之间的桥梁。一方面，龙头企业的技术、管理等生产要素可以通过合

---

① 何晋花．浙江省农民专业合作社发展模式研究［D］．杭州：浙江农林大学，2013：23.

作社渗透到农户的种养过程，帮助他们提高种养水平，同时也给龙头企业的原材料供应带来保障；另一方面，单个农户力量薄弱，抗风险能力差，这时候就可以借助企业和合作社力量，提高抵御风险的能力。

（2）劣势

龙头企业带动型发展模式也存在许多问题。第一，这种发展模式的适用性有限。一方面，它要求农产品加工流通企业具有较强的带动能力，一般在农业产业化经营水平较高的地区发展比较快；另一方面，它对企业承担风险的能力要求较高，而对大多数农村而言，培养这样的龙头企业并非易事。第二，是它自身固有的矛盾。从企业方面来看，追逐利润是企业的永恒目的，逐利的企业希望通过合作社降低原料成本提高收益。从农民角度看，他们希望通过合作社提高谈判地位并分享农产品加工增值部分的收益。因此，二者是矛盾的，这也是龙头企业带动型合作社问题的根本所在。第三，农民增收有限。在这种模式中，农户利益并无太大增加，因为他们没有定价权，产品价格往往由企业来定。同时，由于农户与企业实力相差悬殊，无法进行深层次合作，因此农民很难分享到二次分配收入。

（三）农技服务部门带动型发展模式

1. 基本概念

这种模式是指由农村各类普及与推广农村实用技术的部门或团体，根据农民生产经营的需要和自身发展的实际，利用和发挥他们在信息、技术、经营场所、设备等方面的优势，牵头领办农村合作经济组织。农技服务部门可以以技术服务参与合作经济组织，也可以以技术、劳务、资金参与合作，与农民结成利益共同体。

2. 农技服务部门带动型发展模式的运行机制

农技服务部门带动型发展模式又可以分为以下几种模式，模式不同，运行机制也略有差别。

（1）"农技站＋农户"模式

这种模式是以农技站为核心，联合本地及周边乡镇农户，按照"自愿、协作、互利"的原则组建而成。合作社统一组织生产和销售活动，或只从事某一农产品的供销活动。这是较普遍的一种合作模式。

（2）"农技站 + 经纪人 + 农户"模式

这种形式是农技站利用在长期服务农民的过程中所形成的良好信用及群众基础，发挥自身所具有的场地、仓储、技术等优势，吸纳本地一些经营意识强、市场信息灵、产品销路广的种养大户参与，结成利益共同体。这种模式比较适合于非合同性种植、销售，且生产规模大、供销面广、农技站自身难以承担的传统产业和基地项目。

（3）"农技站 + 企业 + 农户"模式

这是一种集产加销于一体的新型农民合作经济组织，它的运行不仅可以有效缓解农产品销售难问题，而且可以在组织内完成农产品优化升级和升值，实现了优质优价和利润的内部再分配。

（4）"农技站 + 其他机构 + 农户"模式

这种新型农民合作组织集技术、信息、资金、组织生产、经营管理、产品销售等方面的优势于一体，市场竞争力和抵抗风险的能力强。这种模式较适宜于有计划地组织大规模生产和销售的基地，合作经济组织通过为农户提供资金、信息、物资、技术、销售等一系列服务，帮助解决生产和销售中的难题，保护和调动农户的生产积极性。

3. 农技服务部门带动型发展模式的绩效分析

县、乡农技推广部门一般都拥有较为庞大的人才队伍、雄厚的科技力量、齐全的配套设施和完善的网络系统，在多年的为农服务中与广大农民结下了深厚的友谊，在农民群众当中有很高的声誉。由农技服务部门牵头领办农村合作经济组织，可以发挥它们在信息、技术、人才、经营场所、设备和组织管理等多方面的优势，从而在农业科技推广应用和经营管理等方面发挥示范作用。

农技服务部门可以利用合作经济组织的平台在农村推广新的技术，在为农民提供技术服务的同时增加了经济收入，这有利于壮大农技服务部门的经济实力。同时，农技服务部门牵头成立的合作经济组织在农业新品种、新技术引进、开发、推广方面作用明显，为政府进行行业管理提供了重要平台。[①]

---

① 张建华. 农村合作经济组织发展模式研究［D］. 南京：南京林业大学，2007：36 - 37.

(四) 政府推动型发展模式

1. 政府推动型发展模式的基本特点

这种形式的合作社是政府为了发展地方经济，由当地政府或有关职能部门牵头，在行政力量推动下自上而下成立的，是一种官民合办的新型农民合作组织。由于行政力量介入，合作组织的活动内容较多，但与政府的关系未完全厘清。这种模式下建立的合作组织大多是综合性行业协会，它们协助地方政府开展管理、服务和协调工作，保护会员利益，在加强行业管理和维护企业与农户利益方面发挥了区域行业协会的作用。

这种发展模式具有以下特点：一是行政色彩浓厚，行政官员在理事会中占有一定比重；二是由于政府和职能部门的介入，这种合作组织的发展具有一定公益性；三是成员与非成员没有明显区别，"搭便车"行为明显，这在一定程度上削弱了农民参合的积极性。

2. 政府推动型发展模式的运营机制

股权设置：生产达到一定规模的农户才有入社资格，社员入社须按生产规模购买股金，成员股份可以转让给本社其他成员。组织机制：成员大会选举和表决，实行一人一票制，成员各享有一票基本表决权，设理事长一名，为本社的法定代表人，设执行监事一名，代表全体成员监督检查理事长和工作人员的工作。生产经营机制：统一服务、统一供应良种、统一协调贷款、统一技术指导、统一为社员进行技术指导和培训、统一疫病防治、统一产品销售。利益分配机制：从当年盈余中提取60%作为公积金，用于扩大生产经营；按成员与本社的业务交易量比例返还盈余，返还总额不低于可分配盈余的80%，剩余部分以成员账户中记载的出资额和公积金份额，以及本社接受国家财政直接补助和他人捐赠形成的财产平均量化到成员的份额，按比例给本社成员，并记载在成员账户中。

3. 政府推动型发展模式的绩效分析

（1）优势

组织效率高，发展迅速。这种由政府自上而下推动建立的发展模式往往比农民自发成立要快得多，组织效率最高。由于行政部门的介入，合作社具有较强的稳定性，活动内容较为丰富，合作社的经济功能和社会功能也可在一定程度上得到发展。这种模式在农民合作社发展初期重要性尤为明显。

（2）劣势

民主性、独立性较差。行政力量介入，使得这种合作组织的民主性降低，合作组织自身不可能完全实现自我管理、自我经营。另外，这种合作经济组织对政府的依赖性很强，独立发展的能力较差，缺乏市场竞争意识。对政府的过度依赖，也使得合作社无法获得全面发展，一旦政府援助退出，合作组织将难以为继。

（五）四种发展模式的比较分析

上述四种农业合作社的发展模式各具特色，分别适宜于不同时期、不同阶段、不同地区和不同领域，每种模式都有自身的优势、缺陷以及适宜的领域和地域，彼此之间不能简单替代，其绩效对比如表6-4所示。

表6-4 农村合作经济组织发展模式绩效对比

模式\绩效	"能人"带动型	龙头企业带动型	农技部门带动型	政府推动型
组织效率	比完全农民自发合作的效率高	需要外界的撮合，组织效率一般	组织效率较高	发展迅速，容易推动，组织效率最高
组织民主性	社员高度参与管理，民主性好	社员参与管理程度降低	一般	不规范，行政色彩浓
农户参合率	单个的参合率低，但覆盖范围广	参合率高，带动能力强	一般	社员与非社员界限模糊
产值覆盖率	产值覆盖率较低	产值覆盖率高	产值覆盖率较高	产值覆盖率高
适应性	重要的发展模式	具有前景的发展模式	补充模式	未来政府逐渐退出

资料来源：张建华. 农村合作经济组织发展模式研究［D］. 南京：南京林业大学，2007：38-39.

六 国内典型发展模式案例介绍

（一）国内典型发展模式案例

在现实中，我国农村合作经济组织也不是严格按照上述四种模式发展的，而是其中一种或几种模式的混合体。各地都结合自身区域特点形成了具有特色的发展道路，比较成功的有以下五种（见表6-5）。

表6-5 国内典型发展模式案例对比

模式	特征	做法	经验	局限性
邯郸模式（河北省）	官民合办	由政府及有关农技经济部门选派少量骨干，与农民一起共同组建综合农协或专业农协	建立以农协为中心，横联政府涉农部门，纵贯各类专业农协、"龙头"企业、服务实体和农户的服务体系。在发展初期，依托县乡政府是一种比较实际和有效的方式	官办色彩浓厚，组织内部运作易受政府干预或控制
莱阳模式（山东省）	民商官合办	以农民为主体，流通企业和农技服务部门以不同形式参与组织农民建立合作社	国有合作商业与农民联合组建合作社，或国有合作流通企业以资金、物资等折股参与农民办的合作社，实现了农民、国合商业、涉农部门三方资源的整合	易办成国家技术经济部门的经济实体或附属物，谋求部门利益
宁津模式（山东省）	纯民办	实行两步走，即先由农民自发建立"农民合作协会"，经过一定时期的发展，再建立比较规范的专业合作社	农民自发兴办与政府事后规范两步走，对协会逐步规范，并过渡到合作社	依赖农民自发兴办，发展缓慢，事后规范难度大，成本高
安岳模式（四川省）	股份合作	以一种农产品为纽带，成立股份合作制专业技术协会，实现劳动联合和劳动者的资本联合	由劳动者的劳动联合开始，逐步发展到劳动联合和资本联合的结合，以适应农村商品化、专业化、集约化发展的需要	股份合作更注重依靠资本分红，从而易偏离组建合作组织的初衷
江山模式（浙江省）	合作社兴办加工企业	农民联合兴办新型农村合作经济组织，再由合作社单独或联合起来办"龙头"加工企业，形成"农户+合作社+公司"的格局	生产同类产品的农村合作经济组织单独或联合办加工企业，形成集科工贸、产加销为一体的产业化体系，把农产品的加工、销售所获取的利润留在农业内部	依赖于较高的经济发展水平和农民较强的合作意识

资料来源：张学鹏.我国农村合作经济组织目标模式及路径选择［J］.甘肃社会科学，2010（2）：92.

以上五种典型模式是各地根据当地实际情况而探索发展起来的，各有特色，都取得了良好的效果。由此可见，发展农村合作经济组织，要因地制宜，不能一刀切。

（二）国内典型发展模式案例的启示和借鉴

国内典型发展模式案例的对比分析，为我们研究中国特色社会主义农业合作社的发展模式提供了许多有益的启示和值得借鉴的东西。

第一，农业合作社的发展模式具有地域差异性。由于地区之间生产力、经济发展水平、社会环境、人口素质、干部管理水平等差异很大，因此，在发展农业合作社时，不能搞"一刀切"、一种模式，而要因地制宜，从当地实际出发选择适合本地特点的发展模式。

第二，经济发展水平是制约农业合作社发展模式的决定性因素。从政府推动、官民合办的"邯郸模式"到由农民自发兴办并创建龙头加工企业的"江山模式"，基本上体现了一个从低级到高级的梯级演进过程，而起决定性作用的因素是经济发展水平的差异。

第三，在农业合作社发展初期，政府推动、官民合办是一种比较有效的途径。1994年，农业部在陕西、山西和安徽三省进行的农民专业协会试点，大体属于"邯郸模式"。试点的实践证明，在培育农村合作经济组织的起步阶段，官民合办不失为一种比较实际有效的方式。但这只能作为一种过渡模式，而不是目标模式。农村合作经济组织发展的终极目标是要建立符合合作社发展规范的合作组织。①

---

① 张学鹏.我国农村合作经济组织目标模式及路径选择［J］.甘肃社会科学，2010（2）：92.

第七章　中国特色社会主义农业合作社的
发展模式和发展策略

一　影响农村合作经济组织发展模式的因素

纵观世界农业发展历史，建立和发展合作经济组织是各国农业发展的普遍规律，但各国农业合作经济组织的发展模式却各不相同。这是因为，农业合作经济组织作为一个经济组织，其生产经营活动必然受到外部环境的作用和影响，而外部环境包括自然条件、经济发展水平、政治体制、社会文化传统等在各国是各不相同的，这也就决定了各国农业合作经济组织的发展模式不可能完全相同。

（一）资源禀赋条件和经济发展水平

从资源禀赋条件的分析上看，欧美国家地多人少，农业中以大中型家庭农场居多，农业经营规模大，劳动生产率高，农户个体具有较强的竞争力，这在一定程度上消减了对组织联合的依存度。而东亚国家和地区，地少人多，在农村形成了小农经济的汪洋大海。小农经济抗风险能力差，组织化需求高，对合作和联合的依存程度深。农户建立和加入合作经济组织，既是商品生产发展的客观要求，也是农民"互帮互利"意识和愿望的强烈体现。从经济发展条件方面分析，欧美国家的农业专业化程度高、商品率高，通过建立各种专业性合作经济组织就可以将大多数农户纳入合作与联合轨道；而东亚国家和地区，农业的商品化程度低，农户兼业经营普遍而且呈现多样化，建立综合性合作经济组织更容易将大多数农户纳入合作发展轨道。

（二）经济体制因素

经济体制对农村合作经济组织形式的作用，在于其是否有利于农民实现完整的商品经济独立法人地位。从这个意义上讲，市场经济体制最有利于合作经济组织的形成与发展，因为市场经济是以其微观主体的行为为基础的。在市场经济条件下，农民作为独立商品生产者，其行为更有主动性。分与合是辩证的统一，只有农民个体的独立性强，合作的要求才更强烈。从这一点而言，无论欧美还是东亚，合作经济组织成为农村经济发展的需要，都是在市场经济体制的发展中显现出来的。但因欧美国家与东亚国家的市场经济类型不同，导致它们的合作经济组织发展模式也不尽相同。欧美尤其是美国实行的是自由市场经济，它们的专业性质的合作经济组合与重组自由度要比综合性合作组织大。东亚国家的市场经济是在受政治和意识形态控制较为严格的条件下运行的，其合作经济组织具有综合性社区特点。

（三）政治因素

农民的民主权利是农村合作经济组织发展的关键。欧美国家实行多党制，政治上多元化，农村社区与政府的政治联系不是很紧密，农村经济组织的重组与组合较为自由。东亚国家和地区农村社区组织与政府的政治联系较为密切，农村综合性的合作经济组织是准政府机构，具有明显的政治依存性。如日本的农协作为政府的行政辅助机构，不仅参与制定农业政策，而且还负责农业政策的贯彻落实，但由于农协使农民得到了实惠，受到日本农民的支持与认可。

（四）文化传统因素

文化传统对农民的合作意识起着决定作用，因此也影响着农业合作组织的形式。在欧洲国家，从文艺复兴开始资本主义制度得以发展，人们追求个性的解放和自我表现，这奠定了欧美国家文化传统的基调——利益至上，因此合作社的建立也表现为对利益的追求。合作社的模式以专业合作为主，出发点和宗旨就是提高经营效益。而东亚国家和地区，统一意志构成了文化传统的基调，忠于职守被视为传统美德。如日本在明治维新后开始走上资本主义发展道路，但仍保留着天皇，君主至上的意识仍积滞于国民思想之中，统一意识仍强有力地维系着人们多样化的合作与联合，因此，在这一地区，农村合作经济可以选择综合性的发展模式。[①]

二　中国特色社会主义农业合作社的发展模式

(一) 要发展多种形式的合作经济

1. 发展多种形式合作经济的必然性

首先，根据马克思恩格斯农业合作社基本原理，合作社是引导农民向共产主义过渡的中间环节，既然是"中间环节"，就要求其在空间上适合不同地区、不同部门的特点，在时间上横跨整个社会主义历史时期，那么必然会在实践中创造出各种形式。唯有如此，才能适应不同层次生产力水平和不同地区、部门的发展要求；才能为农民留下选择余地，由其根据生产需要和认识水平进行抉择，从而真正贯彻自愿原则；才能在实践中进行对比、筛选、融合，形成具有中国特色的合作经济形式。

其次，我国农业生产力发展极不平衡，不仅不同地区之间发展不平衡，同一地区在发展水平上也存在很大差异。这种不平衡性，决定了农业合作社建立的经济基础和所处的外部环境各不相同。马克思恩格斯指出，在引导农民发展农业合作社时，要坚持因地制宜、区别对待的原则。因此，各地应结合自身特点和农业生产力发展水平，选择适合的农业合作社形式，不可盲目攀比。对于政府而言，不管是哪种类型的农业合作社，只要能够促进当地农业生产发展、农民增收，都应予以鼓励和支持，不可偏颇。

2. 发展农村合作经济应遵循的原则

(1) 生产合作、流通合作并重

要正确处理生产合作与流通合作的关系，既要克服曾于 20 世纪 50 年

---

① 翟印礼，刘彩华. 我国农村合作经济组织的主体模式选择 [J]. 中国农村经济，1997 (3)：36 – 37.

代出现的重生产合作轻流通合作的偏向，又要预防因家庭承包经营而否定生产合作的偏向。一方面，随着农村市场经济的逐步发展，农产品日益呈现商品化、专业化趋势；而农产品商品化、专业化的发展，致使家庭经营的某些生产环节，如播种、机械耕作、灌溉、加工和储藏等逐步分离出来，由地区性或服务性合作组织来完成，实现生产环节上的合作，促进农业生产合作的发展。故不应把家庭经营同生产合作对立起来。如果说，以前在农业生产合作社、人民公社内部进行的生产合作，是通过组织内部成员的共同劳动来实现的话；则家庭承包经营的生产合作，是借助农村合作经济组织提供的服务来实现的，这种生产合作以高新技术和机械化装备输入家庭经营，前景广阔。另一方面，商品生产离不开商品流通，农产品商品化的发展，必然会促进流通领域合作的发展，从而帮助农民解决"买难"、"卖难"问题。

（2）专业性合作要突破地域限制

适应横向经济联系的需要，专业性合作不应限于地区内部合作，而要实现跨区域的联合与合作。这一点可以借鉴前面提到的美国的跨区域合作社发展模式。以前，我国的农村合作经济组织通常都是按行政区域建立的，基层供销合作社和信用合作社是以乡镇为单位建立的，社区合作社以行政村为单位建立的比较多。这虽然有利于协调区域内经济活动，但也存在明显弊端：容易隔断地区间的横向经济联系，甚至形成地区性贸易壁垒，阻碍生产要素的自由流动和商品经济的发展。因此，今后应重视跨区域专业性合作经济组织的发展。

（3）要鼓励发展劳动者股份制合作经济

长期以来，我国农村合作经济是以集体所有制为基础的。为了促进生产要素的合理流动和优化组合，实现生产资源的有效利用，为农村合作经济发展积聚资金，应当鼓励并支持农民发展股份制合作经济。而且，从国际合作社发展经验看，各国合作社为了应对激烈的市场竞争和不断变化的环境，纷纷选择股份化的变革模式。尤其是随着合作社经营范围向纵深方向延伸，规模不断扩大，加工程度逐渐提高，对资金和人才的需求越来越迫切，而传统合作社模式很难在短时间内解决资金、人才等问题。因此，合作社向股份化方向发展就成为必然趋势。对此，我们应该正确对待，积极引导，促进我国农业合作经济组织朝向有利于经济发展的方向迈进。

(二) 以农村土地股份合作社为主要发展方向

从中国农业合作社发展的历程来看，我国农村合作经济组织发展形式经历了从互助组、初级社、高级社、人民公社到新型农业合作社等一系列过程，应当说每个阶段都是当时农村生产力发展客观要求的体现。改革开放后实行的家庭联产承包责任制，相对于合作经济发展本身来看可能是退了一步，但也是由那时农村生产力水平所决定的。经过几十年的大发展，如果农民自愿采取合作经济制度，也是与当前农村生产力发展趋势相符合的。从上文分析可知，合作经济有多种类型和发展模式，笔者认为采取股份合作制方式比较科学有效。首先，这种形式是以家庭承包经营责任制为基础的，与中国共产党在农村长期不变的基本政策相符合。其次，在尊重农民意愿的基础上，鼓励农民将承包的耕地等土地资源作价入股，明确其农民集体所有的性质。最后，农户在土地股份合作制中拥有的土地资源股份不能买卖、转让或抵押，户籍迁出时则由集体收回股份，以保护本地区农民生存权所需的物质条件。现在有些农民群众片面理解国家关于转让土地使用权的规定，只考虑眼前利益，因外出打工将自己合法拥有的土地使用权转让给他人，这样将会出现两种趋势。一是土地使用权将逐步集中到少数人手里，形成大土地使用者。现在有些人打着农村土地制度创新的幌子，实质上是想推行土地私有化，这将会损害农村集体经济的发展，应当引起警惕。二是失去土地使用权的农民，由于存在诸多不确定因素，不可能一辈子在城里打工，丧失了土地就等于失去了生存条件，农民工返乡后就可能沦为大土地使用者的雇工，就会形成新的剥削关系，这也会损害农村集体经济的性质。因此，要从制度上防止这种现象发生，就要考虑如何通过股权合作制途径来保护农民的合法权益。

首先，在推行土地股份合作制时要充分考虑条件是否成熟，要坚持自愿原则。政府有关部门要积极引导农民走股权合作化道路，以促进农业合作化和集体化的发展。其次，推行土地股权合作制，要在坚持家庭联产承包责任制的基础上进行。如果个别地区农民入股意识不强，可以采取农民喜欢的其他经济形式，不能违背农民意愿搞一刀切。总而言之，要坚持平等协商、自愿互利的原则。要从农业特点出发，以不同地区生产力水平、经济结构和劳动力结构差异性为前提条件，积极探索，走出一条具有中国特色、符合各地特点的农村社会主义合作经济发展的新路子。

农村股份合作制至今已经有将近 30 年的发展历史，在实践中得到了长足发展，也引起了人们的广泛关注。但从总体来看，我国的土地股份合作社还处于起步阶段，在运行机制、利益分配等方面还存在较多问题，需要进一步发展完善。党的十八大报告提出，要积极创新农业生产经营体制机制，加快构建集约化、专业化、组织化、社会化相结合的新型农业经营体系。因此，进一步规范发展农村土地股份合作社，对于推进土地规模经营、提高土地产出率，对于创新农村基本经营体制、挖掘生产要素潜力，对于农民分享土地增值收益、促进农民持续增收，都具有十分重要的作用。

三　中国特色社会主义农业合作社的发展策略

当前，我们应在马克思主义农业合作社理论指导下，依据我国国情和农村改革的要求，发展多种形式的新型农村合作经济，助推农村经济实现第二次飞跃。

（一）进行理论创新以设计新型农业合作社的总体框架

现阶段我国发展新型农业合作社，既要以马克思主义农业合作社理论为指导，遵循合作社的基本原则，体现社会主义农业生产方式的本质特征；又不能固守马克思恩格斯关于社会主义农业生产方式的个别具体结论。而应结合我国国情和农村发展现状，在借鉴国内外农业合作社发展经验的基础上，大胆进行理论创新，积极探索具有中国特色的社会主义农业合作社的崭新形式。

1. 坚持马克思主义农业合作社基本原理，体现社会主义农业生产方式本质特征

在生产条件方面，要进行农业技术革命，从沿用传统、落后的生产工具和生产技术，向广泛运用现代化的农业机械和高、新农业生产技术转变，用现代化的装备和科学技术来武装农业。在生产组织形式方面，要学习借鉴发达国家的农场制度，对我国的农业个体生产组织形式进行改造，大力发展社会化的生产组织形式，从小规模、封闭的小农生产方式向社会化大农业生产方式转变。在农业生产的社会形式方面，应继续深化改革，按照马克思主义重建个人所有制的要求，建立农民的个人联合所有制；扬弃农民个体劳动的形式，实行联合劳动。在农业生产关系方面，真正确立农民的主人翁地位，由农业劳动者进行自主管理，产品分配采取按劳分配为主的方式。总之，实现农业生产的社会化和现代化、农民的主体化和组织化，是我国新型农业合作社的基本特征。

2. 继承并发展马克思主义农业合作社理论，实现社会主义农业生产经营形式的创新

在农村土地所有制形式方面，要突破马克思恩格斯关于实行社会所有制的具体结论，以及传统社会主义的农业公有制理论，提出重建农民个人所有制的观点，创造中国特色社会主义农业公有制的新形式。在农业生产组织和经营方式方面，突破马克思主义经典作家关于实行国有土地上计划生产的具体结论，创造中国特色社会主义农业生产组织与经营方式的崭新形式，从落后的、分散的农户经营向先进的农场经营转变，以小规模农场作为中国特色社会主义农业生产组织的基本形式。在旧的农业生产方式向社会主义农业生产方式转变的过渡形式方面，突破马克思基于资本主义农业生产方式的发展，而提出的剥夺大地产、实行国有化的具体结论。在对小农生产方式进行社会主义改造这一问题上，提出实行农民股份合作制的新观点，创造新的农业合作社形式。①

（二）进行制度创新以搭建新型农业合作社的制度结构

为了引导并促进新型农业合作社的健康发展，应在理论创新的基础上进行制度创新，创造农村集体经济新的实行形式，发展壮大集体经济。具体而言，应在以下三方面实现制度创新，以构建新型农业合作社的制度结构。

1. 进行农地产权制度改革，构建股份化的土地集体产权制度

土地产权制度改革是农村经济体制改革的关键。近年来，随着青壮年劳动力外出务工人数的日益增加，农村出现了劳动者的女性化、老龄化和

---

① 于金富，邵培杰. 社会主义农业生产方式的本质特征与崭新模式［J］. 黑龙江社会科学，2012（6）：71.

土地撂荒现象，农村土地大量闲置，耕地利用效率较低。但另一方面也为土地股份合作社的建立和发展提供了土壤。

　　要解决耕地低效配置问题，土地等生产要素就得能够自由流动。而当前我国农村土地因其产权模糊、产权主体虚置，流动性并不高。因此，我们应以马克思重建个人所有制理论为指导，对现行的农村土地产权制度进行改革。为此，要确立自然村的土地集体所有制，赋予自然村集体所有权职能，并把依法成立的土地股份合作社作为集体土地所有者机构。土地股份合作社再将土地按人口量化到每个村民。土地股份合作社对外以营利为目的，对内限制股份分红。同时，明确界定以土地为主的集体财产的归属。土地归集体所有，承包经营权量化到每个村民，农户再以承包经营权入股，即以反租倒包的形式实现本村集体经济组织的企业化经营。股份合作社按照合作社基本原则和现代企业制度要求，设置经营管理机构，管理集体资产。治理上采取民主合作的方式，股东大会与职工大会合为一体，作为企业的权力机构。① 从而建立农民的联合所有制，真正实现农民集体的土地所有权。在此基础上，建立归属清晰、权责明确、保护严格、流转顺畅的农地现代产权制度。

2. 改革农村集体经济组织，组建新型合作经济组织

　　现阶段，我国农村集体经济组织大都承担着向本村提供公共产品等行政职能，其与村民委员会的关系若即若离，时而相互并列、时而相互取代。随着农村经济体制改革的进行，这种"政经不分"导致的问题日益凸显，甚至成为制约农村改革与发展的瓶颈。因此，应明确两者的职能和关系。

　　首先，要对基层行政组织进行改革，使其承担社会管理职能。具体而言，主要有以下几个方面。一要继续推进乡镇机构改革，废除乡镇机构的集体所有权职能，强化其公共服务职能，真正实现基层自治和"政社分开"。二要废除行政村即村民委员会的集体所有权职能，废除其具体经营管理集体资产的职能，使其成为单纯的社区型村民自治组织。② 村民委员

---

① 国公网. 村民委员会与集体经济组织的性质定位与职能重构 [EB/OL]. http://www.21gwy.com/ms/cjzl/a/5331/415331. html.

② 于金富，王保海. 农民合作社是我国现阶段农村集体经济的崭新形式 [J]. 经济纵横，2011 (10)：53.

会等社区自治组织要把目标转向提供咨询服务和政治指导方面，为农村合作经济组织的发展创造良好的外部环境。

其次，要对现行农村集体经济组织承担的经济职能与社会管理职能进行分离，实现财务管理、决策程序分开。为了充分调动广大农民的积极性，实现民主性与资本性的有机结合，应以土地股份合作社为基本形式对农村集体经济组织进行改造，组建新型农村合作经济组织，由这些新型农村经济合作组织承担经济职能。

3. 进行分配制度改革，构建以按劳分配为主体的新型分配制度

在农民劳动联合和产权联合的基础上，创造与新型农民合作社相适应的新型分配制度。具体而言，就是构建以按劳分配为主体，按劳分配和按股分配相结合的新的分配方式。合作社的收入，在扣除生产费用、管理费用、税金和公积金之后，剩余部分在社员中间进行分配，其中按劳分配部分根据社员当年的劳动贡献计算，这部分应该占据主导地位；按股分配部分，根据社员所投资金、技术和管理等生产要素的所占比例进行计算，限制股金分红。这种以劳动收入为主、资本有限报酬的分配方式，既坚持了合作社的基本原则，充分保证了按劳分配的主导地位；又承认资本、管理和技术等生产要素的报酬，解决了传统集体经济固有的产权模糊问题，有利于调动各种生产要素的积极性，是一项合理并且行之有效的制度创新。这样，参加股份合作社的农民，如果参与劳动既能获得劳动收入又能获取股金收益等财产性收入。

（三）进行组织创新以完善新型农业合作社的治理结构

土地股份合作社在我国已经出现了一段时间，获得了初步发展，但从实践来看，一些合作社发展还不太规范，在运行过程中还存在一些问题，制约了其前进的步伐。国际农业合作社发展经验表明，合作社要想获得强大的生命力，仅仅依靠外部力量推动是远远不够的，必须加强自身建设，构建适应市场经济要求的自主经营、自主管理、利益共享、风险共担的新型合作社治理结构。

1. 确保社员的主体地位

要建立健全新型农业合作社的内部治理结构，关键在于确保成员的主体地位，体现"民办"。《农民专业合作社法》规定，农民专业合作社成员以农民为主体，农民社员至少要占社员总数的 80%；达不到此比例者，将不予登记为农民专业合作社。因现在还未出台专门的土地股份合作社法，土地股份合作社中农民社员的比例可以此作为参考。在表决时，原则上采取一人一票的办法。但如果部分社员所占股份较多，可以根据实际情况设置附加表决权，附加表决权的总量控制和分配由合作社章程规定。此外，要健全退出机制。根据"入社自愿、退社自由"的基本原则，对成员退出时如何承担责任、如何获取应有的权益进行原则规定，具体实施办法可由合作社章程决定。

2. 完善内部组织结构和管理机制

首先，要按照《农民合作社示范章程》，完善合作社内部组织结构，创立"三会"，即社员大会，作为合作社的最高权力机构；理事会，管理合作社日常工作；监事会，对合作社的经营活动进行监督。并按照章程规定定期召开社员大会，重大事项和与社员切身利益相关的事项均应由社员大会讨论决定，保障每个社员的知情权、监督权、管理权和决策权，充分保证社员的利益。其次，为了提高土地股份合作社的经营管理水平，适应市场经济和现代企业制度要求，应鼓励合作社聘请专业管理人员，参与其经营管理工作。同时，还应避免政府直接干预合作社内部管理工作。政府的指导、监管和服务工作，要尊重农民的意愿，做到引导不强迫、支持不包办、服务不干预。[①]

3. 完善利益分配机制

首先，要处理好按劳分配与按股分配之间的关系。从合作社的性质来说，其分配应以按劳分配为主体，因为这是确保合作社成员得到平等化待遇的基础，也是确保合作社本质特征的要求。但是，这并不是说就不能实行按股分配。[②] 从国际合作社发展趋势来看，为了拓宽资金来源渠道、提高竞争力，许多国家合作社开始向股份化方向发展。关于按股分配的办法，各国做法不一，或者赋予资本要素所有者一部分剩余索取权，或者将社员的惠顾额与投资额挂钩，兼顾惠顾者和投资者的剩余索取权。[③] 在这

---

① 石萍. 加拿大农业合作社发展经验及对中国的启示 [J]. 农村经济，2008（10）：129.

② 韩俊. 中国农民专业合作社调查 [M]. 上海：上海世纪出版股份有限公司远东出版社，2007：235.

③ 王爱芝. 国外农业合作社的发展趋势及对我国的启示 [J]. 开发研究，2010（1）：99.

方面，目前我国法律还未做具体规定，合作社可借鉴国外经验、结合当地实际，由社员大会讨论决定，并在章程中进行明确规定。其次，合作社要在明晰产权的基础上，制定社员入社、退社财产处理明细，防止出现新成员"搭便车"、退社成员利益受损现象，形成科学有效的激励机制。最后，要处理好合作社发展资金积累和社员分红之间的关系，既要确保社员当前的利益，充分调动社员的积极性；又要保障合作社的正常运行，并为合作社未来发展提供必要的资金积累。

（四）加强政府支持以改善新型农业合作社的外部环境

1. 创造良好的法治环境

在社会主义市场经济条件下，合作经济要想获得生存与发展，必须按市场规律办事，不断提高市场竞争能力。而市场经济是法治经济，因此，为促进我国合作经济健康、有序发展，创造良好的法治环境是必由之路。这也是国际农业合作社发展的成功经验之一，纵观各国农业合作社发展实践，但凡举办成功的合作社，都有比较完备的农业合作经济方面的法律法规作为后盾。

（1）现行法律法规存在的问题

我国于 2007 年 7 月 1 日颁布实施了《农民专业合作社法》，有力地保障了农民的合法权益。但从实践来看，仍存在诸多问题：第一，这部法律的规定大部分都是原则性的，且部分规定与现行法律有不一致之处；第二，与之配套的相关政策和措施仍存在空白；第三，无论是《农民专业合作社法》，还是各地制定的农民专业合作社地方法规，规范对象都是农民专业合作社，对农村土地股份合作社等其他农村合作经济组织均未涉及，因此造成土地股份合作社等相关农村合作经济组织的法律地位不明确、产权结构不明晰、管理运行机制也不规范等。所以，为了促进我国农村合作经济组织的健康发展，使其有法可依，需进一步完善有关法律法规。

（2）完善对策建议

首先，在《宪法》中确定合作社的性质，从总体上明确国家对合作社的态度。中国现行宪法将合作经济视为集体经济。合作经济与集体经济是两个不同范畴的概念，二者存在本质区别。我国于 20 世纪 50 年代进行的农业合作化运动，正是由于混淆了合作制与集体制，剥夺了社员自愿参与、共同所有和民主控制等基本权利，才导致合作社运动的失败。

其次，制定合作社基本法——《合作社法》，明确合作社的基本制度。如在德国、日本等国家和地区，都制定有《合作社法》，对各种合作社进行规范和引导。此外，在联邦制国家，合作社法常常以地方性法律法规的形式出现，如在美国，大多数州制定了合作社法。[①] 而我国目前尚未出台《合作社法》，仅有的一部合作经济方面的法律是专门法律——《农民专业合作社法》，除农民专业合作社之外的其他农村合作经济组织仍然处于无法可依状态，这显然不利于农村合作经济的发展。因此，国家应尽快研究制定《合作社法》，使形式多样的合作经济组织都能依法、规范发展。

再次，修订《农民专业合作社法》，明确土地股份合作社的法律地位，使其拥有合法身份。或者出台专门的农民土地股份合作社法，以引导农民土地股份合作社健康、有序发展，切实保障农民的土地收益权。同时，还应考虑制定其他类型的专门合作社法或在相关法律中予以特殊规定，以有针对性地引导一些特殊类型或比较重要的合作社的发展。

最后，起草相关配套法规。仅有合作社方面的专门法律法规还是远远不够的，关键在于落实，不然法律只是一纸空文。因此，还要尽快出台合作社登记办法、合作社示范章程、扶持政策、财政支持政策、合作社财务会计办法等配套法规和管理办法，使农业合作社在发展中有章可循、有法可依。

2. 加大对新型农业合作社的扶持力度

（1）加大对合作社的财政支持力度

国家要继续设立农民合作社发展资金，与此同时，要进一步整合农业产业化、农业综合开发、科技兴农、扶持项目等财政支农资金，形成合力，加大对新型农业合作社的扶持力度。地方各级政府也应建立农民合作社发展资金，扶持当地农民合作社的发展。扶持对象以那些组织规范、带动力强、发展前景好的新型农业合作社为主，并适当向示范社倾斜。扶持方式应主要采取农业合作社项目的方式，尽量减少直接资金支持，以免合作社产生依赖性，并最终丧失独立性。[②] 扶持重点应放在新型农业合作社

---

① 李勇军. 农业合作社在各国（地区）的发展、功效及其立法分析［J］. 时代法学，2008（6）：58.

② 胡卓红. 农民专业合作社发展实证研究［M］. 杭州：浙江大学出版社，2009：156.

的生产发展、自身建设、信息服务、教育培训、技术进步、贷款贴息、品牌培育和营销、物流建设等方面。

（2）加大对合作社的金融支持力度

从当前我国新型农业合作社的发展实践来看，资金匮乏、融资困难是其面临的主要难题，甚至已成为其发展的瓶颈。因此，为了助推新型农业合作社快速发展，应加大对它们的金融支持。首先，要积极推动农村金融组织创新，鼓励发展多种形式的金融机构，构建系统、完善的农村金融服务体系。其次，各级金融机构应积极支持新型农业合作社的发展，为其提供多渠道的资金支持和金融服务，对于实力强、资信度高的规范化合作社，可给予一定的贷款额度。同时要简化贷款手续，并在贷款利率上予以优惠。再次，为帮助农民解决贷款难、担保难问题，应鼓励组建政策性的农信担保公司，启动资金可暂由财政资金注入，政府也可担保公司再担保。① 最后，要建立健全保险服务体系，各级保险机构应结合新型农业合作社的特点，开发相应的保险产品，为农业生产、加工等诸环节提供保险服务。政府要进一步完善政策性农业保险的扶持政策，逐步增加险种，加大补贴力度，扩大覆盖范围，增强新型农业合作社抵抗风险的能力。

（3）制定并落实税收优惠政策

首先，要减少税基。对合作社销售本社成员及非成员（不超过成员自产农产品资产总额部分）生产和初加工的农产品，视同农户自产自销。

其次，要减轻税收负担。一是减轻增值税负担。将农业合作社销售的、技术含量较低的加工农产品视同初级农产品；将深加工的农产品视同初加工农产品，从而降低其增值税负担。增值税一般纳税人从农业合作社购入的免税农产品，可按13%的扣除率计算抵扣增值税进项税额。二是减免营业税。对合作社提供的农机服务、灌溉、植保、病虫害防治、农业保险、农技服务，以及动物配种和疾病防治等项目所得，免征营业税。三是减免所得税。对合作社从事农、林、牧、副、渔业项目所得，免征所得税；对各级财政扶持农业合作社的资金和以奖代补资金，以及合作社获得的赠与资产，免征所得税。四是其他税收优惠。对合作社与本社社员签订

---

① 韩俊. 中国农民专业合作社调查［M］. 上海：上海世纪出版股份有限公司远东出版社，2007：223.

的农产品和生产资料购销合同，免征印花税；对合作社的经营用房，免征房产税和城镇土地使用税。

3. 加强合作社教育和培训

（1）注重合作知识宣传，营造良好氛围

恩格斯指出，发展农民合作社要坚持典型示范原则，注重宣传、引导，使农民亲眼看到合作社的优越性，从而自愿加入合作社，而不能强人所难。现阶段，我国农业合作社发展还处于起步阶段，农民对新型农业合作社的了解还十分有限。尤其是受 20 世纪 50 年代农业合作化运动影响，很多农民还会"谈合色变"。因此，为打消广大农民的疑虑，使其充分了解新型农业合作社，应做好合作社知识宣传工作。各级农业行政主管部门要结合当地实际，开展形式多样的宣传活动，营造关心支持新型农业合作社发展的良好氛围。要利用电视、广播、报纸、杂志、网络等新闻媒体，广泛普及合作经济基本知识，大力宣传新型农业合作社的典型事例以及优秀合作社带头人的先进事迹，引导农民积极参加新型农业合作社。各地在实施"千万农村劳动力素质培训工程"时，要把农业合作社人员作为重点培训对象，着力提高其经营管理水平。[1]

（2）加强涉农人员培训，提高农民素质

新型农业合作社的发展不能仅仅指望外部扶持，从根本上说还要依靠农民自己。然而，从整体来看，目前我国农民的素质还较低，并且普遍不具备管理才能和科技知识，成为制约新型农业合作社发展的主要因素。因此，应广泛开展各种形式的教育和培训，着力提高农民素质。各级政府及有关部门要制定专门的培训规划，组织实施农民培训工程，选择重点对象进行分期分批培训。培训应突出合作经济基本知识、市场营销知识、国家农村经济政策等内容，不断提高农民的合作意识、市场观念和经营管理水平。通过培训，培养一大批拥有合作思想并懂得如何指导新型农业合作社发展的领导干部，一大批掌握合作经济知识并具备相应管理能力的合作社负责人与合作社社员，通过他们，让更多基层干部和农民了解新型农业合作社，接受并愿意加入合作社。

---

[1]　郭红东. 中国农民专业合作社发展：理论与实证研究［M］. 杭州：浙江大学出版社，2011：118.

（3）大力发展合作社教育，培养专门人才

当前，我国的农业合作社教育很不景气，影响并制约了合作社的规范、快速发展。因此，政府应加强农业合作社教育，培养并造就成千上万懂技术、善经营的合作社专门人才，为新型农业合作社发展提供智力支持。

首先，各级政府应把合作社教育作为扶持合作社发展的一项重要内容，制定专门法规，强化对合作社教育的重视和支持。其次，要整合现有教育资源，建立系统、完善的合作社教育体系。目前，我国有多种可供利用的农业教育和培训资源，包括高等农业院校、农业广播电视学校、农业职业技术学院等。2008 年 3 月份，我国第一个合作社学院在青岛农业大学成立，填补了合作社高等教育的空白。然而，相对于我国新型农业合作社的发展实践而言，这些是远远不够的。国家有关部门应在借鉴国外先进经验的基础上，整合我国现有资源，构建系统的农业合作社教育体系。

土地股份合作社不仅是土地流转的方式之一，而且也是未来农村社会主义农业生产方式的主要发展方向。如果说其在发展初期尚需农村基层行政组织的扶持，那么从长远来看，则应按照市场化方式运行，以减少由行政干预可能导致的管理决策和财务风险。此外，还要预防以下两种风险：一是由于土地承包经营权作价入股缺乏相应的市场基础，很容易被低估，致使农民利益受损;[①] 二是由经营风险可能导致的农民失地风险。土地股份合作社所采取的规模化经营，一方面能带来规模效益，但另一方面也存在很大的经营风险。这种风险主要源于自然灾害、农产品价格波动风险和契约风险等。而在农村土地经营权入股方面，又没有相应的法律法规对农民予以保护，因此如果土地经营权作价入股的合作社经营不善，股份分红就会很低，农民的土地权益、基本生活保障和就业保障等就面临很大的不确定性；一旦合作社亏损，资不抵债而不得不进行破产清算，则作为其资产之一的农地就有可能用于抵债，那么，以土地经营权入股的农民，就面临丧失土地承包经营权的风险，容易引发矛盾,[②] 影响社会稳定。

---

① 李宗长. 苏州农村出现"承包土地作价入股"［J］. 江苏农村经济，2006（5）：43.

② 卞琦娟，朱红根. 农村土地股份合作社发展模式、动因及区域差异分析［J］. 江西农业大学学报（社会科学版），2011，10（3）：12.

参考文献

一　经典文献

［1］马克思．资本论［M］．第3卷．北京：人民出版社，2004.

［2］马克思，恩格斯．马克思恩格斯选集［M］．第1~4卷．北京：人民出版社，1995.

［3］马克思，恩格斯．马克思恩格斯全集［M］．第1卷．北京：人民出版社，1972.

［4］马克思，恩格斯．马克思恩格斯全集［M］．第2卷．北京：人民出版社，1995.

［5］马克思，恩格斯．马克思恩格斯全集［M］．第16卷．北京：人民出版社，1964.

［6］马克思，恩格斯．马克思恩格斯全集［M］．第19卷．北京：人民出版社，1963.

［7］马克思，恩格斯．马克思恩格斯全集［M］．第21卷．北京：人民出版社，1972.

［8］马克思，恩格斯．马克思恩格斯全集［M］．第33卷．北京：人民出版社，2004.

［9］马克思，恩格斯．马克思恩格斯全集［M］．第42卷．北京：人民出版社，1972.

［10］邓小平．邓小平文选［M］．第2卷．北京：人民出版社，1994.

［11］邓小平．邓小平文选［M］．第3卷．北京：人民出版社，1993.

［12］毛泽东．毛泽东选集［M］．第5卷．北京：人民出版社，1977.

［13］傅立叶．傅立叶选集［M］．第1卷．北京：商务印书馆，1979.

［14］傅立叶．傅立叶选集［M］．第3卷．北京：商务印书馆，1981.

二 研究著作

［15］于金富，剧义文．科学社会主义经济理论的发展与创新［M］．北京：社会科学文献出版社，2007.

［16］于金富．社会主义生产方式新论［M］．北京：社会科学文献出版社，2004.

［17］于金富．马克思主义经济学的经典理论与现代观点［M］．北京：中国社会科学出版社，2008.

［18］于金富．生产方式理论：经典范式与现代创新［M］．北京：中国社会科学出版社，2012.

［19］于金富．社会主义初级阶段生产方式导论——社会主义初级阶段政治经济学理论的新探索［M］．北京：经济科学出版社，2003.

［20］许兴亚．马克思的国际经济理论［M］．北京：中国经济出版社，2003.

［21］许兴亚．马克思主义经济学与中国经济问题探索［M］．北京：社会科学文献出版社，2005.

［22］张兴茂．中国现阶段的基本经济制度［M］．北京：中国经济出版社，2005.

［23］张兴茂．马克思主义所有制理论中国化研究［M］．北京：中国社会科学出版社，2008.

［24］蔡继明．从按劳分配到按生产要素贡献分配［M］．北京：人民出版社，2008.

［25］蔡继明，邝梅．论中国土地制度改革［M］．北京：中国财政经济出版社，2009.

［26］白立忱．外国农业合作社［M］．北京：中国社会出版社，2006.

［27］徐旭初等．走向新合作［M］．北京：科学出版社，2009.

［28］丁泽霁．马克思恩格斯关于社会主义农业的思想［M］．北京：中国农业出版社，1987.

［29］王贵宸．中国农村合作经济史［M］．太原：山西经济出版社，2006.

［30］王立诚．中国农业合作简史［M］．北京：中国农业出版社，2009.

［31］唐宗焜. 合作社真谛［M］. 北京：知识产权出版社，2012.

［32］张晓山，苑鹏. 合作经济理论与中国农民合作社的实践［M］. 北京：首都经济贸易大学出版社，2009.

［33］胡卓红. 农业专业合作社发展实证研究［M］. 杭州：浙江大学出版社，2009.

［34］农业部农民科技教育培训中心等. 新时期农民专业合作社建设与发展［M］. 北京：中国农业大学出版社，2007.

［35］韩俊. 中国农民专业合作社调查［M］. 上海：上海远东出版社，2007.

［36］〔美〕西奥多·W. 舒尔茨著，梁小民译. 改造传统农业［M］. 北京：商务印书馆，1999.

［37］邱霞，林智. 中国农村经济发展模式概述［M］. 北京：中国社会出版社，2006.

［38］俞家宝. 农村合作经济学［M］. 北京：北京农业大学出版社，1994.

［39］林毅夫. 制度、技术与中国农业发展［M］. 上海：格致出版社，上海人民出版社，2008.

［40］政治经济学辞典（下）［M］. 北京：人民出版社，1981.

［41］〔美〕D. 盖尔·约翰逊. 经济发展中的农业、农村、农民问题［M］. 北京：商务印书馆，2004.

［42］许涤新等. 中国经济增长研究：1949 年以来的中国经济［M］. 北京：新世界出版社，1982.

［43］杜润生. 中国的土地改革［M］. 北京：当代中国出版社，1996.

［44］国家统计局. 中国统计年鉴·1983［M］. 北京：中国统计出版社，1984.

［45］国家统计局. 中国统计年鉴·1984［M］. 北京：中国统计出版社，1985.

［46］国家统计局. 中国统计年鉴·1985［M］. 北京：中国统计出版社，1986.

［47］李齐云. 政府经济学［M］. 北京：经济科学出版社，2003.

［48］蔡声霞. 政府经济学［M］. 天津：南开大学出版社，2009.

［49］郭铁民，林善浪. 中国合作经济发展史［M］. 上卷. 北京：当代中国出版社，1998.

［50］史敬棠等．中国农业合作化运动史料［M］．上册．上海：上海三联书店，1957.

［51］国家农委办公厅．农业集体化重要文件汇编［M］．上册．北京：中共中央党校出版社，1981.

［52］陈吉元等．中国农村社会经济变迁（1949～1989）［M］．太原：山西经济出版社，1993.

［53］农业部政策法规司，国家统计局农村司．中国农村40年［M］．郑州：中原农民出版社，1989.

［54］郭红东．中国农民专业合作社发展：理论与实证研究［M］．杭州：浙江大学出版社，2011.

［55］王平，王国建，刘立斌．农村合作制理论与实践教程［M］．北京：中国环境科学出版社，2010.

［56］不列颠百科全书公司．简明不列颠百科全书［M］．第3卷．北京：中国大百科全书出版社，1985.

［57］中共中央文献研究室．毛泽东传（1949～1976）［M］．北京：中央文献出版社，2003.

［58］中共中央文献研究室．建国以来毛泽东文稿［M］．第7册．北京：中央文献出版社，1992.

［59］中共中央文献研究室．建国以来毛泽东文稿［M］．第8册．北京：中央文献出版社，1993.

［60］薄一波．若干重大决策与事件的回顾［M］．下卷．北京：中共中央党校出版社，1993.

［61］中国社会科学院农村发展研究所，国家统计局农村社会经济调查总队．2002～2003年中国农村经济形势分析与预测［M］．北京：社会科学文献出版社，2003.

［62］管爱国，符纯华．现代世界合作社经济［M］．北京：中国农业出版社，2000.

［63］洪远朋．合作经济的理论与实践［M］．上海：复旦大学出版社，1996.

［64］王树桐，戎殿新．世界合作社运动史［M］．济南：山东大学出版社，1996.

［65］丁为民．西方合作社的制度分析［M］．北京：经济管理出版社，1998.

［66］陈锡文．中国农村制度变迁 60 年［M］．北京：人民出版社，2009．

［67］米鸿才．合作社发展简史［M］．北京：中共中央党校出版社，1988．

［68］黄祖辉、蒋文华．农业与农村发展的制度透视——理论评述与应用分析［M］．北京：中国农业出版社，2002．

［69］唐宗焜等．中国合作经济概观［M］．北京：经济科学出版社，1998．

［70］黄胜忠．农民专业合作社经营管理机制研究［M］．成都：西南财经大学出版社，2014．

［71］王树桐，戎殿新．世界合作社运动史［M］．济南：山东大学出版社，1996．

［72］尹树生．合作经济概论［M］．台湾：三民书局，1983．

［73］周万钧．合作经济概论［M］．北京：中国商业出版社，1986．

［74］张绍俊．马克思主义合作制思想发展史［M］．北京：中国商业出版社，1988．

［75］杨坚白．合作经济学概论［M］．北京：中国社会科学出版社，1990．

［76］张晓山，苑鹏．合作经济理论与实践［M］．北京：中国城市出版社，1991．

［77］蒋玉珉．合作经济思想史论［M］．太原：山西经济出版社，1999．

［78］孙亚范．新型农民专业合作经济组织发展研究［M］．北京：社会科学文献出版社，2006．

三 论文类

［79］于金富．完善农业经营制度关键在于农地产权制度的改革［J］．当代经济研究，2002（3）．

［80］于金富．中国特色社会主义生产方式的理论依据与实践特征［J］．马克思主义研究，2006（9）．

［81］于金富．马克思生产方式理论与中国特色社会主义生产方式［J］．中州学刊，2006（4）．

［82］于金富．生产关系变革是建设社会主义新农村的基础工程［J］．经济学家，2007（4）．

［83］于金富．关于推进生产方式变革，奠定可持续发展制度基础的研究［J］．经济经纬，2008（4）．

[84] 于金富，屈本礼．马克思主义经济学与中国改革开放30年——中国《资本论》研究会第14次学术研讨会综述〔J〕．经济学动态，2008（12）．

[85] 于金富．在全面改革与科学发展中探索中国特色社会主义模式［J］．当代世界与社会主义，2009（5）．

[86] 于金富．马克思主义经济学经典理论的科学继承与创新发展［J］．河南大学学报（社会科学版），2010，50（3）．

[87] 于金富，安帅领．"重建个人所有制"是共产主义社会所有制关系的本质特征——兼论公众股份制是我国现阶段"重建个人所有制"的重要形式［J］．经济学动态，2010（4）．

[88] 于金富．"中国模式"与中国特色社会主义［J］．当代世界与社会主义（双月刊），2011（1）．

[89] 于金富，王保海．农民合作社是我国现阶段农村集体经济的崭新形式［J］．经济纵横，2011（10）．

[90] 于金富．马克思主义分配理论与我国国民收入分配结构及其调整［J］．长春市委党校学报，2011（4）．

[91] 于金富．中国现阶段国民收入分配结构的理论分析与变革对策［J］．河南大学学报（社会科学版），2012，52（1）．

[92] 于金富，邵培杰．社会主义农业生产方式的本质特征与崭新模式［J］．黑龙江社会科学，2012（6）．

[93] 于金富，王保海．农地流转模式创新的基本方向与主要对策［J］．中州学刊，2012（5）．

[94] 于金富．马克思恩格斯农业生产方式理论及其现实意义［J］．经济研究导刊，2011（30）．

[95] 蔡继明．关于当前土地制度改革的争论［J］．河北经贸大学学报，2015（2）．

[96] 蔡继明，惠江．农地流转与土地法规修订［J］．理论前言，2009（7）．

[97] 蔡继明．中国的城市化与土地制度改革［J］．徐州师范大学学报（哲学社会科学版），2011，37（4）．

[98] 蔡继明，方草．对农地制度改革方案的比较分析［J］．社会科学研究，2005（4）．

[99] 蔡继明，陈玉仁，熊柴．城市化与耕地保护［J］．经济学动态，

2015（5）．

[100] 蔡继明．统筹城乡发展中的土地制度改革［J］．重庆工商大学学报（西部论坛），2009，19（6）．

[101] 蔡继明．中国土地制度改革论要［J］．东南学术，2007（3）．

[102] 蔡继明．我国土地制度改革的顶层和系统设计［J］．经济纵横，2013（7）．

[103] 许兴亚，陆立军．首先要保持农、轻、重协调发展［J］．中国经济问题，1984（2）．

[104] 许兴亚．以马克思主义为指导，繁荣发展我国理论经济学［J］．马克思主义经济学与中国问题研究，2004（11）．

[105] 许兴亚．马克思的若干理论与我国农村经济的第二次飞跃［J］．海派经济学，2006（2）．

[106] 许兴亚，贾轶，牛志勇．我国社会主义新农村建设的榜样——河南省竹林镇、刘庄村、南街村集体经济考察报告［J］．马克思主义研究，2008（7）．

[107] 许兴亚，贾轶．郑州市农民专业合作社调研报告［J］．河南商业高等专科学校学报，2008，21（4）．

[108] 张兴茂．"劳资两利"与构建社会主义和谐劳动关系［J］．当代世界与社会主义，2007（5）．

[109] 张兴茂．"中国特色社会主义"的若干认识与思考［J］．科学社会主义，2008（1）．

[110] 张兴茂，王浩斌．马克思主义所有制理论与中国化的基本问题［J］．当代世界与社会主义，2009（3）．

[111] 林岗．中国特色的渐进式改革道路［J］．决策管理，2005（17）．

[112] 林岗．中国经济改革的经验与启示［J］．教学与研究，2008（11）．

[113] 林岗．运用马克思主义的方法论解决中国经济建设中的实际问题——在《当代经济研究》创刊20周年座谈会上的讲话［J］．当代经济研究，2011（1）．

[114] 胡家勇，安东建．近期政治经济学研究综述［J］．经济学动态，2005（7）．

[115] 胡家勇，裴小革，于长革．2007年政治经济学研究综述［J］．经济

学动态，2008（1）．

[116] 胡家勇．土地财政仅剩 6 年？[J]．政府理财，2010（9）．

[117] 胡家勇．地方政府"土地财政"依赖与利益分配格局——基于东部地区 Z 镇调研数据的分析与思考 [J]．财贸经济，2012（5）．

[118] 胡家勇．《马克思土地产权制度理论研究》评析 [J]．经济学动态，2012（9）．

[119] 王震江．美国新一代合作社透视 [J]．中国农村经济，2003（11）．

[120] 李先德．法国农业合作社 [J]．世界农业，1999（3）．

[121] 史冰清．合作思想和合作社 [J]．中国合作经济评论，2011（2）．

[122] 潘劲．民国时期农村合作社的发展与评价 [J]．中国农村观察，2012（2）．

[123] 苑鹏．合作社与股份公司的区别与联系 [J]．教学与研究，2007（1）．

[124] 梁丽．建国初期的农业合作化运动：经验与启示 [J]．边疆经济与文化，2012（1）．

[125] 张梅，郭翔宇．发达国家农业合作社的不同特点与借鉴 [J]．农业经济，2008（5）．

[126] 刘向华．发达国家农业合作社发展模式及其启示 [J]．合肥工业大学学报（社会科学版），2011，25（3）．

[127] 王爱芝．国外农业合作社的发展趋势及对我国的启示 [J]．开发研究，2010（1）．

[128] 蒙柳，许承光，许颖慧．发达国家农业合作社的实践及经验 [J]．武汉工程大学学报，2010，32（10）．

[129] 卞琦娟，朱红根．农村土地股份合作社发展模式、动因及区域差异分析 [J]．江西农业大学学报（社会科学版），2011，10（3）．

[130] 李宗长．苏州农村出现"承包土地作价入股" [J]．江苏农村经济，2006（5）．

[131] 石萍．加拿大农业合作社发展经验及对中国的启示 [J]．农村经济，2008（10）．

[132] 冯丽丽．对农业合作社发展的思考 [J]．全国商情，2010（1）．

[133] 李中华，曹春燕，辛德树．国际农业合作社的发展经验及对我国的启示 [J]．青岛农业大学学报，2008（3）．

［134］李勇军．农业合作社在各国（地区）的发展、功效及其立法分析
　　　　［J］．时代法学，2008（6）．

［135］黄宝．《农民专业合作社示范社创建标准》解读［J］．广东合作经
　　　　济，2010（3）．

［136］韩永廷．大力发展农民专业合作社的几点思考［J］．蚌埠党校学报，
　　　　2007（4）．

［137］林尚．《毛泽东选集》中的合作社思想［J］．广东合作经济，2008（5）．

［138］于细婷，谢元态，易欢．丹麦农业合作社的财政金融支持政策及启
　　　　示［J］．海南金融，2011（2）．

［139］常青，张建华．丹麦与中国农业合作社之比较研究［J］．农业经济
　　　　问题，2011（2）．

［140］陈新田．恩格斯关于农业合作社的探索及其启示［J］．咸宁学院学
　　　　报，2004，24（2）．

［141］郑海照．恩格斯列宁的农业合作社思想及其现实启示［J］．北京工
　　　　业大学学报（社会科学版），2010，10（4）．

［142］吴德慧．恩格斯晚年的农业合作社思想及其当代价值［J］．经济研
　　　　究导刊，2010（2）．

［143］罗文俊．发展农业合作社是中国农民的出路［J］．湖南税务高等专
　　　　科学校学报，2006（2）．

［144］刘颖娴．法、美、日的农业合作社概况及其产权安排［J］．重庆工
　　　　商大学学报（社会科学版），2008，25（4）．

［145］梁怡．关于农业合作社本质的经济学解释［J］．经济研究导刊，
　　　　2009（3）．

［146］卢智慧．国际农业合作社品牌战略对我国的启示［J］．中国市场，
　　　　2011（36）．

［147］尹兴宽，张晓丽．国外农业合作社的制度优势及启示［J］．安徽农
　　　　业科学，2007（35）．

［148］周波，万小兵，朱朝晖等．国外农业合作社发展模式探析［J］．江
　　　　西农业大学学报（社会科学版），2009，8（1）．

［149］应瑞瑶．合作社的异化与异化的合作社——兼论中国农业合作社的
　　　　定位［J］．江海学刊，2002（6）．

[150] 雷兴虎，刘观来．激励机制视野下我国农业合作社治理结构之立法完善［J］．法学评论，2011（4）．

[151] 霍泛．家庭承包责任制与农业合作社的关系［J］．江西社会科学，1992（6）．

[152] 汪冰．建设新农村必须重构农业合作社［J］．荆楚理工学院学报，2009，24（6）．

[153] 刘良军．经济全球化背景下农业合作社可持续发展的思考［J］．前进，2011（10）．

[154] 夏联委．略论毛泽东农业合作社思想的产生和演变［J］．湖南农机，2007（7）．

[155] 孟召将，孙宝强．论农民合作社导入卓越绩效模式［J］．广东农业科学，2011（19）．

[156] 宋福生．论农民专业合作社发展方向［J］．广东合作经济，2007（5）．

[157] 应瑞瑶．论农业合作社的演进趋势与现代合作社的制度内核［J］．南京社会科学，2004（1）．

[158] 李继生．论中国农民专业合作社的社员主体资格——以《农民专业合作社法》的相关规定为分析对象［J］．中南财经政法大学研究生学报，2010（1）．

[159] 施敏锋，蒋乐琪．马克思主义经典作家农业合作社思想探要［J］．长江大学学报（社会科学版），2009，32（1）．

[160] 王洁．毛泽东农业合作社思想对当代中国农业合作化道路的启示［J］．考试周刊，2010（16）．

[161] 金丽馥．马克思主义经典作家关于农业发展的若干理论［J］．江西社会科学，2006（12）．

[162] 陈湘舸．毛泽东同志农业合作社经营管理思想初探［J］．湘潭大学学报（社会科学版），1991，15（4）．

[163] 刘永立．毛泽东与王志琪农业合作社［J］．党史博采（纪实），1999（7）．

[164] 彭成娅，谢元态．美国财政金融对农业合作社发展的支持及启示〔J〕．中国集体经济，2011（12）．

[165] 庄祖业．美国农产品质量标准的建立以及合作社的发展对我国合作

社的启示［J］．广东合作经济，2009（3）．

［166］万红先，段金朝．美日农业合作社的发展对我国的启示［J］．安徽
广播电视大学学报，2010（1）．

［167］江苏省发展和改革委员会．农村社区股份合作社的实践与探索［J］．
四川改革，2011（5）．

［168］吴玉锋．农村专业合作社的"异化"及其成因研究——以山东莱阳
市为例［J］．陕西职业技术学院学报，2008，4（1）．

［169］孙迪亮．农民合作社：走中国特色农业现代化道路的重要选择［J］．
经济问题探索，2010（8）．

［170］李尚勇．农民合作社的国际经验与制度要求［J］．上海农村经济，
2011（3）．

［171］张晓山．农民合作社发展需关注六大问题［J］．农村工作经济，
2011（5）．

［172］刘强，母培松，刘宗敏等．农民合作社社员对农业科技的需求意愿
分析——基于四川省25家农民专业合作社的调查［J］．四川农业
科技，2011（11）．

［173］陆镜清，岳有生．农民合作社在推进农业产业化发展中的作用［J］．
现代农业科技，2011（20）．

［174］张倩．农民专业合作社财产权问题探析［J］．中南财经政法大学研
究生学报，2010（4）．

［175］方凯，刘洁．农业合作社发展的国际经验及对我国的启示［J］．广
东农业科学，2009（8）．

［176］黄胜忠．农业合作社理论研究述评［J］．商业研究，2009（3）．

［177］郭红东，钱崔红．关于合作社理论的文献综述［J］．中国农村观
察，2005（1）．

［178］戴玉．农业合作社在新农村建设中的意义［J］．中国新技术新产
品，2011（1）．

［179］逄玉静，任大鹏．欧美农业合作社的演进及其对我国农业合作社发
展的启示［J］．经济问题，2005（12）．

［180］任素萍．山西省农业合作社发展现状、问题与对策研究［J］．经济
师，2009（11）．

[181] 赵建. 泰国农业合作社的新发展 [J]. 中国农村信用合作, 2008 (2).

[182] 何德良. 土地流转入股 农业综合经营 拓林绿都农业合作社创新经营方式 [J]. 上海农村经济, 2008 (5).

[183] 兰祥礼. 完善和发展农民专业合作社的思考 [J]. 四川改革, 2009 (6).

[184] 李先灵. 我国农业合作社的发展策略 [J]. 学习月刊, 2010 (8).

[185] 张颖, 孙冬玲. 我国农业合作社发展对策探讨 [J]. 现代商贸工业, 2009 (12).

[186] 刘洁, 祁春节. 我国农业合作社制度创新的动力机制及完善对策 [J]. 农业现代化研究, 2011, 31 (2).

[187] 李鑫. 我国农业合作社与西班牙农业合作社的差异及启示 [J]. 合作经济与科技, 2009 (18).

[188] 刘勇. 西方农业合作社理论文献综述 [J]. 华南农业大学学报 (社会科学版), 2009, 8 (4).

[189] 杨宗锦. 新时期农民合作社的发展机遇与挑战 [J]. 吉林农业, 2011 (4).

[190] 沈洁. 以农业合作社的构建推动我国农村的新发展 [J]. 江东论坛, 2008 (4).

[191] 李峰, 张德生. 政府主导下新型农业合作社模型的构建 [J]. 统计与决策, 2011 (18).

[192] 王军. 中国农业合作社的历史轮回 [J]. 农业与技术, 2005, 25 (1).

[193] 王郁, 肖桂林. 中国与发达国家农业合作社发展的比较与启示 [J]. 安徽农业科学, 2006, 34 (8).

[194] 曹丽娟. 美国农业合作社的作用 [J]. 北京农业, 2011 (7).

[195] 杜静. 江苏农地股份合作社发展模式简析 [J]. 江苏农村经济, 2011 (4).

[196] 孙玉存, 王洁. 能人领办型合作社典型案例研究——顺斋瓜菜种植专业合作社 [J]. 广西农学报, 2013, 28 (2).

[197] 袁淑清, 包忠明. 论新型农村合作经济组织的优化模式 [J]. 中国发展, 2008, 8 (1).

[198] 呈阳, 夏冰晶, 周雷, 陈慧丽. 我国不同类型农民专业合作社发展现状的调查研究 [J]. 经济纵横, 2009 (8).

[199] 向东梅，陈德．我国农村新型合作经济组织创新思路和模式选择
[J]．农村经济，2006（6）．

[200] 陈立新．论我国农村合作经济组织的模式选择 [J]．辽宁省社会主
义学院学报，2006（5）．

[201] 刘荣勤，许润芳．农村合作经济发展模式及对策 [J]．山东社会科
学（双月刊），1989（4）．

[202] 秦庆武．农村新型合作经济组织的三种类型与发展特点 [J]．经济
研究参考，1999（45）．

[203] 翟印礼，刘彩华．我国农村合作经济组织的主体模式选择 [J]．中
国农村经济，1997（3）．

[204] 孔祥智．对发展多类型合作社的若干思考 [J]．中国农民合作社，
2013（7）．

[205] 关成义．发展农村合作经济组织的模式选择 [J]．中国合作经济，
2004（4）．

[206] 张学鹏，蒋靓．甘肃农村合作经济组织运行模式及运行状况 [J]．
开发研究，2008（6）．

[207] 张学鹏．．我国农村合作经济组织目标模式及路径选择 [J]．甘肃
社会科学，2010（2）．

[208] 徐惠平．社会主义新农村集体经济和合作经济模式——海派经济论
坛第 21 次研讨会述要 [J]．海派经济学，2006（13）．

[209] 胡勇．农村土地股份合作社的制度基础及治理机制研究 [J]．农业
经济，2014（1）．

[210] 黄祖辉．发展农民专业合作社，创新农业产业化经营模式 [J]．湖
南农业大学学报（社会科学版），2013，14（4）．

[211] 程恩富，陆夏，徐惠平．建设社会主义新农村要倡导集体经济和合
作经济模式多样化 [J]．经济纵横，2006（11）．

[212] 温铁军，杨春悦．综合性农民专业合作社的发展问题 [J]．中国农
民合作社，2010（2）．

[213] 温铁军．农民专业合作社发展的困境与出路 [J]．湖南农业大学学
报（社会科学版），2013，14（4）．

四 学位论文

[214] 林莉．越南农业合作社改革研究［D］．南宁：广西民族大学，2007.

[215] 周艳．我国发展农业合作社的必要性及制约因素研究［D］．太原：山西财经大学，2006.

[216] 尹晓峰．农业合作社发展的基础条件分析［D］．太原：山西财经大学，2006.

[217] 徐光华．农民专业合作社运行机制建设的实证分析［D］．杭州：浙江大学，2005.

[218] 延欣．农业合作社的法学定义［D］．北京：中国政法大学，2003.

[219] 张国昀．马克思主义经济学框架下的国家理论研究［D］．开封：河南大学，2012.

[220] 王礼力．农村合作经济理论与组织变迁研究［D］．杨凌：西北农林科技大学，2003.

[221] 何国平．走向市场：农业流通领域合作组织的理论与实践［D］．成都：西南财经大学，2005.

[222] 吴丹杰．上海市农民专业合作社发展模式比较研究［D］．南京：南京农业大学，2013.

[223] 赵丽华．农民专业合作社发展模式研究——以甘肃省永靖县为例［D］．兰州：兰州大学，2014.

[224] 任芳．河南省农村合作经济组织运营模式研究——以淮阳县"地保姆"合作社为例［D］．新乡：河南师范大学，2012.

[225] 傅永东．我国农村新型合作经济组织发展模式研究［D］．长沙：国防科学技术大学，2006.

[226] 王康如．农村土地股份合作社的运行机制及构建研究——基于典型农地股份合作社案例的分析［D］．郑州：河南农业大学，2012.

[227] 张建华．农村合作经济组织发展模式研究［D］．南京：南京林业大学，2007.

[228] 谭格非．农村合作经济组织经营模式选择研究［D］．武汉：华中农业大学，2007.

[229] 何晋花．浙江省农民专业合作社发展模式研究［D］．杭州：浙江

农林大学, 2013.

[230] 徐涛. 农民专业合作社发展模式研究——以山东省为例 [D]. 泰安: 山东农业大学, 2011.

五 外文资料

[231] Emelianoff, I. V. , 1942, *Economic Theory of Cooperation*, Publisher: Ann Arbor, Edward Brothers.

[232] Phillips, R. , 1953, "Economic Nature of the Cooperative Association", *Journal of Farm Economics* 35: 74 - 87.

[233] Enke, S. , 1945, "Consumer Cooperatives and Economic Efficiency", *American Economic Review* 35 (1): 148 - 155.

[234] Helmberger, P. G. , S. Hoos, 1962, "Cooperative Enterprise and Organization Theory", *Journal of Farm Economics* 44: 275 - 290.

[235] Helmberger, P. G. , S. Hoos, 1965, *Cooperative Bargaining in Agriculture*, University of California, Division of Agricultural Services.

[236] Condon, Andrew M. , 1987, *The Methodology and Requirements of a Theory of Cooperative Enterprise*, In Cooperative Theory: New Approaches (Agricultural Cooperative Service [ACS] Report #18), ed. Jeffrey S. Royer, 1 - 32 Washington, DC: USDA.

[237] Cook, Michael L. , 1995, " The Future of U. S. Agricultural Cooperatives: A Neo - institutional Approach", *American Journal of Agricultural Economics* 77: 1153 - 1159.

[238] Harris, Andrea, Brenda Stefanson, Murray Fulton, 1996, "New Generation Cooperatives and Cooperative Theory", *Journal of Cooperatives* 11: 15 - 27.

[239] Taylor, R. A. , 1971, " The Taxation of Cooperatives: Some Economic Implications", *Canadian Journal of Agricultural Economics* 19 (2) .

[240] Staatz, John M. , 1983, "The Cooperative as a Coalition: A Game - theoretic Approach", *American Journal of Agricultural Economics* 65: 1084 - 1089.

[241] Sexton , R. J. , 1984, "Perspectives on the Development of the Economic Theory of Cooperatives", *Canadian Journal of Agricultural Economics*

32: 423 – 436.

[242] LeVay, C., 1983, "Agricultural Cooperative Theory: A Review", *Journal of Agricultural Economics* 34: 1 – 44.

[243] Sexton, R. J., 1990, "Imperfect Competition in Agricultural Markets and the Role of Cooperatives: A Spatial Analysis", *American Journal of Agricultural Economics* 72 (3): 709 – 720.

[244] Feinerman, E., M. Falkovitz, 1991, "An Agricultural Multipurpose Service Cooperative: Pareto Optimality, Price – tax Solution, and Stability", *Journal of Comparative Economics* 15: 95 – 114.

[245] Choi, E. K., E. Fernerman, 1993, "Producer Cooperatives, Input Pricing and Land Allocation", *Journal of Agricultural Economics* 44 (2): 230 – 244.

[246] Hendrikse, G. W. J., J. Bijman, 2002, "Ownership Structure in Agri-food Chains; the Marketing Cooperative", *American Journal of Agriculture Economics* 84 (1): 104 – 119.

[247] Alback, S., C. Schultz, 1998, "On the Relative Advantage of Cooperatives", *Economic Letters* 59: 397 – 401.

[248] Zusman, P., G. C. Rausser, 1994, "Interorganizational Influence and Optimality of Collective Action", *Journal of Economics Behavior and Organization* 24: 1 – 17.

[249] Fulton, M., J. Vercammen, 1995, "The Distributional Impact of Non – uniform Pricing Schemes for Cooperatives", *Journal of Cooperatives* 10: 18 – 32.

[250] Vercammen, J., M. Fulton, C. Hyde, 1996, "Nonlinear Pricing Schemes for Agricultural Cooperatives", *American Journal of Agricultural Economics* 78: 572 – 584.

[251] Hendrikse, G. W. J., 1998, "Screening, Competition and the Choice of the Cooperative as an Organizational Form", *Journal of Agricultural Economics* 49 (2): 202 – 217.

[252] Bourgeon, J. M., R. G. Chambers, 1999, "Producer Organizations, Bargaining, and Asymmetric Information", *American Journal of Agricultural Economics* 81 (3): 602 – 609.

［253］ Karantinis, K. and A. Zago, 2001, "Endogenous Membership in Mixed Duopsonies", *American Journal of Agricultural Economics* 83 （5）：1266 – 1272.

［254］ Hendrikse, G. W. J. , C. P. Veerman, 2001a, "Marketing Cooperatives：An Incomplete Contracting Perspective", *Journal of Agricultural Economics* 52 （1）：53 – 64.

［255］ Hendrikse, G. W. J, C. P. Veerman, 2001b, "Marketing Cooperatives and Financial Structure：A Transaction Costs Economics Analysis", *Agricultural Economics* 26 （3）：205 – 216.

六　其他

［256］中华人民共和国土地改革法［N］. 人民日报，1950 – 06 – 30.

［257］潘劲. 合作社理论与中国农村合作社实践［R］. 北京：中国社会科学院农村发展所，2001.

［258］徐海峰. 新中国成立以来农业规模化经营的探索与实践［EB/OL］. 中国农民合作社研究网，http：//www. ccfc. zju. edu. cn，2012 – 02 – 24.

［259］国公网. 村民委员会与集体经济组织的性质定位与职能重构［EB/OL］. http：//www. 21gwy. com/ms/cjzl/a/5331/415331. html，2008 – 7 – 20.

［260］郑丹. 国外合作社教育经验及其对我国的启示［EB/OL］. http：//www. ccfc. zju. cn/a/xuezhelundian/zhengdan/2011/1024/7946. html，2011 – 11 – 03.

后 记

本书的顺利完成离不开老师、同学、同事和家人的帮忙与支持。在此，我谨向在写作本书过程中为我提供帮助的所有人真诚地道一声：谢谢！

首先，要特别感谢辽宁大学博士生导师于金富教授。本书从选题、构思、初稿到最后的定稿等过程，都得到了于老师的悉心指导，他为本书提出了很多极有价值的指导意见。没有于老师的悉心指导、积极鼓励和大力支持，不可能有本书的成稿。

其次，我要感谢河南大学经济学院许兴亚教授、张兴茂教授、李保民教授和李恒教授。几位老师在国内经济学界都享有盛誉，都具有严谨的治学态度、务实的工作作风和对真理的执着追求，都是我学习和工作上的榜样；四位老师都具有高尚的人格，他们对我潜移默化的影响，将使我终身受益。本书的成稿得益于四位老师的启发与帮助，在此，向他们致以崇高的敬意。

最后，我要感谢替我分担育儿任务的双亲，还有一直支持我、鼓励我的爱人。他们承担了很多家务，让我可以全身心投入写作之中。谢谢你们，我亲爱的父母、我的爱人，还有给予我无穷动力的宝贝儿子。

本书参考了很多学者的著述，在此表示衷心感谢！在注释和参考文献中因疏漏而未能列出的，敬请谅解。

丁俊华

2016 年 5 月于开封

图书在版编目（CIP）数据

中国特色社会主义农业合作社发展研究／丁俊华著
. —— 北京：社会科学文献出版社，2016.10
（河南大学经济学学术文库）
ISBN 978 - 7 - 5097 - 9678 - 8

Ⅰ.①中⋯ Ⅱ.①丁⋯ Ⅲ.①农业合作社 - 研究 - 中
国 Ⅳ.①F321.42

中国版本图书馆 CIP 数据核字（2016）第 212855 号

·河南大学经济学学术文库·

中国特色社会主义农业合作社发展研究

著　　者／丁俊华

出 版 人／谢寿光
项目统筹／恽　薇　陈凤玲
责任编辑／陈凤玲　陈　荣

出　　版／社会科学文献出版社·经济与管理出版分社（010）59367226
　　　　　地址：北京市北三环中路甲 29 号院华龙大厦　邮编：100029
　　　　　网址：www.ssap.com.cn
发　　行／市场营销中心（010）59367081　59367018
印　　装／北京季蜂印刷有限公司

规　　格／开　本：787mm × 1092mm　1/16
　　　　　印　张：13.5　字　数：221 千字
版　　次／2016 年 10 月第 1 版　2016 年 10 月第 1 次印刷
书　　号／ISBN 978 - 7 - 5097 - 9678 - 8
定　　价／78.00 元